U0712286

理论与史学

Theory and Historiography

第1辑

中国社会科学院历史研究所
马克思主义史学理论与史学史研究室
———— 编 ————

中国社会科学出版社

图书在版编目(CIP)数据

理论与史学. 第1辑/中国社会科学院历史研究所马克思主义
史学理论与史学史研究室编. —北京:中国社会科学出版社,
2015.12
ISBN 978 – 7 – 5161 – 7446 – 3

Ⅰ.①理… Ⅱ.①中… Ⅲ.①史学理论—文集②史学史—
文集 Ⅳ.①K0 – 53

中国版本图书馆 CIP 数据核字(2015)第 309457 号

出 版 人　赵剑英
责任编辑　冯广裕　田　文
责任校对　张依婧
责任印制　王　超

出　　版　中国社会科学出版社
社　　址　北京鼓楼西大街甲 158 号
邮　　编　100720
网　　址　http://www.csspw.cn
发 行 部　010 – 84083685
门 市 部　010 – 84029450
经　　销　新华书店及其他书店

印　　刷　北京君升印刷有限公司
装　　订　廊坊市广阳区广增装订厂
版　　次　2015 年 12 月第 1 版
印　　次　2015 年 12 月第 1 次印刷

开　　本　710×1000　1/16
印　　张　14.75
插　　页　2
字　　数　254 千字
定　　价　56.00 元

凡购买中国社会科学出版社图书,如有质量问题请与本社营销中心联系调换
电话:010 – 84083683
版权所有　侵权必究

《理论与史学》编委会

主　　编　　杨艳秋

特邀编委　　卜宪群　乔治忠　陈高华　陈祖武
　　　　　　郝春文

编　　委　　刘琴丽　吴玉贵　杨艳秋　孟彦弘
　　　　　　高希中　徐歆毅　廉　敏

编委会主任　　孟彦弘

编委会秘书　　徐歆毅

发刊词

　　在史学界众多前辈、师长、专家的支持和帮助下,《理论与史学》终于同大家见面了。

　　"通古今之变,成一家之言"是中国历代史学家的崇高追求,《理论与史学》也将此作为立足学林的宗旨。秉承这一宗旨,我们期望"百花齐放、百家争鸣",为中国历史学的繁荣和发展,尽自己的一份绵薄之力。

　　感谢学界同仁给予《理论与史学》的每一份学术关爱,期望《理论与史学》成为我们发表心得和进行交流的平台。

编者

2015 年 11 月 24 日

目　录

中西古史比较研究漫谈 ………………………………… 刘家和(1)

怎样理解"丝绸之路" …………………………………… 荣新江(13)

关于人类社会历史发展规律的再思考 ………………… 乔治忠(20)

20 世纪以来西方史学思潮的演变及其中国历史的
　　发展道路观 ………………………………………… 卢钟锋(35)

"体圆用神"
　　——《史记》编纂体例、结构的匠心运用 ………… 陈其泰(73)

有关戴震研究的学术史 ………………………………… 葛兆光(99)

关于章学诚史学批评的一点批评 ……………………… 瞿林东(120)

古代突厥汉文碑志叙录 ………………………………… 吴玉贵(133)

"移隶葱岭"与唐代的西域经营 ………………………… 李锦绣(161)

小说的史料价值及其局限
　　——以《老残游记》为文本分析刘鹗的为官理念 ………… 张秋升(180)

吕振羽的史学创新精神 ………………………………… 吴怀祺(214)

考订析疑,集成出新
　　——曹金华《后汉书稽疑》成就略论 ……………… 王嘉川(221)

中西古史比较研究漫谈

刘家和

编者按：

此为2015年4月2日在中国社会科学院历史研究所举办的"上古文明论坛"第一次会议上刘家和先生的发言。"上古文明论坛"由中国社会科学院历史所先秦史研究室、世界历史所世界古代中世纪史研究室以及清华大学出土文献研究与保护中心共同举办，以促进古典学各领域的中青年学者之间的相互沟通交流为宗旨。

各位同仁、各位同道，早上好。

今天我来参加这个会，是因为诸位讲的比较研究这个问题，使我感觉到很兴奋。受到诸位热情的感召，你们把我对学术的热情也激发出来了。为什么？我觉得，我们做中国古史研究的人，要把我们的学问真正做到世界上去，用世界多元性眼光、经验来给我们的中国传统文化做一些洗礼，让中国人的研究能够开拓到世界范围去，能够让外国人更好地了解中国文化。同样道理，我们做外国史研究的人，要把我们的世界史做成什么样呢？我们的世界史研究首先是给中国人看的；在世界上、在国际上，我们的世界史研究，也要拿出一个我们中国人对世界史的看法来。

这涉及一个最根本的问题，就是今后这个世界，我们需要不需要互相理解；如果互相不理解会是什么样子。例如，我们天天看报、看电视新闻，都能看到中东的一些情况，看起来是当代的问题，可是所有问题的根，恐怕在古代都已经埋下了。所以，要是不了解历史，我们怎么能够理解现实？我们怎么能够认识这个世界？我们不敢说，做到互相了解、理解就能化解一切矛盾，因为各国之间实际上还有各种利益交叉以至矛盾的方面。不过，如果能够充分互相了解、理解，那么就可以减少各种不必要的误解与误判，避免零和游戏，使得问题能在和平的环境下不断化解，这也是人类之福。

对于我们这些做古史研究的人来说，以上的话似乎说得有些远了。不过，大概还不能算跑题了。亨廷顿把当代的问题用文明的冲突来解释，是有其道理的。文明的冲突说到根子上就到了古代轴心文明的问题上来了。所以讲当代而涉及古代像是话说远了，其实在某种意义上也是把问题探讨得更深了。我们做学问最好能保持一定的古今之间的张力。

做中西古代比较研究的前辈先生，如今大都已经作古了，我们这一代人也在逐渐衰老中，而诸位富于春秋，正是奋发有为的时候。要做这件事，有比较研究的愿望，是既有重大学术意义又具有现实意义的。这就是让我感觉到激动的、兴奋的原因。由于个人学术水平和时间都有限，今天只能粗浅地概略谈以下几点，敬请诸位指教。

一　中西比较研究的历史回顾

中国的中西历史文化比较研究，在清朝晚期到民国初年就开始了。严格地说，在明朝晚期，当西方传教士东来的时候，中西文化之间的异同就逐渐展现到人们的眼前，不过认识到这些的只是少数中国学者。利玛窦和徐光启一同翻译了《几何原本》以后，徐氏感受的震动很大，他认为此书"有四不必：不必疑，不必揣，不必试，不必改。有四不可得：欲脱之不可得，欲驳之不可得，欲减之不可得，欲前后更置之不可得。有三至三能：似至晦，实至明，故能以其明明他物之至晦；似至繁，实至简，故能以其简简他物之至繁；似至难，实至易，故能以其易易他物之至难。"（参阅《中国科学技术史·数学卷》，郭书春主编，引文转引自该书第615页。）这些话表明，徐氏看到了在中国传统学术之外还有另外一种非常有价值的传统，这就是古希腊流传下来的严格的逻辑推导方法和数学中的公理方法。他也敏锐地感到了这一学术传统的威力。不过，与徐光启（1562—1633）基本同时，在英国出现了培根（1561—1626），在意大利出现了伽利略（1564—1642），在法国出现了笛卡尔（1596—1650）。西方科学革命开始了，其成就远远超越前代。而当时大多数中国人没有认识到，还处在昏睡中，总以为我们中国是了不起的。到 1792 年，英国使者马嘎尔尼来华，正在庆八十大寿的乾隆才会说出那句荒唐的话来，好像我们什么都有，我们在文明程度上也更高。其实那时人家工业革命都开始了。乾隆说出这么荒唐的话，那么结果是什么？结果是半个世纪之后，中国人就遭受了百年灾难。一方面，固然是帝国主义侵略我们造成的；可另一方面，谁让你落后呢。当时我们甚至都不知道英国、法国在地球的什么具体地方。

我为什么会对这个问题敏感。因为从我懂事起，正值日本侵略。从"九一八"事件到抗日战争，对我是剧烈的刺激。那时候我能读的学校只有两类，一个是私塾，是读中国古书，这为我学习中国历史文化提供了初始的准备。另外一个是教会学校，我上的学校是美国贵格会（Quakers）办的。在这"半封建半殖民"的教育下，我的幼稚的心灵对于二者之间的巨大反差，最初简直不知所措。最初入私塾时，要点起香烛向孔子牌位和先生行跪拜大礼。上教会学校，则引导我们上教堂做礼拜。两者间的差别不是当时的我所能确知的，可是我看到，太平洋战争爆发以前，我上的学校的校长是美国人，教师有中国人，也有美国人，学校挂美国国旗，日本兵是不能进来的，就好像租界似的，这再一次刺激我。日本兵为什么对美国人和对我们中国人的态度竟如此天差地别呢？

那个时候刺激我的有两点。第一，中国历史文化是重要的，如果我们亡国了，我们再不能学中国文化，就如同都德《最后一课》讲的那样子。那时候学英文有《最后一课》，它最后写的"法兰西万岁"，同学听了都流眼泪。所以就感觉到学中国文化是极其必要的。第二，同时也感觉到只学中国文化是不行的，假如中国文化真的那么完美无缺，我们何必遭受这么多苦难呢。

我讲这些，是希望给诸位分享一下过去的痛苦能引起的一种活力或一种激情。中国今天正在迅速复兴中，谁想再占领中国大陆都不可能了。诸位生长在承平时代，认识到比较研究的重要意义，太难得了。

前辈们在比较研究方面已经做了很多工作。广义地说，林则徐、魏源开启了近代中西比较研究的先河。如果仅从史学的领域说，清末民初，梁任公（启超）、刘申叔（师培），曾起重要作用，当时研讨的重点在于中西政治体制之异同。以后，胡适之、冯友兰开启了中西哲学思想的比较领域。20 世纪 30 年代前后还出现了几次中国社会性质论战和社会史论战，这是与中国下一步的革命如何进行的问题密切相关的。

所谓比较，学者们当然是从学术角度出发，可是过去的比较都是从现实问题出发。我不知道我讲的是对还是不对。

到了新中国成立之后，当时比较研究的重点在哪里？就是历史分期问题、社会性质问题。研究的是古代，实际上关注的仍然是当代。其实，从古至今，不论中外，人类历史上曾经有过各种各样的历史分期法，大体皆为不同时代的人立足于当时而反思历史之结果。今后的历史分期法亦将随时代发展而变化。所以，历史分期问题，既是一个永恒的问题，又是一个应时而变的问题。上一个世纪的古史分期问题，已经是在中外比较的视野下进行的。既然中西历史有异有同，这里面就有公约数，自然可以也应该进行比较。只要我们不为自己的比较研究先预下一个结论，然后千方百计地去自圆其说，而是按照严格的史学工作纪律去做，一番比较研究的成果总会或多或少地做出一些实际的进展的。

20 世纪 50—60 年代的中国古史分期问题讨论，我没有写过一篇文章，因为我当时正在为了给自己打下一个坚实的世界古代史的基础而艰苦努力中。1955—1957 学年，我以北京师范大学青年教师的身份，考到东北师范大学组织的世界古代史进修班学习。林志纯先生和我的师生关系就是此时建立的。林先生参加过有关中国古史分期问题的讨论。

我个人虽然早有从事中西古史比较研究的设想，但真正的起点应该说是在东北进修时开始的，或者说是在林先生影响下开始的。所以，就切身体验来谈，自然会从林先生说起。

林先生在东北从事教学和科研的漫长时期的学术观点，大概可以分为前后两期。前期是按照当时学习苏联的号召，以介绍、学习苏联史学成就为主。我也跟着他学习苏联，北师大派我去东北进修的目的也就是上苏联专家格拉德舍夫斯基主讲的进修班。当时我们学苏联，首先就是听好专家的课，记好笔记，当然也要看苏联部颁的师范学院教本等。1956 年苏联出了新订《世界古代史》师院教本，我们赶快买来认真读。那本书是按原始社会、古代东方、希腊、罗马四个部分编写的。在其古代东方部分的引论里，此书认为古代东方的一般特点大体是：（1）奴隶制尚不发达；（2）土地私有制尚不发达，公社长期存在；（3）存在君主集权即"东方专制主义"。（见该书原本第 70 页。）而希腊古典时期却达到奴隶制的发达阶段。（见同上书第 247 页。）苏联专家格拉德舍夫斯基上课这么说，林先生当然也这么说。可是，这不过是苏联的一家之言，基本是斯特鲁威之说；还有久梅涅夫认为的古代东方存在的是"普遍奴隶制"之说。（家和按，这几乎就是黑格尔说法的变种。）记得有一次和林先生一同走在路上，我私下问他，如依苏联教材之说，古代东方永远是在奴隶制不发达阶段，那么东方又怎样才能过渡到封建制呢？林先生听了之后，沉吟了一会儿，然后对我讲了一些话，大意是学苏联是为了通过它学马克思主义，问题并不简单，他正在努力研读马克思主义经典著作。这些话当时我理解得不怎么清楚，直到改革开放后，才从他的笔记和著作中看明白了。还有一次，林先生告诫我，不要学了俄文忘了英文，学外文要多多益善。他也经常提醒我尽量多看西文新书。他筹建的资料室，买进了大量西文书刊。所以一到改革开放以后，林先生就变了。人能变是了不起的。

值得一提的是，林先生的变，其来有自。他从来努力学习并翻译马克思主义经典著作，而且注意西方考古学与史学的新研究成果，例如《剑桥古代史》修订过程中不断出版的各分册等。只要一读他所主编的《世界上古史纲》，即可知我所说的是实际情况。

林先生后期的比较研究重要成果在哪儿呢？我觉得应该是他提出的古史城邦—帝国二阶段说。林先生根据雅各布森的研究成果，说明早期西亚（苏美尔）有城邦制，进而把公元前6—前4世纪的印度列国时代也解释为城邦时期，进而又把中国春秋战国时期（尤其是春秋时期）解释为城邦时期。比如像他所撰《从〈春秋〉"称人"之例再论亚洲古代民主制》一文，就是其代表作之一。他明确地对我们说，这一转变是根据史学发展新成果而来，而理论的对象就是要批判魏特夫的《东方专制主义》。

对于林先生的关于"《春秋》称人之例"的文章，当时我听到几位治中国古史的老前辈都不以为然，说林先生怎么能这么说呢？其实，刘师培的《中国民约精义》、梁启超的《先秦政治思想史》都早有所论述。看来问题还可以进一步深入研究。当时有些治外国史的先生则问，林先生这个城邦是不是扩大化了呢？等等。所以谈比较，问题的提出看来多与现实有关，而研究本身还是有实际的学术内容的。我们做比较研究，不可避免地要注意到古今之间的张力关系问题。这是我讲的第一个问题。

二　比较研究的可行性

因为今天的会是漫谈会，所以以上漫谈了一些过去中外历史比较研究的概况，以供诸位参考，未必切合诸位的实际。以下想稍稍切近一点实际问题。谈比较研究的可行性问题。

如果从最广泛的意义来说，人类的历史，同时异地者可以比较，异地同时者可以比较；而且时地皆异而有共同论题者亦可比较，例如，中国周代的封建制与西欧中古的封建制亦可比较。

现在想结合中国先秦史和世界古代史，亦即诸位所从事的研究领域谈些想法。

就我所知，今天与会的有两部分专家，即中国先秦史专家和世界古代史专家，来自社科院历史所、世界史所、清华大学、北京大学、首都师大等学术单位。我还知道，在这些专家中，一部分是从事古文字、文献研究的专家，一部分是应用文献来研究历史的专家。这使我想到张之洞的一种说法，中国学术以小学（文字、音韵、训诂）为基础，再由小学而经学，由经学而史学。张氏所说小学、经学，大体相当于今天古文字、文献研究，而史学即相当于今天的史学。张氏以为，经过这样三个台阶的研究最可信。当然他也十分清楚，有清一代，经学家基本都通小学，这犹如现在做文字与做文献往往相通；可是，经学家而非史学家者并非少数（如段、王等），而史学家非经学家者又岂乏其人（如章学诚等），这与现在做文字、文献者和做历史者未必兼行一样。因为专家不一定要通治多科。如果治中国古史者与治世界古史者再各自一分为二，那么在座诸位中就有可能是只占中西古史四分之一内容的专家。如果进一步把治世界古史的门类再分为埃及学、亚述学、赫梯学、古典学等，那么我们的专家所治学术则越发专门。

专家聚在一起做比较研究，有其优长之处，也有其困难之处。优长处是问题做到深处时能有底气，困难处就是不易在深处进行沟通。我征得世界历史研究所刘健研究员同意，以她从林先生学习时的事情为例，看看这方面的困难。她在本科生和硕士生阶段从外国赫梯学专家学赫梯学，到博士生阶段又从亚述学专家学亚述学。她的博士论文写的是关于古代用动物内脏进行占卜的问题，而内容则是根据亚述学文献和赫梯学文献对两个不同地方的占卜进行比较研究。我也作为中国世界古代史专家之一参加了她的论文答辩会，可是既不会亚述学，又不会赫梯学，只能在一些细枝末节上提一点问题。所以当时在会下我就对她说，我这个专家是冒充的。其实，林先生这样为刘健设计的学习路线是有其深意的，甚至可以说是从欧洲的开创埃及学、亚述学、赫梯学等的先驱们那里得到启发的。（在19世纪学者们破译了楔形文字以后，于是又有人想走这一条路破译同为楔形文字的一种小亚古文字，可是没有成功，因为二者所采用的语言不属同一语系。到20世纪初，学者们才终于以印欧语把这种文字破译了。）林老先生让她先学赫梯学，理由有二：其一，赫梯学与亚述学同用楔形文字，其间相似处便于沟通，可是赫梯学与亚述学在语言上不同（前者为印欧语，后者为闪含语）；其二，赫梯学的语言属印欧语系，因此也是一条进入古典学的进路。同时，林先生还要带刘健他们研读《尚书》《诗经》，我曾在私下对老先生说，这样做可能难度太大了，老人家对我的话不置可否。林先生作为中外古典学比较研究的开拓者，不仅其理想、精神和魄力值得我们继承，而且他在培养我国埃及学、亚述学、赫梯学、古典学人才等方面都做出了很好的成绩，也值得我们崇敬。可是，我们中国在19世纪到20世纪前半期的情况无法与英法等国相比，林先生想奋起直追，实在让人感动，可是要想立即就能培养出商博良、罗林森那样的人，是不太切合实际的。我们现在还是要结合实际情况、条件来考虑。

　　所以，诸位如果从各自专业出发来共同搞比较研究，首先得找到一个共同的论题或共同的领域，这个领域是大家都能够进来的。如果一边做的是另一边完全不了解的，是成不了比较的。

　　因此，要作比较，各自都有一个需要在专精方面先退一步，才能在比较的可能性方面进一步。从研究深度上，从很专门的地方，要退一步。退一步，到我们能够互相了解、交流的地方。

　　在长期治学的过程中，我们往往会发现关于"精"与"博"二者关系的复杂情况。在一种情况下，即在起步阶段，二者是相互排斥的；在另一种情况下，即在炉火纯青阶段，却又是相通的，甚至是相得益彰的。

　　所以诸位假使想要做交流的话，要有退一步这样一个认识。解读甲骨文古文献，和解读西方的哪一种古文献，这两者之间的距离太远了。王懿荣看到"龙骨"上的契刻能判断出那是古文字，因为中国古文字有小篆和金文这一条知识链没有断，所以我们前辈做的都是考释工作。而埃及学、亚述学家们却完全不知眼前那堆符号如何读、所用语言为何，所以他们的工作是破译，就像破译密码一样。学西方古文献的，想直接理解甲骨文，几乎也不可能。所以只有退一步，才可能有进步。这是我讲的第一个方面。

第二个方面，就是我们往哪儿退。可能双方都需要互相了解一个基本的历史框架。搞中国史的需要理解世界史的基本框架，搞世界史的需要了解中国史的基本框架。我这样说绝对不敢有任何小看诸位的意思。诸位都是学历史出身，哪有不曾学过中外两个古代史的呢？我的意思是说，现在治中国古史者要以专家的眼光再读外国古史，治世界古史者也要以自己的专家眼光来重读中国古史。在大学阶段，我们学中外古代史，主要学的是基础知识。而今天作为专家，要细心关注的是两方面不同的历史进展道路与史学传统的不同路数。尤其是在双方有意对接的情况下，是能比较有效地发现共同领域的。

要从文献源头上互相了解彼此的框架，这是不现实的。前面说过，当年林先生指导学生，一方面要他们在外国专家的指导下学习外国古文献；另一方面，林先生非常愿意的，要带他们读《尚书》《诗经》。当时我就觉得这非常不现实。怎么能够读，压力大得不得了，《尚书》《诗经》那么好读懂啊？《尚书》，到现在我们不理解的地方还有多少？断句都断不好的地方还有多少？那么多的异说。能够说通解《尚书》的，恐怕就是蔡沈的《书集传》（其中也有一些未详之处），而蔡沈的书只是一家之言。他对《尚书》的理解，到现在不知道被推翻了多少。所以，王国维讲，我们看《尚书》，还有好多问题没有解决。

所以，要找一个共同的基础，必须在一个切实的基础上，我们才能够建立一个切实的比较研究的框架。在这样的情况下，我们的语言才能够互相理解。这个语言不是指外文或中文，而是指共同的学术话语。假如说现在直接把甲骨文的那一套术语讲在这儿，搞亚述学的、埃及学的、古典学的，都不能理解。所以，至少就我们现有的水平，对两方面的历史，要有个基本的了解。在这方面，开始不难，越深越难，也越有兴趣。

这样做比较研究的好处，是我们能够真正地走上那个路。如果能够真正建立起来这样的比较研究，就会促进我们中国人在思考中国历史的时候，认识到，原来楼外有楼，山外有山，天外有天。搞世界史的学者也是如此。这样，我们的世界史，才能够同外国学者交流。

　　如果完全依中国人治中国古史的标准来讲，我们中国人搞外国古典学，是会很困难的。但是不要气馁。第一，我们的语言系统与他们不同，欧洲人就是那个语系的，他们有天然的优势，我们没有这个文化优势。第二，是我们的环境造成的，历史造成的，这不是一代人能够克服的。我们现在的世界史研究，谁也做不到从文献上、从根儿上和别人比，包括考古学，很难比。但是，我们也不能就无所作为呀。

　　外国人在了解中国这一点上，怎么说也不如我们。我尝试做过一些研究。我看过理雅各（James Legge）在王韬的协助下翻译的中国经书，我很钦佩他。但他的翻译有各种各样的问题，我的文章中举了各种例子，他哪些地方翻译错了，怎么错了。我对前辈学者当然是抱有敬意的，不歧视。我分析他产生的错误的原因所在，就是缺乏中国文化的底蕴。这是天生的问题。包括日本人，如泷川资言，也因此犯了一些低级的标点错误，我给你们讲过。现在要讲的话，还可以举出一些例子来。要说他的学问比我大多了，可是会犯一些低级错误。所以，外国人了解中国史，有很多天然的困难，就像我们了解西方有困难一样，丝毫不差。

　　在这样的情况下，我们中国人看待中国与世界，从总体上看，能够提供一个视角。从中国人的角度看，世界史是什么样子的。这样的世界史研究，是尝试，会不成熟的，会不断修改的。在比较的过程中、深入的过程中，我们会做出出色的研究。这可能不是一代人能够实现的，但我们应该开始，不能无所作为啊。

　　我们搞中国史的学者，要搞专家之学，绝不是说要放弃专家之学。专家之学，外国人也在搞。但我也讲实话，外国人搞中国史研究，比19世纪的时候，比20世纪初的时候，已经有很大的落差。像高本汉这样的学者，还是很出色的，看到我们中国人很多没看懂的东西，尤其是科学的语音学。他的研究帮我们解决好多问题，但是也存在问题，就是文化隔阂问题。现在许多国外的学者对中国、对汉学的了解，水平看来大不如前了。

　　这是一个时代问题。商品经济大潮，人都趋利，所以凡是研究古代的人，都是"傻子"，为一个理想的目标，把自己一切都放弃。我们到这里来，就是"上修道院"，就是准备"下地狱"。为了什么，为了把中国史能贡献给世界，让世界能理解我们，我们能理解世界。

三　比较研究一般必经的认识发展阶段

现在再讲关于比较本身的问题。什么是比较，比较的条件是什么？

说起比较，好像很神秘，其实又很普通，谁不知道比较啊。货比三家不吃亏，生活中天天都有。萝卜白菜都是蔬菜，各有所爱，这不是比较吗？所以在这个层次上不难了解。

可是，比较研究就不是那么简单了。严格地说，作为比较的项呈现的都是表示事物的概念，而所有的概念皆有其本质性的定义，那是由属概念加种差形成的。这几句话说得距离史学稍微远了一点，还是举例说吧。我们到超市买"菜"，那么首先就要问什么是"菜"？答案是："菜"属于"食物"（"食物"在此是"菜"的上位概念或属概念），是辅助性的食物即副食（副食非主食，与主食之差即种差）。如果把"菜"作为属概念，那么在"菜"的下位，还有蔬菜与荤菜之种差，依此还可以继续下推。所以，我们在属概念的层次上看到的是同（同为菜），在种概念层次上看到的是异（蔬菜与荤菜异）。从这个例子就可以看出，比较研究的认识是有层次的。

现在再从经验层面举一个例子。

假如我是一个完全陌生的外人，今天应邀来到这个会场，那么我第一眼看到的是一群人，年龄性别不同，面貌更是各异。这样，我是看到了，但是并不真正了解诸位。如用康德的话讲，那就是只见到"杂多"（Mannigfaltigkeit）。当然实际不是如此，我和你们两个研究所，应该算是几十年的老朋友了，但也有很多不认识的新面孔，因为年纪不同，这也是自然的。

当我们初看各国古代史的时候，第一印象也会是各不相同，情况就和刚才说的比喻类似。这是第一阶段。

话再说回今天会场的比喻。经过了第一个阶段看到诸位的各异，我不能不想到今天开的是什么会，要谈的是什么题目，这样就一下明白过来（其实是经过抽象），原来诸位都是史学专家，而且都是治古代史的专家。于是从异中就看到了同，这样就到了认识的第二阶段。

从第一个阶段到第二个阶段不容易，在杂多中，能够找到其间的共性不容易。这点看起来容易，其实很不容易，因为在此时必须经过思维的抽象过程。抽象就是抽出不同对象中的共相，其实这也就是舍弃殊相的过程。简单地说，抽象就是要从诸异中看到其中共同的本质。

话再说回我们所研究的各国古代史。如果初看各国古史，印象的确会是杂多。然后，我们把问题集中到某一方面，以这个领域为目标，舍弃次要的异，抽出主要的同，这样就会出现一个共同论题。譬如历史分期问题、文明特点比较问题等。林志纯先生把世界古代文明史分为城邦—帝国两个阶段，就是从异中见同的结果。我个人认为，林先生这一分期法，是有历史意义的，但不会是我们认识的终结。

由多中看到一，由异中看到同，认识确实进了一步，但认识的过程尚未完成。

譬如，我在这里知道诸位都是古代史专家以后，并不意味真的了解到诸位作为一个群体是如何结构起来的。所以，我必须进一步了解，诸位各自在专业领域中是怎样形成一个具体分工合作，互相取长补短，从而形成一个有机整体的。只有到了这个层次，即在同中再次见异，这样才完成了一个认识周期。套用黑格尔的术语，这就是一次正、反、合。

比如古代的中国和欧洲，最初看，两者没有相同的地方。林志纯先生提出，都由城邦到帝国是同。他这样说，不是没有根据的。如果直观地从国家的领土广袤来看，那么，我们甚至可以说，许多地方曾经历过最初是城市国家，然后是区域性的王国，后来又扩展为跨地区的帝国。最初我也受这种思想影响，看来顺理成章。这就是从认识的第一阶段到了第二阶段。不过，仔细想来，林先生也没有停止在这个限度以内，老人家还是力图在内容上也有所突破的。他不仅从国家领土的规模考察，而且注意到了其政治结构的问题。他讲中国先秦的诸侯国是城邦，也注意到其中是否有君主、贵族会议、公民大会的三种权力存在的问题。现在看来，林先生在探讨这些问题时，实际已经从比较研究的第二阶段向第三阶段开始迈进。大概由于年事日高，加之学术兴趣略有转移，林先生未能在第三阶段有大进展。我曾经写过一篇《三朝制新探》的文章，试图从传统经学的礼学文献与春秋学文献寻求外朝、治朝、内朝的制度，可以说是与林先生的主张相应和的。拙文发表后，自觉无力再向前进，而且想到仍需解决的问题甚多，如中国的秦汉帝国与波斯帝国、亚历山大帝国、罗马帝国，自规模而言同为帝国，其间的异同则需要做大量深入的研究了。古代的这些大帝国果然完全相同吗？所以要从第一阶段到第二阶段难，第二阶段到第三阶段更难。

　　我在上面讲比较研究的认识三阶段，主要举了城邦—帝国说的例子。其实，从政治、经济、文化到各种具体专门领域的比较研究大体都要经过这样三个阶段。经过三个阶段也不意味比较研究的终结，正如《周易》卦序所列，"既济"之后仍有"未济"。"贞"下还要起"元"。

　　所以，诸位，我们要进行历史的比较研究，有比较的意愿是非常重要的。没有这个意愿就不必提了。比较研究肯定会遇到困难。遇到困难后是持积极态度还是消极态度？到这个时候，最需要的是什么？能顶过去。我们人的成长道路、学术的成长道路，是一个不断超越的过程。我们不要被过去的自我束缚，我们的知识永远是有限的，能看到的问题的深度永远是有限的。能够超越一次，就能找到一次共同点，再超越一次，就能从同中发现新异（更深层之异，结构之异）。这样就能在克服一次困难中提高一次学术兴趣和自觉性。提高学术兴趣和自觉性，其本身就会变为动力。这种动力要比外在的动力美好得多、强大得多。

　　我粗略地就讲这些，自己作了一次反省，更希望诸位批评指教。

　　　　　　　　　　　　　（王泽文、牛海茹记录整理，经本人审核并略有改动）

怎样理解"丝绸之路"

荣新江

"丝绸之路"这个名字是德国地理学家李希霍芬（F. von Richthofen）命名的，他把汉代中国和中亚南部、西部以及印度之间的丝绸贸易为主的交通路线，称作"丝绸之路"（德文作 Seidenstrassen，英文作 Silk Road）。后来德国历史学家赫尔曼（A. Herrmann）又根据新发现的文物考古资料，进一步把中国古代经由中亚通往南亚、西亚以及欧洲、北非的陆上贸易交往的通道称作"丝绸之路"。由此有的人就理所当然地认为，丝绸之路是从中国中原地区一直到地中海世界的一条贯通道路，人们可以从这一头走到那一头；于是由此推演，进一步认为如果中原王朝和西域地区处于对立或闭关状态，那么丝绸之路就是断绝的；于是乎得出结论说，历史上的丝绸之路"通少断多"。持有这种观点的中外学者并不少，但其实这是对丝绸之路的误解。以下从两个方面来谈谈笔者的看法。

丝绸之路不仅仅是政治外交之路，更是商业贸易、思想文化的交流之路

事实上，"丝绸之路"这一概念的最初的意思，是一条以丝绸贸易为主的交通路线，强调的是贸易路线。因此，我们理解丝绸之路，更应当从这条道路上运载的贸易商品来理解它。换句话说，就是虽然一个人从中原地区不一定能够一路走到罗马，但从中原地区运载出去的丝绸，却可以经过不断的转运、贩卖，最终到达了罗马。除了丝绸之外，其他东西方的物品，如香料、金属、动植物、技术产品，乃至思想文化、宗教习俗、技艺

文学等等，都通过丝绸之路，从东到西，或从西到东，交互往来。因此，丝绸之路上的物质文化和精神文化的传播，并没有因为政权的分立、民族之间的冲突而断绝，官方的往来可以因为政治的原因而终止，但商人、僧侣往往并不因为政权间的对立而止步不前，其实正是因为有政治的对立，才有其他途径的沟通。此外，走私和黑市交易，也是另一种形式的交通，这些更是官方史料很少记录的内容，因此给人的印象似乎是丝绸之路时常因为政治、军事冲突而断绝，其实不然。

以商人为例，最能说明问题的，可能就是斯坦因（A. Stein）在敦煌西北长城烽隧下面发现的粟特文古信札。这是公元 4 世纪初叶写成的一组商人信札，当时正值西晋末年中原兵荒马乱的岁月，一批来自撒马尔干（Samarkand）的粟特商人，以凉州武威作为他们商业活动的大本营。其中的二号信札是在华商业集团首领给撒马尔干的头人所写的一份报告，讲述他们在华经营活动的情形，其中提到的分支商队从武威派往洛阳、邺城、金城（兰州）、敦煌等地从事贸易活动，加上一些信札可能是住在武威、敦煌的粟特商人寄往楼兰、于阗等地的信件，充分表明这批粟特商人从粟特本土，沿丝路南线，经河西走廊，到中原内地的经商情况，也勾勒出公元 4 世纪初叶粟特商人所使用的丝路轨迹。① 这些商人的活动完全不见汉文史料的记载，而且当时正是晋末中原动乱的时期，如果是从中原史料来看，一定会认为这一时期中原和西域的交通是断绝的。但是，我们从这组粟特文古信札中看到，在商人的脚下，这条丝绸之路不仅没有断绝，而且继续跳动着汉代张骞开通西域道路以来的活跃脉搏。尽管古信札中说到在洛阳的粟特人和印度人饥寒交困，他们的商业活动也蒙受打击，然而从整个这组古信札来看，当时粟特本土和中原地区的贸易往来没有断绝，通过古信札我们可以知道他们把西方的香料、贵金属、药材倒卖到中原，带走了大批的丝绸。

在中国的魏晋南北朝时期，粟特商人成为丝绸之路上的贸易担当者，他们不仅仅做粟特本土与塔里木盆地绿洲王国、河西走廊、中原地区之间

---

① N. Sims - Williams, "The Sogdian Ancient Letter Ⅱ", *Philologica et Linguistica: Historia, Pluralitas, Universitas. Festschrift für Helmut Humbach zum80 . Geburtstag am 4. December* 2001, ed., M. G. Schmidt and W. Bisang, Trier 2001, pp. 267 - 280; F. Grenet, N. Sims - Williams, and E. de la Vaissière, "The Sogdian Ancient Letter V", *Bulletin of the Asia Institute*, Ⅻ, 1998, pp. 91 - 104; 毕波《粟特文古信札汉译与注释》，《文史》2004 年，2 辑，第 73—97 页。

的商业贸易，而且也承担着中国与印度的贸易往来。这可以举印度河上游中巴友好公路巴基斯坦一侧发现的粟特文摩崖题记为证，这些题记记载了许多粟特人从粟特本土，或者从塔里木盆地，甚至中原地区前往印度经商兴贩，在同一地点发现的一条"大魏"使者向迷密（Maymurgh）去的记录表明，这位前往粟特米国的北魏使者选择了十分偏南的道路，大概就是因为和从中原前往印度经商的粟特人一起行动的缘故。① 与此同时，粟特商人也承担着中原地区与北方草原地区之间的贸易往来，这可以从吐鲁番阿斯塔那古墓发现的粟特文买卖女婢的契约中得到证明，这个突厥地区出生的女子被粟特人带到吐鲁番的高昌城，出售给当地人②，生动地展现了粟特商人沟通突厥游牧地区和西域绿洲农耕地区的情形，他们不仅仅是丝绸之路上"绢马贸易"的中间商，而且也是人口贩子，把大量游牧地区和西域各国的年轻女子转贩到中原内地。

再来看僧侣的情况，例子更多。魏晋南北朝到隋唐前期，是中国佛教的西行求法运动的高潮时期，大量汉地僧侣不顾性命，一批批西行朝圣，基本上没有因为政权之间的对立而阻止住他们的行程。要说真正受到影响的，大概是唐朝初年西行求法的玄奘，因为贞观初年中原内地的战乱尚且没有平息，而高昌国依附西突厥汗国，与唐朝为敌，所以唐朝政府在西边采取闭关政策，不许人员出境。玄奘正是在这样的情形下从长安启程，经过武威到瓜州，在粟特商人石槃陀的帮助下，沿第五道越过莫贺延碛，九死一生，到达伊州，为高昌王接去，引为上宾。③ 玄奘的事迹，恰恰证明了僧侣并不受政治的影响，他们仍然会冒死前行，从某种意义上来说，在僧人的脚下，丝绸之路就是求法之路，是永远畅通的。

---

① N. Sims - Williams, "The Sogdian Merchants in China and India", *Cina e Iran da Alessandro Magno alla Dinastia Tang*, ed. A. Cadonna e L. Lanciotti, Firenze 1996, pp. 45 – 67. 关于大魏使者题记，参见马雍《巴基斯坦北部所见"大魏"使者的岩刻题记》，原载《南亚研究》第 3 辑，1984 年；此据马雍《西域史地文物丛考》，文物出版社 1990 年版，第 129—137 页；T. O. Höllmann, "Chinesische Felsinschriften aus dem Hunza - und Industal", K. Jettmar, et al. ed., *Antiquities of Northern Pakistan*, *Reports and Studies*, Ⅱ, Mainz, 1993, pp. 61 –75.

② 吉田豊、森安孝夫、新疆博物館《麹氏高昌国時代ソグド文女奴隷売買文書》，《内陸アジア言語の研究》Ⅳ，1988 年，第 1—50 页 + 图版一；Y. Yoshida, "Translation of the Contract for the Purchase of a Slave Girl Found at Turfan and Dated 639", *T'oung Pao*, LXXXIX/1 - 3, 2003, pp. 159 – 161。

③ 慧立、彦悰:《大慈恩寺三藏法师传》卷一，中华书局 1983 年版，第 12—19 页。

传统的汉文史料对丝绸之路的记载并不完整，
出土文献可以丰富我们的认识

持丝绸之路"通少断多"的学者，是站在中原王朝的立场上，依据传统的汉文史料来思考的，这显然不能涵盖"丝绸之路"的丰富内涵。首先是中原王朝在不同时期的界限是不同的，如果仅仅把中国通过丝绸之路与外部世界的沟通理解为某个时期的中原王朝与外界的沟通，则是非常狭隘的看法。比如有的人认为宋朝时期，西北有西夏阻隔，陆上丝绸之路就断了。这种观点把西夏、辽、金都当作"外国"，本身就是有问题的，其实在这个时期，西夏和外界并没有隔绝。

站在宋朝的角度来看，传统的认识都是觉得西夏占领河西走廊以后，陆上丝绸之路就断绝了。其实宋朝仍然采用绕过西夏的"秦州路"等道路，与西域交往，于阗的玉石仍不断被运到北宋都城①。而且宋、夏之间并不是时刻处在敌对状态，有的时候还是可以往来的。西夏本身也不是一个闭关锁国的王朝，据西夏仁宗天盛年间（1149—1169）编纂的《天盛改旧新定律令》卷七记载，西夏对于从大食（阿拉伯地区）、西州回鹘国来的使者和商人是给予优惠待遇的。② 西夏的僧人也有西行印度求法者，同时还有印度高僧到西夏弘法，至于北宋初年经陆路前往印度求法的僧人，大多数也是经过西夏领地西行的，因此可以说西夏对于中印佛教文化交往，也有贡献。③

辽朝与西域诸国也有交往，《契丹国志》记载：

> 高昌国、龟兹国、于阗国、大食国、小食国、甘州、沙州、凉州：
> 已上诸国三年一次遣使，约四百余人，至契丹贡献。

---

① 荣新江、朱丽双：《从进贡到私易：10—11 世纪于阗玉的东渐敦煌与中原》，《敦煌研究》2014 年第 3 期，第 193—199 页。

② 史金波等译注：《天盛律令》，法律出版社 2000 年版，第 284—285 页。

③ 参见陈爱峰《西夏与丝绸之路关系研究》，兰州大学硕士论文，2007 年。相关研究，参见陈爱峰、赵学东《西夏与丝绸之路研究综述》，《西北第二民族学院学报》2007 年第 2 期，第 27—31 页。

玉、珠、犀、乳香、琥珀、玛瑙器、宾铁兵器。斜合（suɣur）黑皮、褐黑丝、门得丝（mandish）、怕里呵（parnagan）、碙（硇）砂、褐里丝（qars）。

已上皆细毛织成，以二丈为匹。契丹回赐，至少亦不下四十万贯。①

这里的"大食"，据黄时鉴先生考证，当指874—999 年在中亚河中地区立国的萨曼王朝，"小食"即石国（塔什干）东北百余里的"小石城"，也即《大唐西域记》中的笯赤建国。② 因此，辽朝与河西走廊和西域南北道以及中亚河中地区都有着官方的贸易往来。后来辽朝灭亡时，耶律大石率众西迁到中亚立国，并非空穴来风，而是因为辽与西域的关系一直有着密切的交往，只是汉地的史官和文人没有记载下来罢了。

其实，汉文传世文献对于史事的缺漏是可想而知的，只要接触过敦煌、吐鲁番出土文书的学者，就会很容易理解这一点。这里我们也举一个例子，公元 5 世纪中后期的西北地区，时局最为动荡不安。439 年北魏灭北凉，北凉王族沮渠无讳、安周兄弟由敦煌奔鄯善，442 年北上占领高昌，高昌太守阚爽奔漠北柔然汗国。445 年，北魏遣万度归从凉州出发，西击鄯善，俘获其王真达。448 年，万度归继续西进，攻焉耆。八月，万度归大败焉耆，其王卑失鸠那奔龟兹。十二月，万度归进击龟兹，大获驼马而回。沮渠兄弟则在高昌建大凉政权，450 年灭车师国，占交河城。460 年，柔然杀沮渠安周，灭大凉政权，立阚伯周为高昌王。约 477 年，阚伯周卒，子义成即位。约 478 年，义成为从兄首归所杀，首归即位为王。488 年，阚首归被从漠北西迁天山北麓的高车王阿伏至罗所杀，阚氏高昌亡。高车立张孟明为王，开始张氏高昌王国时代。这段时间里，北魏虽然一度出兵焉耆、龟兹，但很快撤回，没有对这一地区实施有效的控制。如果从北魏的角度来说，这段时期的丝绸之路一定是断绝了。但吐鲁番出土的一件文书，即《阚氏高昌永康九年、十年（474—475）送使出人、出马条记文书》，给我们带来崭新的认识：根据这两年高昌王国送使记录，得知当时途经高昌前往漠北

---

① 叶隆礼：《契丹国志》，上海古籍出版社1985 年版，第 205 页。括注据下引黄时鉴文。
② 黄时鉴：《辽与"大食"》，原载《新史学》3 卷 1 期，1992 年；此据《黄时鉴文集》Ⅱ《远迹心契——中外文化交流史》（迄于蒙元时代），中西书局 2011 年版，第 16—30 页。

柔然汗国或从那里返回的使者，分别来自长江下游刘宋的都城建康（今南京）、塔里木盆地北沿绿洲王国焉耆、盆地西南地区的子合国（今叶城）、北印度的乌苌国（今印度河上游斯瓦特地区）、中印度的婆罗门国（笈多王朝）①。短短的20行文书，为我们勾勒出5世纪下半叶东亚、北亚、中亚、南亚四大区域之间的使者往来的恢宏图卷，使我们得知即便在漠北柔然汗国联合高昌与北魏对敌，北方强国嚈哒南下扩张与波斯萨珊王朝和印度笈多王朝激烈争夺中亚的混乱岁月里，各国使者的往来仍在继续，而且在不同的丝绸之路上行走的距离都非常遥远，表明丝绸之路在不同的环境下，都没有达到完全断绝的境地。这件文书也告诉我们，传世史料缺载的史事不一而足，我们不能依靠传世史料来讲述丝绸之路的"故事"。

　　再举一例，持丝绸之路"通少断多"的学者往往认为中唐以后，由于吐蕃隔断河陇，以及后来的西北地区处于混乱的状态下，所以唐末五代基本上没有僧侣可以西行求法，一直到北宋初年才重新有了西行求法运动。其实如果翻检一下敦煌文书，就不难发现，不论是吐蕃占领河陇时期，还是吐蕃统治结束以后的时代，从中原往印度求法的僧人并没有断绝。笔者曾在《敦煌文献所见晚唐五代宋初中印文化交往》一文中，钩稽敦煌汉、藏、于阗等文字所写的文书材料，指出从中原五台山、河北、陕西、四川等地，经河西走廊前往印度取经的僧人有十余名之多②，他们都为中印佛教文化交流做出过贡献，只不过中原史料没有关于他们的记载，他们所行走过的陆上丝绸之路，也就被认为是不存在的了。其实，还有很多连文书都没有记载下来的中印文化交流的使者，而且一定比留下记录的还要多得多。

怎样理解"丝绸之路"？

　　事实上，由于自然和人为的原因，历史上的丝绸之路大多数时期都是分成若干段的，把这些段落联系起来，就是整体的"丝绸之路"。我们要承认历史上的中原王朝对于丝绸之路的贡献，但同时也要承认丝路上每个

---

　　① 荣新江：《阚氏高昌王国与柔然、西域的关系》，《历史研究》2007年第2期，第4—14页。

　　② 李铮等编：《季羡林教授八十华诞纪念论文集》，江西人民出版社1991年版，第955—968页。

段落，也是丝绸之路的一个组成部分；这些路段上的国家和民族，也都对丝绸之路的通行和丝路商贸往来做出了贡献。像马可·波罗那样的商人兼使者，从西到东贯通整个丝绸之路的人，的确是少数，而即使是马可一行，在波斯地区也不是按照传统便捷的丝绸之路行走的，而是先到霍尔木兹，想从海路来中国，不得已而走了陆路。因此，他们所利用的波斯地区的道路，也是阶段性的丝绸之路，而不是传统的丝路干道。

关于人类社会历史发展规律的再思考

乔治忠

关于历史发展规律的问题，曾经是中国史学界的热门话题，而时下却有所冷清。相对于具体历史事物的微观研究，历史规律的探索十分艰深、高远，非一人一时即可得其要领。但是，是否探索历史规律关乎历史研究的整体素质和思想水平，其重要性非同一般。历史研究对于人类的认识能力与知识结构，就是要起到放长眼光、扩展视野和洞察世事的作用。因此不能没有对历史进程的总的透视，不能仅仅撷取零落的历史碎片。古往今来，诸多思想家、史学家对历史宏观运行法则已经做过各种论说，留下不少丰富的文化财富，很多谬误、片面的见解也形成了深刻的鉴戒。探索历史发展规律的研究如何继续？人们对历史规律发出的种种质疑如何面对？这促使学术界有必要对此问题做出多角度的再思考。

一　历史研究应当以探讨历史规律为最高目标

历史学是一门内容丰富的学科，在学术之林内具有十分鲜明的特色，其学术宗旨可以概括地归结于求真、求是、求新。求新，显示的是学术研究的学术上的新发现、新认识、新总结、新反思，为历史学持续进展必不可少的活力，但求新是在务求历史真相和力求认识正确的基础之上，离开求真与求是的"求新"，成为荒唐的臆说，就会被求真与求是的历史学界所摈弃，最终除了留下批评和警戒的事例之外，再无学术意义。求真是历史学得以成立与发展的基础，其意义是通过梳理各种记载，排除伪证和误记，尽可能清晰地考述出社会历史事实的真相，这是史学的底线，需要不打折扣地恪守，但历史研究不应该也不可能停留在底线而无所提升，在弄清史实的条件下对历史事件、历史人物以及历史事件之间的联系做出准确的分析、判断和评议，从而加深历史认识，以为历史研究的本分，概括言之，即为历史学的"求是"。

在史学的求真、求是、求新宗旨中，"求是"具有比较复杂的内涵，包括了从微观到宏观、从浅层到深入的所有关于历史事物的评论性认识。无论是议论单一事件的历史影响、个别人物的是非功过，还是对一个时代的整体评价、对整个历史进程的概括总结，总之皆出于表达一种自以为正确的历史观点，皆可属于历史研究的"求是"作为。探索历史发展规律是一项宏观性的、统摄历史全过程的和高度抽象的历史认识，追求的是视野最大、最远、最深刻的历史之真与思想观念的求是，应当作为历史研究的最高目标。不言而喻，历史研究在求是各个层次上探讨，都会出现观点不同的意见，历史认识正是在不同见解的论辩中发展进步，只要不带有非学术性的偏执和非学术的钳制，错误的认识终会逐步地厘清，正确的认识以其论据的可靠和逻辑的周密，一定会获得日益广泛的认同。在历史规律的学术探索中，涉及的问题更加宏阔，面临的观念分歧也更加复杂，但终究会呈现同样的趋向。

在人类思想史上，马克思主义的唯物史观是最为重视探索历史规律的，并且在揭示历史规律方面得出了影响最大的论断。而古今中外关注历史规律问题，试图做出表述和结论者代不乏人，这是历史学发展中不可回避的思考。早在战国时期，战国就出现了邹衍主张的"五德终始论"，将整个历史的发展，描述为具有五行符号标识之政权的循环更替。这虽然给社会历史进程赋予神秘化色彩，并且呈现为错误的历史循环论，但把社会历史看作一种必然的、具有阶段发展顺序进程，实际是一种对于历史规律的探讨。"五德终始论"的历史观念在汉代影响巨大，一度成为主流的思想，既为一种历史循环论，也是神秘化的历史决定论。与历史循环论并行于世者，中国古代还有朴素的历史进化思想，例如《韩非子·五蠹》篇认为历史发展经过了四个阶段，即上古、中古、近古以及"当今之世"，在后一时代仿照前代行为，是落后和可笑的，"然则今有美尧舜汤武禹之道者，必为新圣笑矣"①，这意味着后代总是超越前代。不仅法家学派有此朴

---

① 《韩非子校注》，江苏人民出版社1983年版，第661页。

素历史进化论之说，后来儒家《春秋》公羊学派有历史的"三世"说，直至清季康有为仍弘扬这种历史观，虽说法各异，然皆具有承认历史进展的思想因素。

　　西方近代意大利史学家 G. 维科（1668—1744）于公元 1725 年出版了《关于民族共同性的新科学原理》一书，又大加修订，五年后再版，称《新科学再编》，认为人类各民族即使相隔甚远，也具有共同的发展路向，均经过神的时代、英雄时代、凡人时代等几个阶段，并且一定程度上窥测到对立面的斗争推动了历史的发展。① 维科的想法并不孤立，德国随之涌现颇多的历史哲学方面的论断，例如学者莱布尼兹（1646—1716）、历史家莱辛（1729—1781）、哲学家康德（1724—1804），都将人类历史视为一个连续进步的过程，康德的论述尤为明确，认为历史学"考察人类意志自由的作用的整体时，它可以揭示出它们有一种合乎规律的进程"②。赫尔德（1744—1803）、黑格尔（1770—1831）都是沿着这一思路推进，将历史解释为一个分阶段的推进过程。而源于法国社会学家孔德（1798—1857）的实证主义史学思想，在 19 世纪一度风行，他们各自以不同门类的自然科学比附历史学，将历史描述为可以像物理学、生物学、心理学等那样探讨规律，并且可以通过"实证"方法来作出证明，其中有人自信地称"今天历史也像动物学那样找到了它的解剖术"③，"历史科学是可以向完全正确的知识前进的"④。因此，在古今中外史学史上，探讨历史宏观规律的努力可谓代不乏人。在历史学获得一定发展的条件下，深入宏观和理论层次的探讨乃是学术发展的趋势，会自然地出现一部分学者热心于将历史研究的视野扩大，提升理论层次的思考，直至试图认识历史发展总的法则。

　　这种宏观的历史哲学性质的探索，在任何时期不应当苛求于每一位史学家，实际上会有多数史家仅仅致力于具体历史课题的研究，其中有些大学者仍恪守求真务实的清理史实工作，对此应当予以充分的尊重，因为探

---

　　① 参见张广智《西方史学史》，复旦大学出版社 2000 年版，第 140 页。

　　② 康德：《历史理性批判文集》，何兆武译，商务印书馆 1991 年版，第 1 页。

　　③ 英国实证主义史学家 H. 泰恩《英国文学史·绪论》，转引自 J. W. 汤普森《历史著作史》，孙秉莹、谢德风译，商务印书馆 1996 年版，下卷第四分册，第 613 页。

　　④ 德国史学家亨利希·济伯尔：《论历史知识的法则》，转引自 J. W. 汤普森《历史著作史》下卷第四分册，第 623 页。

索历史规律需要立足于充分掌握准确的史实，在具体史事的研究上求真务实、解决疑难，实际也是对于探索历史规律提供着支持。但是作为一个大的史学研究机构或团体，倘若其中无人进行宏观理论层次的历史研究，无人关注历史规律的探讨，那就是渺小琐屑、不求上进的团体，倘若整个史学界在很长时期缺乏宏观理论性的研讨，那就是历史学之可悲的思想苍白时期。因此，史学界乃至整个社会都应该着意以宽松的社会环境和其他得力措施，鼓励学者作历史理论的研究和历史规律的探讨。

19—20 世纪，正当马克思主义唯物史观发挥极大影响力的同时，西方史学界、思想界泛起否定历史发展存在规律的思潮，主张历史学仅仅关注个别性，不可寻求普遍性，甚至认为历史学不必流连于"事实世界"，历史学只是关于"价值世界"的知识。① 至于后现代主义史学，则直接否定历史研究需要反映客观的史实，而把历史学说成类似于想象的文学塑造。所有这些，都是将史家的个人意志加于历史事实之上，从而进一步消解了客观史实。至 20 世纪，实证主义历史观明显地暴露出讹误，黑格尔学派思辨的历史哲学已然退落，而唯物史观在历史科学的论断上已经达于新的高峰，而且日益成为一种改造社会、进行革命的思想武器，历史规律的探索给旧世界以显著的威胁。这样，在西方思想界不能不引发一系列的反弹，因而出现各种流派的否定历史学科学性之理念。从学术角度而言，否认历史学科学性之一途径，是从强调史学家个性和个人作用发轫，这比由政治敏感引发的理念稳健得多，因而影响力也广大和长远。不过，强调史家个性和个人作用，也是对人们生产、生活和文化活动皆空前社会化的一种反弹，即现实中个人欲愿受社会化所限，而史学观念上夸张个性成为一种文化理论的宣泄。但一切否认历史学科学性的思潮，都是从史学界之外兴起，并不能取代正规的历史研究，那些理论家也无法按照其理念撰述一部像样的史著。美国当代著名历史学家伊格尔斯批评后现代主义是"对西方文明的性质的幻灭感，日益造成了一种对现代科学观的深刻反弹"②。物极必反，西方在经历过探讨历史规律的专题低潮之后，早晚也会发生知识路径的再一次反弹，宏观叙事仍会兴起。事实上，法国年鉴学派"长时

① ［德］李凯尔特（1863—1936）：《文化科学和自然科学》（涂纪亮译），商务印书馆 1986 年版。

② ［美］伊格尔斯：《二十世纪的历史学》，何兆武译，辽宁教育出版社 2003 年版，第 9 页。

段"的历史研究，其观点已经相当接近于马克思主义史学的观念，更何况西方马克思主义学派从来没有在历史观上的探讨。

一切科学研究和学术研究的最深入的目标，都是要揭示研究对象的本质及其发展规律，探讨事物的本质与事物发展规律，本质与规律是属于同一层次的认识水平，列宁说："规律就是关系……本质的关系或本质之间的关系。"①因此，对历史规律的探讨，乃是将一系列历史事实的内在本质以发展演变的角度联系起来，从而认识更大范围历史事物的本质。

历史发展是存在规律的，因为任何构成有序系统的事物都有其内在发展的必然趋势。有人将历史学归于所谓的"人文学科"而否认探讨历史规律的必要，但是"人文"就不具备发展的规律吗？文学艺术无疑属于社会人文的范围，而文学艺术的发展历程则明显呈现出规律性，仅从形式上考察，世界各主要民族的文学几乎都是从原始神话开始，经历了诗歌、散文直到较复杂的长篇小说的出现，这共同现象背后就具有文学的发展规律，因为"规律是现象中同一的东西"②。世界历史上同一的现象很多，例如生产力的逐步提高，多数人的人身依附程度逐步减低，各个民族文化知识的普及率提高，人类活动与联系的空间范围逐步扩大等，在世界各地、各民族都具有这些共同的趋向，在这些共同的趋向背后，怎么能没有历史规律呢？

探讨历史规律，包括探讨总的发展规律和各地区、各民族、各个历史阶段、各个历史专题事物的特殊规律，不能要求所有的历史工作者都做最宏观的研究，但无论研究什么专门问题，都不应缺乏探讨其发展规律的理念。必须将探索历史规律作为历史研究的宗旨，以此提高史学上的理论思维水平。在历史研究中，学术宗旨的低下和理论思维的苍白，是历史学的最大贫困。而且这样的"贫困"，是多么大的著述数量也无法弥补的。

二　马克思主义的历史规律学说

马克思对历史发展规律的探讨，充满他的众多著作之中，特别是在

---

① 《黑格尔〈逻辑学〉一书摘要》，《列宁全集》第 38 卷，人民出版社 1960 年版，第 161 页。

② 同上书，第 159 页。

《政治经济学批判导言》内作出了精辟的论断，成为唯物史观得以建立的牢固的理论基础，这就是对生产力与生产关系的矛盾运动决定社会形态发展的学说。马克思指出：

> 人们在自己生活的社会生产中发生一定的、必然的、不以他们的意志为转移的关系，即同他们的物质生产力的一定发展阶段相适合的生产关系。这些生产关系的总和构成社会的经济结构，即有法律的和政治的上层建筑竖立其上并有一定的社会意识形式与之相适应的现实基础。物质生活的生产方式制约着整个社会生活、政治生活和精神生活的过程。不是人们的意识决定人们的存在，相反，是人们的社会存在决定人们的意识。社会的物质生产力发展到一定阶段，便同它们一直在其中活动的现存生产关系或财产关系（这只是生产关系的法律用语）发生矛盾。于是这些关系便由生产力的发展形式变成生产力的桎梏。那时社会革命的时代就到来了。随着经济基础的变更，全部庞大的上层建筑也或慢或快地发生变革。[①]

恩格斯也指出："这个划时代的历史观是新的唯物主义观点的直接的理论前提，单单由于这种历史观，也就为逻辑方法提供了一个出发点。"[②]恩格斯认为："马克思发现了人类历史的发展规律，即历来为繁茂芜杂的意识形态所掩盖着的一个简单事实：人们首先必须吃、喝、住、穿，然后才能从事政治、科学、艺术、宗教等等；所以，直接的物质的生活资料的生产，因而一个民族或一个时代的一定的经济发展阶段，便构成为基础，人们的国家制度、法的观点、艺术以至宗教观念，就是从这个基础上发展起来的，因而，也必须由这个基础来解释，而不是像过去那样做得相反。"[③]经典著作的这些论述，早经多人注意和引用，而其中的蕴义则必须明了：第一，马克思的这段论述，揭示了人类社会发展基本动力在于生产

---

① 马克思：《政治经济学批判序言》，《马克思恩格斯全集》，人民出版社 1962 年版，第 13 卷，第 8—9 页。

② 恩格斯：《卡尔·马克思〈政治经济学批判〉》，（1859 年 8 月 3—5 日），《马克思恩格斯选集》，人民出版社 1972 年版，第 2 卷，第 121 页。

③ 恩格斯：《卡尔·马克思的葬仪》，《马克思恩格斯全集》，人民出版社 1963 年版，第 19 卷，第 374—375 页。

力与生产关系的矛盾、经济基础与上层建筑的矛盾，这是对历史发展规律探讨的最根本要旨，是唯物史观理论的总纲，其余都是这个纲领结合具体社会史的展开。某些具体展开的描述，即使有所误差，也不足以动摇总纲的科学性。第二，这条唯物史观的原理，是划时代、破天荒的新发现，既不同于实证主义史学那种机械地比附自然科学的框架，也不同于将历史的发展视为"绝对精神"运动的黑格尔哲学，而是辩证地分析人类社会的内在矛盾，不仅在理论思维的水平上超越形形色色的历史哲学，而且立足于人类的生产、生活的牢固基础之上，更预示了社会发展的未来方向。因此一产生就显示出强大的思想魅力，很快在世界各地广泛传播。

揭示了人类社会的基本矛盾，但是不能够就此停顿，因为这还不算完成了历史规律的探索，还应当按此理念研讨人类社会整个发展历程的几个必经阶段。就在《政治经济学批判序言》中，马克思提出"大体说来，亚细亚的、古代的、封建的和现代资产阶级的生产方式可以看作是社会经济形态演进的几个时代"①。这段话在马克思主义学说史上引起了过多争议的波澜，对所谓"亚细亚生产方式"有过十分纷繁的解读，甚至曾经形成相当大的辩论。然而，绝大多数的长篇宏论都是画蛇添足及毫无意义的。马克思当时感到亚洲的上古历史可能与欧洲有所差异，故姑且用"亚细亚的"与"古代的"相并列，这反映出立言的谨慎，也显示了尚未进行充分的研究，后来马克思不再使用"亚细亚"这个词语概括社会形态。恩格斯早就对此有所说明："在亚细亚古代和古典古代，阶级压迫的主要形式是奴隶制，即与其说是群众被剥夺了土地，不如说他们的人身被占有。"② 很明显，"亚细亚古代和古典古代"都是奴隶制社会，何劳 20 世纪的苏联和日本、中国人士再作揣摩？返回来看马克思原话，紧接着是说"资产阶级的生产关系是社会生产过程的最后一个对抗形式"③，可见这里只讲阶级对抗的社会制度，并未涉及后来才关注的原始共产主义社会，而按照马克思主义学说，封建制度之前的阶级对抗社会只有奴隶制社会。

---

① 马克思：《政治经济学批判序言》，《马克思恩格斯全集》，人民出版社 1962 年版，第 13 卷，第 9 页。

② 恩格斯：《美国工人运动》（《英国工人阶级状况》美国版序言），《马克思恩格斯全集》，人民出版社 1965 年版，第 21 卷，第 387 页。

③ 马克思：《政治经济学批判序言》，《马克思恩格斯全集》，人民出版社 1962 年版，第 13 卷，第 9 页。

确立了阶级社会的三个阶段，再加上原始社会和未来的共产主义社会，即为唯物史观主张的五种社会形态依次更迭的历史规律。马克思本人已有这种见解，恩格斯做了明确的表述，他在《家庭、私有制和国家的起源》中指出："奴隶制是古代世界所固有的第一个剥削形式；继之而来的是中世纪的农奴制和近代的雇佣劳动制。这就是文明时代的三大时期所特有的三大奴役形式。"① 列宁更清晰地强调这一社会发展规律，仅《论国家》一文就三番五次地反复申明恩格斯所论述过的以几种社会形态划分历史阶段的发展规律，他指出：

世界各国所有人类社会数千年来的发展，是这样向我们表明了它如下的一般规律、常规和次序：起初是无阶级的社会——父权制原始社会，即没有贵族的原始社会；然后是以奴隶制为基础的社会，即奴隶占有制社会。整个现代的文明的欧洲都经过了这个阶段，——奴隶制在两千年前占有完全统治的地位。世界上其余各洲的绝大多数民族也都经过这个阶段。在最落后的民族中，现在也还有奴隶制的遗迹，例如在非洲现时还可以找到奴隶制的设施。奴隶主和奴隶是第一次大规模的阶级划分。前一集团不仅占有一切生产资料（即土地和工具，尽管当时工具还十分简陋），并且还占有人。这个集团就叫作奴隶主。从事劳动并把劳动果实交给别人的人则叫作奴隶。

在历史上继这种形式之后的是另一种形式，即农奴制。在绝大多数国家里，奴隶制发展成了农奴制。这时社会基本上分为农奴主—地主和农奴制农民。人与人的关系的形式改变了。奴隶主把奴隶当作自己的财产，法律把这种观点固定下来，认为奴隶是一种完全被奴隶主占有的物品。农奴制农民仍然遭受阶级压迫，处于依附地位，但农奴主—地主不能把农民当作物品来占有了，而只有权占有农民的劳动，有权强迫农民尽某种义务。其实，大家知道，农奴制，特别是在俄国维持得最久、表现得最粗暴的农奴制，同奴隶制并没有什么区别。

后来，在农奴制社会内，随着商业的发展和世界市场的出现，随着货币流通的发展，产生了一个新的阶级，即资本家阶级。从商品

---

① 恩格斯：《家庭、私有制和国家的起源》（1884 年 3 月底—5 月 26 日），《马克思恩格斯选集》，人民出版社 1972 年版，第 4 卷，第 172 页。

中、商品交换、货币权力的出现中间产生了资本权力。在十八世纪，更正确些说，从十八世纪末起至十九世纪，世界各地发生了革命。农奴制在西欧各国被排挤掉了。这一点在俄国发生得最晚。俄国在 1861 年也发生了变革，结果一种社会形式被另一种社会形式所代替——农奴制被资本主义所代替。①

由此可知，许多质疑五种社会形态（即原始社会、奴隶制社会、封建社会、资本主义社会、共产主义社会）依次更替之历史规律的学者将这个学说归属于斯大林所发明，是不符合事实的，这或许是他们的一个发言策略，或许是对马克思主义学说史的极其不了解。五种社会形态的理论，向来就是唯物史观关于历史发展规律学说的重要组成部分，它附从于社会基本矛盾的理论之下，无论是对是错，都不能归于斯大林负责。

诚然，斯大林在为《联共（布）党史简明教程》撰写的一章《辩证唯物主义和历史唯物主义》之中，陈述了由列宁发展了的马克思主义哲学，其中将五种社会形态的依次更替，论述为生产力与生产关系之矛盾运动造成的必然逻辑。因出于"简明教程"的需要，描述的社会发展不免为单线性方向，没有显明地告诫社会发展的复杂性和多样性。后来在社会主义阵营内将斯大林的论述奉为圭臬，忽略了准确理解整个唯物史观的思想体系，特别是无视列宁的这一观点："世界历史发展的一般规律，不仅丝毫不排斥个别发展阶段在发展的形式或顺序上表现出特殊性，反而是以此为前提的"②，这也不能完全归咎于斯大林，因为马克思至列宁的著作皆在。

自 20 世纪 50 年代始，五种社会形态（即原始社会、奴隶制社会、封建社会、资本主义社会、共产主义社会）依次更替的学说，曾成为中国史学界关于历史发展规律的权威理论。1978 年之后，史学界对此的质疑日益加强，这反映了学术思想的解放，值得肯定。但是，对历史规律某种表述的讨论与怀疑，不应当导致否定或回避历史发展规律的倾向，然而遗憾的

---

① 《列宁选集》第 4 卷，人民出版社 1972 年版，第 45—46 页。按：有人说列宁《论国家》一文没有产生学术反响，因为当时没有发表，也没有作为内部文件传达。这个说法是错误的。此文乃是 1919 年列宁在斯维尔德洛夫大学的公开讲演，影响不可低估。作为领袖的讲演，无论是否发表与传达，已经成为俄共中央必须重视和遵从的理论，这无须学术上有什么反响。

② 列宁：《论我国革命》，《列宁选集》，第 4 卷，人民出版社 1972 年版，第 690 页。

是这种倾向比较广泛地存在于史学界。不少历史著述局限于历史现象的罗列，有些虽然貌似构成"体系"，却不过是按时间顺序排列现象而已，各种现象之间是否存在必然性联系，则无所涉及。关于"社会史"的研究中，则存在着从 20 世纪 30 年代所关注的社会形态与历史规律问题，后退为满足于琐碎现象的挖掘和整理，其中甚至存在历史垃圾的上市和历史沉渣的泛起。在史学理论方面，存在着过度推重西方几种否定历史客观性之史学流派的倾向，甚至称赞那种完全"解构"史实、把史学说成是各个历史家可以随意构建"文本"的后现代主义。如此就不能视为历史学的进步，而是一种消沉与后退。

在对社会发展五种社会形态的质疑中，最关键处在于：奴隶制社会是否为人类社会的必经阶段？这个问题并未得以解决，学术界存在观点相反的流派，肯定奴隶制是人类社会发展一个阶段者，被称为"有奴学派"，对此极力反对者称为"无奴学派"，当前在气势上似乎"无奴学派"的呼声更高些。从"无奴学派"的多篇学术论文看，有些民族没有经过奴隶制社会的结论是难以否认的，但这足以抹掉历史发展经过五种社会形态的规律吗？问题是恩格斯、列宁、斯大林在强调历史发展经过五种社会形态的规律之时，了解还是不了解日耳曼民族未经历奴隶制社会？答案是肯定的，恩格斯、列宁、斯大林都十分关注和深知欧洲经历的这一历史状况。既然如此，为什么还会以五种社会形态依次更迭来表述历史的发展规律呢？显然，这需要考察马克思主义究竟怎样看待"规律"这个哲学范畴，并且继续作出我们的探索与思考。

三　对历史发展规律的几点思考

在哲学意义上什么叫作"规律"？对此的解释历来不尽相同。规律当然具有发展的必然性，表现为有力贯彻下去的趋势和方向。但规律有的也具有概然性，例如一枚硬币随意抛起，落地后显示的也许是正面，也许是反面，在概率论上各占二分之一的可能性。我们抛起硬币的次数甚多并且越来越多，就越发接近于正面、反面各占二分之一的结果，这是一条规律。但这一规律不能保证每抛两次就会出现一次正面显示。简单的事物既然有如此的概然性，复杂的社会发展更难以避免。长期以来我们谈到历史规律，总是强调它是不可违抗、不以人们意志为转移的必然性，总是说

"放之四海而皆准"，不容许有丝毫的特殊与例外。在作为一种革命信念的宣传鼓动之时，无可厚非，但并不合乎理论上的严谨性，这里还是要在此引用前揭列宁的那句论述以纠偏："世界历史发展的一般规律，不仅丝毫不排斥个别发展阶段在发展的形式或顺序上表现出特殊性，反而是以此为前提的。"

因此，应当以辩证的观点看待社会发展的规律，普遍性的规律因不同的时间、地点和条件而具有多种特殊性，不仅仅纯为抽象性的议论，而是在具体问题的解说中同样贯彻的思想，是普遍概括与具体分析的结合。马克思在论述资本主义社会时说："我们在理论上假定，资本主义生产方式的规律是以纯粹的形式展开的。实际上始终只存在着近似的情况；但是，资本主义生产方式越是发展，它同以前的经济状态的残余混杂不清的情况越是被消除，这种近似的程度也就越大。"[1]他在谈到价值规律时说："总的来说，在整个资本主义生产中，一般规律作为一种占统治地位的趋势，始终只是以一种极其错综复杂和近似的方式，作为从不断波动中得出的、但永远不能确定的平均情况来发生作用。"[2]列宁在马克思论述的基础上明确指出在马克思的经济学说中，"规律性只能表现为平均的、社会的、普遍的规律性，至于个别偏差情形则会相互抵销"[3]。在讲到马克思著作中关于资本主义生产不变资本的增长大于可变资本增长的规律时，列宁列举了德国、法国农业上的一些资料后指出："历史证明了马克思的规律是适用于农业的，根本没有被推翻。……无论马克思还是他的学生，始终只认为这个规律是资本主义总趋势的规律，而决不是一切个别情况的规律。……我们知道，在资本主义国家的工业史上，有时候这条规律对于许多工业部门都不适用。"[4]很明显，即使有许多"不适用"的实例，列宁还是认为这条规律能够成立，因为规律只反映占统治地位的发展趋势。可见马克思、列宁都没有把经济规律和历史规律看作神圣的、刻板的、命定的和不容许丝毫偏移的东西。历史发展的一般规律，乃是概括整个世界范围内具有代表

①　马克思：《资本论》第十章，《马克思恩格斯全集》，人民出版社 1974 年版，第 25 卷，第 196 页。

②　马克思：《资本论》第九章，《马克思恩格斯全集》，人民出版社 1974 年版，第 25 卷，第 181 页。

③　列宁：《卡尔·马克思》，《列宁选集》第 2 卷，人民出版社 1972 年版，第 595 页。

④　列宁：《农业中的资本主义》，《列宁全集》第 4 卷，人民出版社 1958 年版，第 93 页。

性的、典型社会形态的演变，不能将之当作教条来套用在一切具体民族与地区的研究，也不能搜寻个别民族与地区的差异来诘难、否定普遍规律。在历史规律研究结论的表述上，包含着实例的典型化及其所处条件的提纯，因而论点是明晰的、确定的；而社会实际按照规律的运行中，则有若干不确定因素和环境、条件上的诸多"杂质"，因而表现出摇摆、偏移和近似性。唯有如此，唯物史观的历史规律学说才与天命论、命定论区别开来，而不具有神秘化的色彩。

当今，整个世界的社会发展出现了 50 年前所不曾有过的新现象，科学技术的进步、文化事业的发达，变化和进展皆日新月异。这对唯物史观既提出了若干挑战，也提供了进一步发展的条件和机遇。在社会发展规律的问题上，不应当疏离或放弃，而需要结合新的情况、新的资料进行新的思考和探索，克服以往出现过的绝对化解说方式，将之置于辩证法的思维方式之中。

第一，历史规律体现着历史发展的必然性，但不能将历史规律的必然性绝对化，因为必然性之外还有着非常丰富的偶然性事物，二者的关系是辩证的。偶然性事物不仅时时在历史上发挥作用，而且有时是重大作用。这就是说，偶然相对于必然并非总是无例外地处于弱势的、附从的地位。历史必然与历史偶然之间的辩证关系，表现为偶然性可以向必然性转化。人类不是一经产生就具备了社会发展的规律性，最初能够生存、繁衍并且壮大为地球上最高级动物，带有一系列的偶然性。原始人中若干部族在恶劣的环境中灭绝，一部分原始人则寻到舒适的不思进取的优越环境而停滞发展，直到世界的近代还处于原始状态。有一部分人类恰好获得既有挑战也不过于严酷的自然环境。人类初始既然分别出现这三种状况，那么都属于历史的偶然性。而第三类型的原始人发展为繁盛的人类社会，掌握了不仅适应自然，而且能够在一定程度上按自己愿望改造自然的强大能力，才使社会具备了内在的发展动力，形成一定的发展规律。因此，历史发展规律不是从人类刚一产生就完全具备的，而是后来获得的，是由一系列偶然性事物的积累而转化为必然性。只有人们生活的群体达到相当规模并且达到相当的组织程度，生产力达到一定的水平，从而使生产力与生产关系的矛盾运动成为促进社会前进的主要力量，社会历史的发展才会出现必然性规律。这也许要在新石器时代才逐步确立。如果说人类刚刚产生，还无法保证不被自然环境完全灭绝的情况下，就已经具有发展到如今繁盛局面的规律，那实际与宿命论的神话没有区别。

又如文字的创造和运用，并不是每个民族都具有的，直至现代也还有很多民族没有真正可以运用的文字。哪个民族可以产生文字，不是个必然现象。因此，文字在一些民族的产生，应当视为人类整体上的偶然创树，但拥有文字的优越性极其明显，大为增强了该部族的内部凝聚力和对外的竞争力，促进了该部族的全面发展，遂使文字具备了在全人类普及和发展的规律。因此，整个人类社会以及具体的社会构成部分，都可以从偶然性转化为具备内在发展的必然规律。

第二，客观规律是有层次、分等级的，宇宙有其宏大的演化规律，太阳系有其运行规律，地球这一特殊行星也有其地质时代的变化规律，人类社会依存于自然环境，但有着与自然界不同的发展规律。这诸多的规律不是完全平等和互不相干的，而是存在等级与层次的。

人类社会是从自然界分化出来的一个相对独立的系统，但仍然包含在太阳系、地球等自然环境之更大的系统之内。一般而言，较大的系统比包括于其中的较小系统具有更高等级的发展规律，大的规律制约着小的规律。因此，人类社会的历史规律，完全可能被更大的自然界系统的规律所打断，例如约公元前 1500 年左右，爱琴海中克里特岛上的人类有着辉煌的米诺斯文化，但后来突然灭绝了，其原因可能是附近散托临岛一次强烈的火山爆发，引起巨大海啸和随之而来的火山灰覆盖。规律的不同等级表现为贯彻其必然性力量的大小，而这种等级之差又取决于该事物系统的有序性。

在人类社会，任何依照一定关系组成的集团、民族、国家等等，都可以看作一个社会系统。随着社会联系的扩大，直至全世界人类组成一个大的社会系统。而自然界与人类社会又时时呈现为自然——社会的生态系统。作为一个社会系统，内在的发展规律具备多强劲的必然性等级，可称之为有序性，系统的有序性至少由三个因素所决定：1. 系统内部结构的完整和严密的程度，如一个政体较完善的民族、国家，比组织松散、充满敌对冲突的民族和国家有序性强；2. 系统所占据的时空地位的状况，如相对较大的、历史悠久的、地理形势优越的国家，有序性一般较强；3. 系统内部矛盾运动的展开程度与系统的发展水平，如发达的资本主义国家比古代的小农经济国家有序性要强。如果一个社会系统的有序性不足以抵抗较强外来因素的冲击，它的自身发展规律就可能被打断，米诺斯文化的灭绝，美洲印第安人、非洲多数民族、近代中国的发展趋向被西方入侵势力所改变，都可以这样解释。① 但从更大的空间上看，其实这也是更高等级的规律所发挥的作用。需要说明的是：虽然有些个体的发展规律可能被打断，但也不足以否定这种规律，正如无论有多少数量的个人发生夭折或者早老，也不应否认经过出生、幼年、青年、壮年、老年、逝世几个阶段是人类生命的普遍规律。这种比拟不是将社会发展降格为人体的生物学进程，而是意在说明比生命历程大为复杂的历史发展，更不能以进程"未完成态"的实例来否定普遍规律性。

第三，历史规律的得出和成立，要在"总体性"和"典型性"的观念上理解。人类社会发展的规律的阐释，是指向全人类的普遍性发展趋势，是宏观的命题。不能以个别特殊的具体实例质疑"总体性"的概括，总体性规律不必承担对于每一个具体事例的完全符合，这在上文已经论述。因此，列宁在叙述规律是常用的词语是"总的说来"，这里不否认个别的例外现象。他还明确指出"我们强调'总的'一词，是因为无论马克思还是他的学生，始终认为这个规律是资本主义总趋势的规律，而决不是一切个别情况的规律"②。但是，当不合总规律的事例不是一个、两个，而是被发现的数量很多的情况下，将如何对待呢？这需要分别不同的情况，予以具体的分析。一种情况可能是对于总规律的总结和概括不准确、不正确，应该修订或摒弃，进而以提出更完备的总规律揭示与表述为标志，达到理论更新的效果。简单否定是不足取的，因为这会导致否认规律存在的负面作用，在历史理论建设上并无益处。另一种情况是可能不必要考虑与总规律相疏离之事例的数量，因为规律可以建立在"典型性"事物之上，尽管"典型性"不占全部同类事物中的绝对多数。前举关于人之生命进程的规律，也可以说明这个问题，因为在现代医学技术全面成熟和普及发展之前，夭折的人数长期超过所有出生人数的过半，但我们仍然可以将人的生命历程总结为历经婴儿、幼儿、少年、青年、壮年、老年直到逝世等若干阶段的规律，何以如此？那是由于完成全部历程的人才是人生完整的典型，典型性具有总体上的代表性。社会历史自然比生命人体复杂得多，其典型性民族

---

① 这一段内的部分观点，曾发表于笔者与刘泽华教授合写的《论历史研究中的抽象性认识》，《红旗》1988 年第 11 期。

② 列宁：《农业中的资本主义》，《列宁全集》第 4 卷，人民出版社 1958 年版，第 93 页。

或地区可以依从这样的标准：1. 文化、生产力以及社会组织方式具有明显的先进性；2. 对其他民族或地区有很强的影响或干预，力度之大足以改变或部分改变对方的经济、文化和社会结构；3. 在一定时期起到引领社会发生跨越发展的作用；4. 整个社会经济、社会组织、科学文化、人的素质、对外关系发展得较为全面，成为世界上繁华兴盛的中心。

中国社会没有经历完整的资本主义制度，那是西方各国率先成为资本主义列强，并且强力影响和干预了中国的社会。像中国这样没有完整经历全部社会形态的第三世界民族国家，数量很多，却不能据以否定五种社会形态递进的历史规律，因为当时西方才是探索历史规律的典型性地区。

此外，对于历史发展规律的探索，更有许多空间可待开拓。例如历史发展的规律既然不是人类与生俱来的，那么从逻辑上分析，也不一定总是一条规律贯彻人类社会发展的始终。一个大而复杂的社会系统，可以因为其中主要组成部分本质的改变，从而本质之间关系的改变出现规律的更新。事物的本质是否可以改变？这原是黑格尔、马克思的哲学辩证法早已解决的问题，辩证法质量互变规律讲的就是这个道理。如果事物的本质永远不变，那就不会有生物的进化，不会有人类的产生。我们既然承认社会历史各个阶段可以各自具有本阶段的特殊规律，也应当承认更长时段的转折，可以造成总规律的更新与转变。例如分析生产力与生产关系的矛盾运动，不能解决人类社会最后是否必定终结的问题，而从自然科学角度上已经多所探讨。地球毁灭、太阳熄灭，人类还会存在吗？加上这种研讨，才是社会发展更大些的总体规律。有人主张人类终将结束，有人主张人类可以部分地迁移到其他星球，而如果实现了后一种预想，迁移到新环境的那些人们，其社会还会继续地球的发展规律吗？这些玄想，着实缥缈，可以存而不论。但其中启示是：辩证思维的领域是极其广阔的，"辩证法对每一种既成的形式都是从不断的运动中，因而也是从它的暂时性方面去理解；辩证法不崇拜任何东西，按其本质来说，它是批判的和革命的"[1]。马克思的这段论断的精神实质，是要求思维与探讨不可终止，任何既成的理念都具有补充、发展和更新的需要，唯物史观的历史规律学说也不例外。

---

[1]　马克思：《〈资本论〉第一卷第二版跋》（1873 年 1 月 24 日），《马克思恩格斯选集》第 2 卷，人民出版社 1972 年版，第 218 页。

20 世纪以来西方史学思潮的演变及其中国历史的发展道路观

卢钟锋

20 世纪以来，西方的史学思潮几经变化。大体说来，20 世纪前半叶是传统的欧洲中心史观占主导地位。随之而来的，还有治水社会史观。从20 世纪后半叶起，传统的欧洲中心史观逐渐淡出西方史坛，代之而起的是文明形态史观、全球史观以及后现代史观。它们接踵而至，一浪高过一浪。时至今日，我们仍然可以感受到这些后起的史学思潮对于中国史坛所产生的影响。

西方史学思潮的演变直接影响到西方史坛对于中国历史的认识，从而形成了各自的中国历史发展道路观。

一 欧洲中心史观及其中国历史发展道路观

欧洲中心史观的由来

欧洲中心史观是 20 世纪前半叶西方盛行的世界历史观。然而，这种世界历史观由来已久。这得从 18 世纪后期开始的欧洲工业革命的历史意义说起。

如所周知，18 世纪后期开始的这场革命对欧洲的历史进程起着巨大的推动作用。正如马克思主义创始人所说："自从蒸汽和新的工具机把旧的工场手工业变成大工业以后，在资产阶级领导下造成的生产力，就以前所未闻的速度和前所未有的规模发展起来。"① 不仅如此，"由于一切生产工具的迅速改进，由于交通的极其便利"使"资产阶级"有可能"把一切民族""都卷到文明中来"，"迫使一切民族""采用资产阶级的生产方式"②。总之，这场革命大大加快了资本主义的物质文明和精神文明的发展，使原来落后的欧洲一跃而成为居于世界前列的先进的欧洲，从而进一步拉大了与东方国家的历史差距。于是，自 18 世纪末、19 世纪初以来，所谓东方落后论、欧洲先进论，以及按照欧洲的面貌改造世界的声浪一度甚嚣尘上，成为风行西方的史学思潮。欧洲中心史观就是对于这一思潮的理论概括和总结。19 世纪，随着欧洲支配世界地位的确立，欧洲中心史观因而主导了西方史坛。

19 世纪主导西方史坛的欧洲中心史观，其理论形态是由黑格尔完成的。

黑格尔（Hegel，1770—1831）是 19 世纪德国古典哲学家的杰出代表，西方近代的历史哲学在他那里达到了顶峰。他的最大贡献是：把辩证法运用于研究世界历史，并由此得出关于世界历史是一个发展过程的认识。恩格斯说：根据这一认识，"思维的任务"就在于"透过一切迷乱现象探索这一过程的逐步发展的阶段，并透过一切表面的偶然性揭示这一过程的内在规律性"。恩格斯认为，这是黑格尔的"划时代的功绩"③。不过，黑格尔的历史哲学，正如罗素（B. Russell，1872—1970）所说，是以"精神和精神的发展过程"为"实在对象"的。④ 因此，他所谓的世界历史，实质上，既是精神的发展过程，又是作为精神的本质——自由的实现过程。他将这一发展过程划分为三种实现形式：东方世界、希腊罗马世界和日耳曼世界。它们分别代表自由的三种实现形式：第一种形式是东方世界的专制政体，第二种形式是希腊罗马世界的民主政体和贵族政体，第三种形式是日耳曼世界的君主政体。这样，黑格尔通过对精神发展过程的诠释为我们构建了一个以精神发展为主线并外化为政体演变的三形式和三阶段的世界历史体系。根据这个世界历史体系，"世界历史从'东方'到

---

① 恩格斯：《社会主义从空想到科学的发展》，《马克思恩格斯选集》第 3 卷，人民出版社1995 年版，第 741 页。
② 马克思、恩格斯：《共产党宣言》，《马克思恩格斯选集》第 1 卷，第 276 页。
③ 恩格斯：《社会主义从空想到科学的发展》，《马克思恩格斯选集》第 3 卷，第 737 页。
④ ［英］罗素：《西方哲学史》下卷，马元德译，商务印书馆 1976 年版，第 283 页。

'西方'，因为欧洲绝对地是历史的终点，亚洲是起点"①。这里，他所说的欧洲和亚洲，既是一个地理概念，分别代表西方和东方，又是一个历史概念，分别代表不同发展阶段的政体，并明确地提出东方专制政体的概念而与西方的政体即从希腊罗马的民主政体和贵族政体到日耳曼的君主政体相区别。他断言：东方专制政体属于只有"一个人"是自由的政体，希腊罗马的政体属于"少数人"是自由的政体，日耳曼的政体属于"一切人是自由"的政体②；认为西方的政体优胜于东方的专制政体，是世界历史的发展方向和终极目标，故说"欧洲绝对地是历史的终点"。这种以欧洲为历史终点的欧洲历史终结论，毋庸讳言，是一种典型的欧洲中心史观。用欧洲中心史观考察中国历史，黑格尔认为"中国是特别东方的"③。根据黑格尔关于东方专制政体的概念，所谓"中国是特别东方的"，是说中国的政体为典型的东方专制政体，它保持着东方专制政体固有的特性，概要地说：

一是，权力的唯一性和独占性。用黑格尔的话说，即"一切皆隶属于"专制君主这个"唯一的个人"，"以致任何其他个人都没有单独的存在"，"国家的一切因素""都被这个实体所独占"。在这"唯一的权力"面前，"没有东西能维持一种独立的生存"④，"所以政体的形式必然是专制主义"⑤。

二是，权力的家族性质。所谓权力的家族性质，是指"这个国家是以家族关系为基础"而言的。所以，中国的政府是一个"父道的政府"⑥，"皇帝犹如严父，为政府的基础，治理国家的一切部门"⑦，"家长政治的原则"是国家立法的根据。⑧

三是，历史的不变性。由于中国是"以家族关系为基础"，立法的根据是"家长政治的原则"，且"终古如此的固定不变"，因此，黑格尔认

---

① 黑格尔：《历史哲学》（新 1 版，王造时译），商务印书馆 1963 年版，第 148 页。
② 同上书，第 56—57 页。
③ 同上书，第 158 页。
④ 同上书，第 150 页。
⑤ 同上书，第 169 页。
⑥ 同上书，第 150 页。
⑦ 同上书，第 165 页。
⑧ 同上书，第 171 页。

为，中国历史"不必有什么变化"①，也"无从发生任何变化"②。唯其如此，他称中国历史是"永无变动的单一"③，它"很早就已经进到了今日的情状"④，即强调中国历史自古以来的不变性。

另一位德国古典哲学家谢林（Schelling，1775—1854）更将中国的专制政体径称为"皇权绝对至上"的"独裁的君主制"，认为这是一种"最古老的国家形态"，秦始皇只不过是其"复制者"，从而强调了中国专制政体的原创性。他进而指出：这种"皇权绝对至上"的观念是"国家权力绝对集中"的反映，其根源在于"最古老的家长制原则即父亲的权力和威严至高无上的原则"，认为这是"中华帝国"的"本质特征"，也是"这个国家至今保持着四千年前的面貌"的原因所在。⑤ 与黑格尔一样，谢林特别强调了中国的家族关系和家长制是专制政体赖以存在的基础，认为这是中国历史不变性的最后根据。

综上所述，主导 19 世纪西方史坛的欧洲中心史观有如下几个特点：

第一，以东方专制主义为理论出发点，强调东方专制主义作为政体形式的所谓不自由、非理性的专制性质，而与欧洲政体的所谓开明、理性的自由性质相对立，并用这种西方政体"优越论"的政体观作为立论的依据。

第二，以欧洲历史终结论为理论归宿点，强调按政体划分的东方世界从属于西方世界的历史必然性，旨在证明欧洲历史的发展道路是世界历史，首先是东方历史发展的必由之路。

第三，以中国专制主义为东方专制主义的历史源头，强调中国历史的东方专制主义特征，将中国历史进程纳入欧洲中心史观的体系框架内，突出中国历史的不变性及其家长制根源。

由此可见，所谓欧洲中心史观，实质上，是欧洲历史终结论的世界历史观，而东方专制主义和中国历史不变性，则是这一世界历史观不可分割的组成部分。

---

① 黑格尔：《历史哲学》，第 151 页。
② 同上书，第 161 页。
③ 同上书，第 158 页。
④ 同上书，第 161 页。
⑤ 以上引文均见于柳御林主编《世界名人论中国文化·谢林》，湖北人民出版社 1991 年版，第 223—231 页。

必须指出，虽然作为理论形态的欧洲中心史观是由黑格尔完成的，但是，黑格尔对于中国历史的认识和关于东西方的政体观念则是渊源有自。例如，关于中国专制政体问题，早在 17 世纪初，意大利耶稣会士利玛窦（Matteo Ricei, 1552—1610）在《中国札记》一书中已经提出来了。他不但对中国历史做出正面的评价，认为中国从来"没有征服的野心"，而且指出：自古以来，中国就是一个君主专制的国家，皇帝和朝廷对人民拥有绝对的权力。① 18 世纪法国启蒙学者孟德斯鸠（Montesquieu, 1689—1755）和魁奈（F. Quesngy, 1694—1774）也分别在自己的著作中专门论述"中华帝国"的专制政体问题。不过，孟氏认为中国的专制制度是一种以"恐怖"为原则的制度②，而魁氏则认为虽然中国是一个专制主义的国家，但都是按自然法则建立起来的。因此，中国的专制制度是最合乎人类理性的制度。③ 又如，关于东西方政体的划分，孟氏在《论法的精神》一书里作了专门的论述，认为专制政体是东方国家普遍实行的政体，而共和政体、君主政体则是西方国家普遍实行的政体，并断言：西方的政体优于东方的政体。④ 可见，关于中国专制主义和东西方政体的认识，早在 17—18 世纪的西方就已经存在了。因此，上述认识可以说是西方的传统观念。所不同者，17—18 世纪的上述认识没有同世界历史进程联系起来，因而没有由此作出中国历史不变性或欧洲历史终结论的结论。究其原因，归根结底，在于工业革命前的欧洲，其经济发展水平和政治的开明程度都远不及中国。工业革命以后，欧洲的面貌才发生了根本性的变化，中国以及东方国家才被欧洲抛在后面，所以，中国历史不变性和东方历史落后论才应运而兴。由此可见，欧洲中心史观的兴起及其主导 19 世纪的西方史坛，或者说，这一世界历史观的由来不仅有其思想文化背景，而且有其社会历史背景。

20 世纪欧洲中心史观的新特点与费正清的中国历史发展道路观

19 世纪以来，欧洲中心史观主导西方史坛的局面至 20 世纪前半叶不仅循而未改，而且更发展成为一种解读中西方关系和东西方关系的历史模式，这就是盛行于 20 世纪前半叶西方史坛的"冲击—回应"的历史模式。

---

① ［意］利玛窦：《中国札记》（何高济译，何兆武校），中华书局 1983 年版，第 59 页。
② ［法］孟德斯鸠：《论法的精神》（张雁深译），商务印书馆 1961 年版，上册，第 129 页。
③ ［法］魁奈：《自然法则》，《魁奈经济著作选集》，商务印书馆 1979 年版，第 304 页。
④ ［法］孟德斯鸠：《论法的精神》，上册，第 56—60 页。

所谓"冲击—回应",简单地说,就是西方挑战,非西方国家应战。这一历史模式是 1954 年由邓嗣禹与费正清合写的《中国对西方之回应》一文和克莱德与比尔斯合著的《远东:西方冲击与东方回应之历史》一书中正式提出来的。① 根据这一历史模式,西方国家是历史发展的原动力,具有历史的主动性,居于历史的"上风",处在世界历史的中心,而中国等东方国家的历史由于长期处于停滞状态,缺乏历史的主动性,居于历史的"下风",被排斥于世界历史的边缘,只有借助来自西方国家外力的推动,才能走上西方国家的历史发展道路,由传统走向近代,实现现代化。

欧洲中心史观在 20 世纪的演变是受西方国家利益的驱动,为西方国家近代以来的对外侵略政策辩护的。因此,同 19 世纪的欧洲中心史观相比,20 世纪欧洲中心史观更具鲜明的政治倾向性。这方面的代表人物和代表性著作要首推费正清及其《美国与中国》《中国:传统与变迁》两书。

费正清(Johm King Fairak,1907—1991)是美国著名的中国问题专家和历史学家。他长期领导着美国的中国问题研究,其研究成果深为美国政府所重视。1948 年,他出版的《美国与中国》一书,在美国政界和学界产生了广泛的影响,为美国政府制定对华政策提供了历史和理论的依据,被称为研究中美关系的"经典著作"②。1978 年,他和赖肖尔根据《东亚:传统与变迁》(费正清、赖肖尔、克瑞克合著)一书有关中国部分进行修改和增补,以《中国:传统与变迁》为题,单独成书出版。

费正清上述两书的最大特色是:以"冲击—回应"的历史模式作为研究中国历史的指导线索,将中国历史分成"传统"与"近代"两部分,着重探讨传统的中国如何"回应"近代西方列强的入侵所造成的"冲击"。用他的话说:"当代中国变革转型的根本原因,主要源自西方新兴力量与本土传统习惯及思维方式之间的冲突互动。本书因之亦分为两大部分:3000 多年来中国传统文明在相对隔绝的状况下的衍变,及自近代以来作为对现代西方社会的回应,这一文明所经历的变故与转型。"③ 他用以划分传统中国和近代中国的标志性时间和事件是 19 世纪中叶西方列强对中国的

---

① [美]柯文:《在中国发现历史——中国中心观在美国的兴起》(林同奇译),中华书局 2000 年版,第 3 页。

② [美]费正清:《美国与中国·赖肖尔第四版序》(张理京译),世界知识出版社 2000 年版。

③ [美]费正清:《中国:传统与变迁》(张沛译),世界知识出版社 2002 年版,第 3 页。

侵略：此前是传统的中国，此后是近代的中国。在他看来，近代中国的历史是由于西方的"冲击"才开始的；如果没有西方的"冲击"，中国的历史仍然停留在"传统文明"这种"相对隔绝的状况下"。可见，费氏"冲击—回应"的历史模式是建立在中国历史停滞论之上的，而由中国历史停滞论必然得出"传统—近代"断裂说的中国历史发展道路观。

必须指出，与 19 世纪德国古典哲学家黑格尔、谢林等人关于中国历史不变论相比，费氏关于中国历史停滞论的最大特点是：他承认中国历史在"传统范围内"的某些变化，即他所说的"3000 多年来中国传统文明在相对隔绝的状况下的衍变"。这突出表现在中唐到宋末（8—13 世纪）即"中古期的昌盛"。他认为，这一时期的中国社会"远比欧洲先进"。其中，最重要的是"兴起国内外的私人贸易"。他称"这确实是一场'商业革命'"①。不仅如此，这一时期水稻耕作的推广又有利于小土地私有者的发展，而这是由于水稻耕作的性质决定的。他还特别提到罗斯基的发现：到了明代，华中、华南部分地区的农业在很大程度上以适应市场的需要为目的。② 所以，他把这一时期称之为"近代中国历史的第一阶段"，亦称"前近代"或"前现代时期"，"因为这时期发展起来的文化一直延续到现在"。

值得指出的是，费正清关于中国历史"在传统范围内的衍变"观是建立在对传统中国社会结构两重性的认识基础上的。他认为，传统中国社会结构的两重性表现为：一方面，是农村的农民社会结构的稳固不变性；另一方面，是城镇的上层社会结构（由地主、文人、商人、官吏等有产者和权势者所组成）的相对流动性。传统中国社会结构这种两重性既决定其历史的停滞性，又赋予这种停滞性以相对性的特点。中国历史就是在传统中国社会结构两重性的矛盾运动中由早期的"东方式"社会向"前近代"社会"衍变"的。尽管如此，"中古时期的昌盛"，包括发生在这一时期的"商业革命"都未能导致近代资本主义在中国的兴起，故中国历史终究无法走出"传统"迈向"近代"，从而造成"传统—近代"的断裂。原因何在？费正清的回答是：作为资产阶级前身的中国商人"从来不能摆脱士绅

---

① ［美］费正清：《美国与中国》，第 30 页。
② 同上书，第 31 页。

及其官府代理人的控制而独立自主"①。这与"封建时代欧洲商人阶级是在城镇里发展起来"的情况不同。欧洲的地主阶级不住在城镇而住在乡村的大庄园里。这样，城镇便成为"封建体系之外"的场所而有利于住在其中的商人阶级取得独立的地位。② 不仅如此，这一时期所发生的"商业革命"是"在一个高度组织化、官僚化的帝国里发生的，这一帝国能够适应经济的发展并从中吸取新的力量"，因而没有像欧洲社会那样，因经济变革而造成社会政治制度的崩溃，实现向近代的转变。③ 这就必然造成"传统—近代"的断裂。

至此，我们不难发现：由中国历史停滞论而推导出来的费氏的中国历史发展道路观是以"传统范围内的衍变"观为出发点，而以"传统—近代"断裂说为归宿点的。费氏之所以强调中国历史"在传统范围内的衍变"，归根到底，是为了证成其"传统—近代"断裂说这一中国历史发展道路观的。

然而，中国历史的发展道路是否存在费正清所说的"传统—近代"的断裂呢？我们的回答是否定的，因为这不符合中国历史的实际。中国历史的实际是：近代以前，绝非费氏所说的是一个单一的、不存在质变的"传统社会"，其"社会结构"也绝非什么"稳固不变性"，而是先后经历了三次社会形态即原始公社制、奴隶制和封建制的变迁以及两次社会结构的质变即由原始公社制社会向奴隶制社会的转变和由奴隶制社会向封建制社会的转变。至于他的中唐至宋末是"前近代时期"的提法以及中国不能产生资本主义的论断及其原因的分析，如上所述，是为了证成其"冲击—回应"这一历史模式的正确性，从而为其"传统—近代"断裂说制造历史根据，即中国传统社会内部不存在产生资本主义的根据，只有在西方的冲击下，中国社会才能从"传统"走向"近代"，实现资本主义的发展。但是，在这里，他的结论与他的前提是自相矛盾的。因为"前近代"概念的提出，是以承认此时已经出现了既不同于"传统"又不完全等同于"近代"的新因素为前提的。从历史内涵来看，这种新因素不是别的，只能是资本主义因素。他所说的"前近代时期"的"商业革命"以及明代华中、

---

① ［美］费正清：《美国与中国》，第 49 页。

② 同上书，第 50 页。

③ ［美］费正清：《中国：传统与变迁》，第 149 页。

华南部分地区为适应市场而进行生产的农业，显然都是属于资本主义性质的新因素。可见，近代以前，即在西方"冲击"之前，中国社会内部已经出现了资本主义的新因素。因此，不存在中国历史走不出"前近代"的"断裂"，因而只有靠西方的"冲击"才能走出"前近代"而进入"近代"的情况。中国近代历史表明：恰恰是由于西方列强的侵略而造成的"冲击"，才中断了中国资本主义发展的历史进程。如果这叫作"断裂"，那么，造成这种"断裂"的原因不应归咎于中国，而应归咎于西方列强的侵略。由此可见，费氏的中国历史发展道路观即"传统—近代"断裂说，归根到底，是为西方列强侵略中国的行径辩护的托词。中国历史的进程早已宣告了费氏的中国历史发展道路观的破产。

二　治水社会史观及其中国历史发展道路观

从东方专制主义到治水社会史观

东方专制主义是 18—19 世纪欧洲学术界关于东方社会的流行观点。如上所述，最早从学理的角度对东方专制主义进行研究者，要首推 18 世纪法国启蒙学者孟德斯鸠。他在《论法的精神》一书中分析了东西方所实行的三种政体形式及原则，认为"共和政体是全体人民或仅仅一部分人民握有最高权力的政体"，实行"品德"的原则；"君主政体是由单独一个人""遵照""确立了的法律"执政的政体，实现"荣誉"的原则；"专制政体"是"由单独一个人按照自己的意志与反复无常的性情领导一切"的政体，实行"恐怖"的原则。[①] 他指出：前两种政体是西方国家普遍实行的政体，后一种政体是东方国家普遍实行的政体，故又称东方专制政体或东方专制主义。19 世纪以来，德国古典哲学家黑格尔将东方专制政体纳入他所构建的世界历史体系，作为其欧洲中心史观的重要组成部分，用以证成其中国历史不变论。20 世纪前半叶，美国魏特夫将东方专制主义看作是"各种东方社会的共同本质"，认为这是"治水社会"的特性所决定的，而"治水社会"的特性又是由其"自然条件"所造成的，从而创立了他的"治水社会"理论，形成了他的东方社会历史观——"治水社会"史观。魏特夫的东方专制主义就是建立在"治水社会"理论的基础上，成为治水

---

① ［法］孟德斯鸠：《论法的精神》，上册，第 8 页。

社会史观的重要组成部分。1957 年出版的《东方专制主义——对于极权力量的比较研究》（以下简称《东方专制主义》）一书，就是魏特夫在这方面的代表作。

魏特夫与《东方专制主义》

魏特夫（Karl A. Wittfogel, 1896—1988）系犹太人，出生于德国，后加入美国籍。冷战时期，他公开反共，声称要"为自由世界而斗争"，从而使他成为西方学术界冷战的领军人物。[①]《东方专制主义》一书就是他作为西方学术界冷战领军人物的见证。对此，他供认不讳地说："我是把《东方专制主义》当作是对于极权力量进行比较研究的著作来著述的。"[②]这从书名的副标题就可以得到证实。他所说的"极权力量"就是"共产党极权主义"，它与"东方专制主义""亚细亚复辟"是同义语。所以，他"把共产党极权主义"解释成"东方专制主义"这种"专制的变形"[③]；把"我们时代的'亚细亚'发展情形"看作是"苏联与共产党中国的亚细亚复辟的现实"。[④] 一句话，他所说的"极权力量"就是共产党所建立的国家政权。为了攻击共产党建立的国家政权是"极权"，他甚至不择手段，借西方"观察评论家"之口攻击"东方专制主义肯定要比西方专制主义来得更为全面，更加暴虐"，"表现了极权力量最残酷的形式"。[⑤] 由此可见，他所说的"东方专制主义"不仅是对"各种东方社会的共同本质"所做的"概括"，而且更是对"共产党极权主义的现象"所做的抨击。这是此书的政治实质所在。

必须指出，魏特夫关于东方专制主义及其治水社会理论的研究，由来已久。长期以来，他在从事中国社会与历史问题的研究中就注意到了这方面的问题。早在 1922—1923 年，他在马克斯·韦伯的影响下，就"开始研究治水社会和治水国策的特点"[⑥]；1924 年，他在《市民社会史》中指

---

① ［美］魏特夫：《东方专制主义·中译本出版说明》（徐式谷等译），中国社会科学出版社 1989 年版，第 1 页。
② ［美］魏特夫：《东方专制主义·1981 年文塔奇出版社版本前言》，第 57 页。
③ ［美］魏特夫：《东方专制主义·1962 年序言》，第 24 页。
④ ［美］魏特夫：《东方专制主义·1981 年文塔奇出版社版本前言》，第 52 页。
⑤ ［美］魏特夫：《东方专制主义·1957 年导论》，第 16 页。
⑥ 同上。

出:"亚细亚"社会是"由一个官僚专制国家所控制"的社会①;1926 年,他在《觉醒的中国》中指出:中国在公元前一千纪后半期的发展使得"以专制皇帝为首的行政官僚集团为统治阶级,这个统治阶级",是"一个强大的治水(兴治水利)官僚机构"。② 1931 年,他在《中国的经济和社会》中对中国这样"一个巨大的亚细亚农业社会"进行了分析,强调了"自然条件"对亚细亚农业社会的重要作用。③ 20 世纪 40 年代,他将中国历史上的辽朝作为"边际类型的亚细亚社会"的典型进行专门研究,于1949 年出版了这方面的专著《中国社会史——辽》。在此书中,他通过对"中国征服王朝"——辽的研究,认识到在"边际类型的亚细亚社会"(又称"半亚细亚形态")里,"东方式的专制政府在很少或没有履行治水职能的期间统治着它们的臣民"④,从而拓展了他的"治水社会"理论的涵盖面。

上述事实表明:从 20 世纪 20 年代中期以来,他就一直通过对中国社会与历史问题的研究探讨治水社会的类型问题、治水社会与东方专制主义的关系问题、治水社会的"亚细亚"性质问题以及治水社会与自然条件的关系问题等。1957 年出版的《东方专制主义》一书可以看作是他长期从事治水社会研究的集大成之作。所不同者,20 世纪 50 年代以前,他主要是从学术的角度进行研究;此后,他主要是从政治、从冷战思维的角度进行研究,因而使他关于东方专制主义与治水社会的研究具有鲜明的反共色彩。这是我们在评价魏特夫的《东方专制主义》一书时必须清醒看到的一点。

魏特夫的中国历史特殊论及其中国历史发展道路观

治水社会理论是魏特夫用以研究东方社会历史(包括干旱和半干旱地区)的基本理论,也是他用以考察东方社会历史进程的历史观,即治水社会史观。这一治水社会史观的理论出发点,是将世界分成"治水社会"和"非治水社会"两大部分:西欧、北美和日本属于"非治水社会",其余则属于"治水社会",包括中亚土耳其、西亚埃及和波斯、南亚印度、东

---

① [美]魏特夫:《东方专制主义·1957 年导论》,第 16 页。

② 同上书,第 17 页。

③ [美]魏特夫:《东方专制主义·1981 年文塔奇出版社版本前言》,第 45 页。

④ [美]魏特夫:《东方专制主义》,第 49 页。

南亚各国以及东欧俄罗斯和中美洲各国等。由于"治水文明"习惯上都称作"东方地区",因此他将"治水社会"与"东方社会"常常交互使用。在魏特夫看来,中国既是一个治水社会,且属于"治水核心地区",又是东方大国,因此,研究中国历史必须从东方社会的共同本质入手。

首先,魏特夫指出:东方专制主义是东方社会的共同本质,也是治水社会的共同本质。

他说:"各种东方社会的共同本质,其在政治权威的专制力量方面表现得最为明显。"① 所谓"政治权威的专制力量方面",就是指东方专制主义。所以,在他看来,"东方专制主义""东方社会""治水社会""亚细亚社会"是同义语,可以交互使用;而东方专制主义的实质是"农业管理者的专制制度",或"农业管理专制主义"。他认为,东方社会的"农业管理者"是政府,"治水"是政府的重要职能。他之所以强调东方社会是"治水"社会,东方专制主义是一切治水社会的共同本质,是为了"提醒人们注意这些文明的农业管理机构的性质","突出政府的重要作用"。② 所以,他有时把东方专制主义称为"农业管理者的专制制度",认为这种专制制度同时也是一种"社会秩序"③,人人必须遵守和服从。

其次,魏特夫指出:"治水经济"是东方专制主义的根源和赖以生存的基础。所谓"治水经济",用他的话说,是"一种管理者的和纯属政治性的经济"。这种"治水经济"亦称"治水农业经济"。为了使"农业治水活动"得以进行就必须做到:(1)实行"大规模的合作"④;(2)有一个"一体化"的计划⑤;(3)建立一个遍及全国的统一调配劳力、物力资源的"组织网";(4)有一个"行使最高政治权力"控制这一组织网的"政治领导"。⑥ 这样的"最高政治权力"就是"农业管理专制主义"⑦。可见,"治水农业经济"要求实行东方专制主义,而实行东方专制主义的结果又使"治水农业经济"成为"一种管理者的和纯属政治性质的经济"。不仅如此,东方专制主义的产生既有其经济根源,又有其自然根源。

---

① [美] 魏特夫:《东方专制主义·1957 年导论》,第 11 页。

② 同上书,第 13 页。

③ 同上书,第 19 页。

④ [美] 魏特夫:《东方专制主义》,第 13 页。

⑤ 同上书,第 17 页。

⑥ 同上书,第 18 页。

⑦ 同上书,第 437 页。

他的《东方专制主义》一书既"没有贬低自然条件的意义",又"不贬低治水经济的意义"。①

最后,"治水社会"的东方专制主义本质及其"治水经济"决定了东方社会的停滞性和特殊性。概要地说:(1)几千年来,它始终是专制主义统治下的"治水社会";(2)在西方"冲击"之前,它只经历"治水社会"这样一种社会形态,而不像西方那样,经历了多种社会形态的转变,因而也就不存在西方社会那样的历史进程;(3)更重要的是,东方社会基本结构的稳固性使它无法依靠自身力量,而只有借助外力的"冲击"才能打破,从而才能发展。

在魏氏看来,东方社会停滞性和特殊性在中国历史上得到了充分的反映和体现。例如,中国历史没有像西方那样,先后经历了几种社会形态的变迁,而是只经历一种社会形态——"治水社会"。用他的话说:"从周代以来,中国社会不是封建社会,更非奴隶制社会,而是一个水利社会。"②因此,中国不存在西方社会那样的历史进程。这是中西方历史的最大差别,也是中国历史特殊论的主要表现。又如,中国作为"复杂类型"的"治水社会"的典型,又具有与其他东方社会不同的特点:一是,自秦统一中国以后,"土地私有制普遍盛行"③;二是,自汉以来,"商人在中华帝国的经济中占有显著的地位"④;三是,"地主制度的普遍发展""大大影响了统治阶级中在朝者和在野者(士绅)之间的关系",而这种地主制度又属于"官僚地主制度"。在这种制度下,官僚地主的土地私有制虽有所发展,但"并没有使地产得以巩固,或者使地产所有者形成独立的组织"⑤;四是,中国始终没有"形成一种强大的现代中产阶级"⑥,因此无法由传统走向近代,实现近代化。

从总体上看,魏氏所说的上述特点与费正清关于中国传统社会两重性社会结构的观点是一致的。所不同者:费氏强调中国传统社会结构在"传统范围内"的变化及其历史阶段和具体途径,魏氏则强调中国传统社会结

---

① [美]魏特夫:《东方专制主义》,1981年文塔奇出版社版本,前言,第57页。
② [美]魏特夫:《中国社会——一个历史的考察》,《亚洲研究》季刊,16卷3期(1957年5月),转引自《外国资产阶级是怎样看待中国历史的》,商务印书馆1961年版。
③ [美]魏特夫:《东方专制主义》,第303页。
④ [美]魏特夫:《中国社会——一个历史的考察》。
⑤ [美]魏特夫:《东方专制主义》,第306页。
⑥ 同上书,第460—461页。

构的稳定性。虽然他注意到中国传统社会的特点，强调中国历史的特殊性，但是，这些特点或特殊性并没有导致中国历史由古代走向"前近代"，更遑论走向近代了。由此可见，魏氏所谓中国历史特殊论与费正清的中国历史"衍变"论如出一辙。如果有什么"特殊"的话，那就是魏氏更强调中国的"东方专制主义""本质"的不变性。因此，我们可以将魏氏关于中国历史的发展道路观称为"东方专制主义"的中国历史发展道路观。

综上所述，魏特夫之所以强调中国历史特殊论，归根到底，是为了证成他的"治水社会"理论并用以取代马克思的社会形态学说，从而达到否定马克思所发现的历史规律的普适性及其对于中国历史的适用性，最终为其东方专制主义的中国历史发展道路观提供历史根据和理论支持。

三　文明形态史观及其中国历史发展道路观

汤因比的《历史研究》与文明形态史观

文明形态史观是汤因比的世界历史观。这一史观以"文明"作为历史研究的单位，将世界历史划分成三十一种文明。他借鉴斯宾格勒的比较文化形态学的方法①，对这三十一种文明进行比较研究，考察每一种文明的起源、成长、衰落和解体的过程，分析其主要特征，最后归纳成几大文明综合模式，从而构建起他的文明形态史观。《历史研究》这一历史巨著就是他在这方面的代表作。

汤因比（A. Tognbee，1889—1975）是英国著名历史学家。1914 年，第一次世界大战爆发使他开始萌生了撰写《历史研究》的念头。② 从 1920至 1972 年，他一直致力于《历史研究》12 卷本的写作。第二次世界大战前夕，他完成了《历史研究》前 6 卷；战后至 1961 年又陆续完成了该书的后 6 卷。晚年，他在助手协助下，又完成了该书的修订插图本的编写工作。据他说：这部《历史研究》修订插图本既不同于原来的 12 卷本，也

---

① 斯宾格勒（O. Spengle，1880—1936）：德国历史学家，比较文化形态学家，著有《西方的没落》一书，具体阐发他的文明形态学观点。他以"文化"为单位对世界历史进行透视，将世界历史看成是八种文化的起源、成长、鼎盛、衰亡的过程。这些观点直接影响了汤因比的文明形态史观的形成。

② ［英］汤因比：《历史研究·序言》（修订插图本，刘北成、郭小凌译），上海人民出版社2000 年版。

不同于由 D. C. 索麦维尔节录的 10 卷本，从中可以看到一些索麦维尔的修订本以及初版 10 卷本所没有收入的课题，保留了支撑他的论点的全部例证和更多的细节。作为补充卷的第 12 卷（"反思"卷）也被头一次纳入本书的主要内容之中。不仅如此，这部插图本还讨论了 1961 年"反思"卷问世以后所发生的各种事件，包括先前无人知晓的非洲撒哈拉南部的地方文明史。他还说："在目前这个版本的研究中，我们试图记述这些或其他有关人类事务的新增知识以及新近的理解。"① 可见，这部修订插图本不仅反映了汤因比晚年在历史研究方面的最新成就，而且也可以看作是他的晚年定论。因此，我们将主要根据这部修订插图本探讨汤因比的《历史研究》及其文明形态史观所反映的中国历史道路观。

《历史研究》的文明形态史观是基于汤因比对"历史研究的单位"的理解和认识提出来的。他说："我是从寻找一种历史研究的单位入手，开始自己的研究工作的。这个单位应当相对完整独立，或多或少有别于其他历史成分，对我们来说是可以对其感知并能够加以理解的。我舍弃当前根据国别来研究历史的习见做法。我的单位似乎是某种范围更大的碎片，这就是文明。"② 他认为，"历史研究"应以"文明"而不是以"国别"为"单位"。这是他从事历史研究的新视角。他所说的"历史研究的单位"不是指具体历史对象，而是指"某种范围更大"，具有"相对完整独立"的历史类型。这种历史类型是对于同类历史对象的综合与概括，反映了历史对象的共性。因此，作为汤因比"历史研究的单位"——"文明"，实际上，是一种文明"模式"。他的《历史研究》一书就是根据这种文明模式编撰的。他说："在明确了我划定的单位以及考察了前文明的各个社会之后，我试图从希腊史、中国史、犹太史的过程中抽出我的线索，以便为文明史构建起一种'模式'。我通过归纳这些文明的主要特征提出一个似乎适合我们所知的大多数文明史的综合模式。"③这种用文明模式构建世界历史的观点，我们称之为"文明形态史观"。

从世界历史模式论到中国历史循环论

根据文明形态史观，汤因比将世界历史划分成三大文明模式：希腊模

---

① 有关汤因比《历史研究》修订插图本的详情具见于该书《序言》。
② ［英］汤因比：《历史研究》，第 1 页。
③ 同上。

式、中国模式和犹太模式，分别代表三种文明形态。他认为，希腊—中国模式是作为"各文明形态的正常社会结构"，是这类社会形态中的"两个代表"。所谓"代表"，是指因其成熟性、独立性和原创性而具有典型性而言的，是以承认存在着与其相似的同类文明为前提的。如果说，希腊—中国模式称之为"独立的文明"或"成熟的文明"；那么，其他与之相似的文明则称之为"卫星文明"或"附属的文明"。例如，西方文明就"附属于""希腊文明"；东亚和南亚的朝鲜、日本和越南诸文明，就"附属于""中国文明"①。作为一种文明模式，希腊文明是一种"连续发展的模式"，它表现为"文化统一与政治分裂相结合的特点"②。中国文明则是一种"统一和分裂、有序和失序、进步和衰落轮流交替的模式"③，它表现为"大一统国家分合交替的形态"④。

　　犹太模式属于"流散社会"的模式。根据汤因比的解释，这是指"它已在地理上流离失所部分融入了外族社会的生活，但通过一种共同的文化传统而仍旧保持着自己的精神统一性和与众不同的特点"⑤。他认为，犹太模式之所以成为世界上离散类型的社会模式的代表，除了它比任何其他离散社会存在的时间更久，脱离祖居地的程度更为彻底外，还因为它具备了为其他离散社会所没有的因素：一是，"有在各种散居的环境中保持自身历史特性的决心"；二是，"有不愿融入当地多数人社会的动机"；三是，它认识到需要有自己的"经济基础"。因为在"没有自己的国家，没有自己的民族家园"的情况下，"经济实力是它能得到的唯一实力"。⑥

　　汤因比进而指出：在这三大文明模式中，希腊模式适用于各文明史的早期阶段，中国模式适用于各文明史的晚期阶段。如果将这两种模式结合在一起，就可以组成一个新的组合模式。这一新的组合模式适用于我们称之为"文明"的社会形态。由此可见，"这种希腊—中国的组合模式很明显是一种标准模式，可用来解释人类史的各个阶段"⑦。至于犹太模式，随着科学技术的进步和各种交通工具的加速改善而来的是"距离在消除"，

---

　①　［英］汤因比：《历史研究》，第 50 页。
　②　［英］汤因比：《历史研究》，彩图 6 说明。
　③　［英］汤因比：《历史研究》，彩图 7 说明。
　④　［英］汤因比：《历史研究》，第 39 页。
　⑤　［英］汤因比：《历史研究》，彩图 9 说明。
　⑥　［英］汤因比：《历史研究》，第 45—46 页。
　⑦　同上书，第 39 页。

这将会"更好地推动这种世界流散社会的创立"。因此，由流散社会取代"非地方性的民族国家"，看来是一股"未来的潮流"。他说："如果这个预测是合情合理的话，我们就需要把犹太模式作为流散社会的代表，需要把希腊模式作为地方国家向大一统国家过渡的典型，需要把中国模式作为一个保持着治乱交替韵律的统一国家的缩影"，而其中的每个模式"都给了我们一把了解迄今为止文明时代的某种人类社会基本结构以及文化形态的钥匙"。①

至此，我们可以看到：汤因比的文明形态史观最后可以归结为世界历史模式论，而中国历史循环论则是这一世界历史模式论的重要组成部分。

汤因比的中国历史循环论及其中国历史发展道路观

根据汤因比的文明形态史观，中国模式是被作为历史循环论的典型代表提出来的，从而成为他的世界历史模式论的重要组成部分。他说："中国历史具有漫长的跨度，它表现为一个大一统国家的理想不断变为现实，中间又不时被一些分裂和混乱的局面所打断"，认为这是自秦朝统一中国至清朝灭亡"这段历史所明显展现了的中国史的结构"；而在秦朝统一中国以前的"中国早期史"，则"类似于希腊模式"。其时，列国政治分裂，但"文化统一"。他称之为"政治分裂与思想文化成就的共时性"，这与早期希腊史的结构是雷同的。② 然而，"自从大一统国家成立之日起，便似乎在文明史中盛行着治乱交替的韵律"。③ 如何解释中国历史这种循环往复的现象呢？他认为不能满足于中国人自己的解释，即把它看成是"阴阳交替在人类事务中的体现"，而应该"有一个人为的"即"经济意义上的解释"④。

汤因比所说的"经济意义"是指"经济生产对一个大一统国家生存的价值"而言。具体地说，"一个统一国家对一个文明的经济是沉重的负担"。它为了维持自身的存在，就需要培养一批收入丰厚的专业文职人员和一支常备军。倘若这个大一统国家能够应付这类日益增大的财政开支而不致被它们所压垮，那它就必定能想出提高生产率以增加财政收入的办

---

① ［英］汤因比：《历史研究》，第 48 页。
② 同上书，第 37 页。
③ 同上书，第 40 页。
④ 同上。

法。然而，"近代以前，文明正常的经济基础一直是静止的农业"。这种"前科学时代的农业经济无力承受这种经济负担"。这就注定了统一国家一再崩溃的命运。可见，农业"这种经济结构的缺陷可以用来解释中国这样的统一国家不断崩溃的事实"①。这就是汤因比对中国历史上一再出现的"治乱交替的韵律"所做的经济解释。那么，如何看待汤因比的中国历史循环论及其所做的经济解释呢？

首先，汤因比试图从经济的角度对中国历史上的"治乱交替的韵律"找出原因，做出解释，并最后归结为传统"农业经济结构的缺陷"。这是他在历史观方面的有益探索。然而，问题在于传统"农业经济结构的缺陷"究何所指？显然，汤因比指的是"静止的农业"所造成的生产力水平低下。他认为，由于这种经济结构不能持续提高生产率，才使统一国家因承受不了日益增大的经济压力而崩溃。在这里，汤因比回避了一个重要的事实：同样是传统农业经济结构，为何在封建王朝前期是"治"，而在后期是"乱"呢？显然，如果离开封建生产关系的变化孤立地谈论生产力水平的高下；如果离开封建社会的阶级矛盾状况孤立地谈论封建王朝的兴废，那么，是无法对中国历史上的"治乱交替的韵律"做出正确的解释的，而这正是汤因比的经济解释的最大缺陷。

其次，汤因比所说的中国历史的"治乱交替的韵律"是指封建王朝的轮流更替。这种历史现象的确存在。但是，我们不能把封建王朝的更迭与中国历史的"进步和衰落"的交替等同起来。因为封建王朝的更替是属于封建国家政权的更迭，而历史的"进步和衰落"是属历史阶段的演变。这是两个不同的历史概念，不可混淆；而中国历史循环论则肯定历史不同阶段是可以循环往复的。这是违背中国历史发展进程的实际的。中国历史表明：中国封建社会是在封建王朝的轮流更替过程中逐步由前期阶段向后期阶段发展的，它反映了中国历史的螺旋式上升运动。可见，中国历史循环论只承认中国历史在形式上的变化，而否认其实质性变化。尽管如此，汤因比的中国历史循环论仍然不同于魏特夫的中国历史特殊论，因为魏氏的中国历史特殊论承认中国历史的东方专制主义本质的不变性，而汤氏的中国历史循环论并不否认秦朝以前的"中国早期史"由"地方国家"向"大一统国家"过渡的历史进程，也不否认"中国早期史"向秦朝统一国

———————
① ［英］汤因比：《历史研究》，第 41 页。

家的历史转变的事实。汤氏认为，中国历史是在秦朝统一中国以后才成为王朝轮流交替的历史，他称之为统一国家"分合交替"或"治乱交替"的历史。因此，从汤氏的中国历史循环论中仍然可以看到中国历史的运行轨迹，即：把中国历史看作是国家形态或政治形态演变的历史，它经历了由分散的"地方国家"向统一的王朝国家过渡以及由统一的王朝国家走向"分合交替"的过程。从政治史的角度来看，这是由"乱"到"治"复由"治"到"乱"的过程。就此而言，汤因比的中国历史发展道路观可以称为"王朝兴替"说。

四　全球/经济史观及其中国历史发展道路观

从文明形态史观到全球史观

我们在讨论汤因比的文明形态史观时曾经提到：第一次世界大战爆发使他"开始意识到要全面研究历史的真正理由"。正是根据这一理由，他"全面研究"了人类文明史，把一切文明形态看作是具有可比性的一个整体。汤因比的文明形态史观所反映出来的关于人类历史的整体观念，实际上，成为 20 世纪后半叶在西方兴起的全球史观的先声。

全球史观，顾名思义，就是要求对世界历史进行全球性的审视和研究的一种历史理论和历史方法。这一史观所要研究的"是全球而不是某一国家或地区的历史"，所要关注的"是整个人类而不是局限于西方人或非西方人"[1]。一句话，就是要求用全球的眼光来看待世界历史，把世界历史看作是一个整体的历史。显然，这种全球史观是对长期主导西方史坛的、用欧洲的眼光来看待世界历史的欧洲中心史观的有力挑战。如果说，19 世纪以来传统的欧洲中心史观是反映了工业革命后欧洲支配世界地位确立的事实；那么，20 世纪后半叶全球史观的兴起则是反映了欧洲支配世界地位衰落的现实。这是第二次世界大战后民族独立运动高涨、西方殖民地主义统治瓦解的必然结果。

全球史观的兴起是战后西方史坛关于世界历史观念的重大变化。从 20 世纪 50 年代到 90 年代，西方史坛先后出版了一系列用全球史观研究世界

---

① ［美］斯塔夫里阿诺斯：《全球通史：1500 年以前的世界》（吴象婴、梁赤民译），上海社会科学院出版社 1999 年版，第 54 页。

历史的论著。其中，美国历史学家斯塔夫里阿诺斯（L. S. Stavrianos）的
《全球通史》被认为是"在用全球观点或包含全球内容重新进行世界史写
作的尝试中，最有推动作用的著作"①，而德国社会学家贡德·弗兰克
（Frank, G.）的《白银资本——重视经济全球化中的东方》则是从经济全
球化的新角度探讨世界历史发展过程的力作，并且这两部著作都比较系统
地表达了作者对于中国历史的认识，同我们讨论的主题更为贴近。因此，
本节将主要根据这两部著作进行论述。

斯氏的全球史观及其中国历史发展道路观

1. 斯氏的全球史观与世界历史分期

《全球通史》是反映斯塔夫里阿诺斯全球史观的代表作。全书分
《1500 年以前的世界》和《1500 年以后的世界》两册，于 1970—1982 年
出版。

斯氏的《全球通史》以 1500 年为界标将世界历史分成前后两大时期。
斯氏认为"人类历史自始便具有一种必须承认并予以重视的基本的统一
性"②，因而各部分之间存在着相互影响，这是"人类进步的关键"③。他
的全球史观就是建立在这种认识基础之上的。但是，他又指出："严格的
全球意义上的世界历史直到哥伦布、达·伽马和麦哲伦进行远航探险时才
开始。在这以前，只有各民族的相对平行的历史，而没有一部统一的人类
历史。"就是说，在 1500 年即欧洲人地理大发现以前，"人类基本上生活
在彼此隔绝的地区中。各种族集团实际上以完全与世隔绝的方式散居各
地。直到 1500 年前后，各种族集团之间才第一次有了直接的交往"，"才
终于联系在一起"。"因此，1500 年是人类历史上的一个重要转折点"④。
这就是他将世界历史分成 1500 年以前和 1500 年以后两大时段的理由
所在。

根据斯氏的全球史观，1500 年以前的世界历史是"欧亚大陆的历
史"，因为"只有欧亚大陆，才存在各民族、各文明之间的巨大的、持续

---

① ［英］巴勒克拉夫：《当代史学主要趋势》（杨豫译），上海译文出版社 1987 年版，第
245—246 页。

② ［美］斯塔夫里阿诺斯：《全球通史：1500 年以后的世界·序言》。

③ ［美］斯塔夫里阿诺斯：《全球通史：1500 年以后的世界》，第 7 页。

④ 同上书，第 3 页。

的相互影响"，而澳大利亚、美洲、撒哈拉沙漠以南的非洲等非欧亚大陆
的土著人仍生活在半孤立状态中。① 这一历史时段的欧亚大陆经历了古代
文明（前 3500—前 1000 年）、古典文明（前 1000—500 年）和中世纪文
明（500—1500 年）三个时期。他所说的古代文明是相对于古典文明而
言，属于早期文明，主要包括美索不达米亚、埃及、克里特、印度、中国
商朝诸文明；古典文明，指古希腊、罗马、印度和中国周朝诸文明；中世
纪文明是以日耳曼人、匈奴人和突厥人的侵略开其端，包括伊斯兰、拜占
庭和中国诸文明。1500 年以后这一历史时段，斯氏以西方的兴衰为主线划
分为"新兴西方的世界"（1500—1763 年）、"西方据优势地位的世界"
（1763—1914 年）和"西方衰落和成功的世界"（1914 年以后）三个时
期，而将非西方世界的历史纳入到西方世界历史分期的框架中。

　　从以上的历史分期中，可以看到斯氏的《全球通史》用全球史观所构
建的世界历史体系。他以欧亚地区的古代文明为起点，以 20 世纪西方世
界的衰落和成功为终点，以民族相互影响不断扩大和增强为主线，以欧洲
人地理大发现为转折点，为我们展现了世界历史从地区史到全球史的发展
过程，体现了斯氏关于"民族相互影响是人类取得进步的关键"这一指导
思想和试图用全球史观打破传统的欧洲中心史观主导西方史坛一统局面所
做的努力。尽管斯氏的全球史观有受斯宾格勒和汤因比的文明形态史观影
响的一面，甚至还保留着欧洲中心史观的"冲击—回应"历史模式的痕
迹，但是，从总体上看，其主导面是积极的，对于全面研究世界历史仍具
有方法论的意义。

　　2. 斯氏的中国历史连续性理论及其中国历史发展道路观

　　用全球史观来考察中国历史，斯氏认为，中国历史是最具特色的。他
根据世界历史分期将中国历史划分为：商朝的古代文明、周朝的古典文
明、秦汉至明清的中世纪文明和近代中国四个时期。在比较了欧亚大陆其
他国家的历史以后，斯氏认为中国历史具有文明的连续性和政治的统一性
的特点。他说："中国文明的特点是统一和连续"，"没有明显的突然停
顿"。就是说，中国是世界上唯一没有中断其文明进程、长时间处于统一
的文明古国。"其原因在于中国较与世隔绝"，"因而，中国人在他们整个
历史上享受同一种族和同一文化"。"在古典时期，这种同一性得到进一

---

① ［美］斯塔夫里阿诺斯：《全球通史：1500 年以后的世界》，第 4 页。

步加强，因为中国人统一了文字"。与文化同一性一样重要的是，"各时期都存在着惊人的政治上的统一"①。其原因在于中国文明"具有独特的现世主义"，因而不存在"欧亚其它文明中的教士与俗人之间、教会与国家之间的巨大分裂"②。在《全球通史：1500 年以后的世界》中，斯氏进一步分析了中国历史连续性的原因：

一是，人口方面的原因，认为中国拥有巨大无比的人力资源和人口优势，使中国人在任何情况下都能够始终保持自己的特点和对外来文化进行有利于自己传统文化的选择；二是，农业生活方式的原因，认为农业是中国社会的基础，在适合农业发展的地方，就发展起中国文明，而农民占总人口的五分之四，承担供养朝臣、士兵和城市居民的重负；三是，语言方面的原因，认为自商朝以来，中国就存在着一种共同使用的书面语。这种共同使用的书面语为中国历史的连续性和统一性提供了重要的力量，也是构成中国内聚性的重要因素；四是，考试制度的原因，认为国家通过考试选拔人才的制度为中国提供了一种有效和稳定的行政管理，培养了一批性格顺从的官员，这自然有利于政治的稳定；最后也是最重要的因素，是儒家学说为社会的稳定与和谐提供了一种道德准则，"其高度的道德原则为现状提供了较纯粹的世袭权力更牢固的基础，从而，对改善政治社会关系起了不断的促进作用"。"结果，在长达二千多年的时间里，它一直充当中国文明的基础"③。

从以上的分析来看，斯氏所说的中国历史连续性，其实就是中国历史发展的过程，而他把中国历史发展过程的连续性，最后被归结为，或者说，表现为中国文化上的同一性和政治上的统一性。实际上，这是把中国历史发展的过程看作是文化同一和政治统一的过程。就是说，中国历史发展走的是文化同一和政治统一的道路。这可以看作是斯氏的中国历史发展道路观。斯氏关于中国历史发展道路观的最大特色在于：他反对"历来把中国历史解释成为一再重复的王朝循环史"的说法④，而是用全球史观将中国与其他欧亚国家进行历史比较，认为中国历史上不存在欧亚文明中那

① ［美］斯塔夫里阿诺斯：《全球通史：1500 年以前的世界》，第 278 页。
② 同上书，第 278—279 页。
③ ［美］斯塔夫里阿诺斯：《全球通史：1500 年以后的世界》，吴象婴、梁赤民译，上海社会科学院出版社 1992 年版，第 67—71 页。
④ ［美］斯塔夫里阿诺斯：《全球通史：1500 年以后的世界》，第 293 页。

种教会与国家之间、教士与俗人之间的分裂，即不存在社会政治权力分割和社会成员分裂的情况，并以此来论证中国历史上存在着政治的统一性。显然，斯氏的中国历史发展道路观较之于汤因比的中国历史发展道路观——"王朝兴替"说要深刻得多。

然而，斯氏的中国历史发展道路观只限于解释近代以前的中国历史。一旦进入近代中国的历史领域，他就受到费正清的"冲击—回应"历史模式的影响。例如，他认为，在19世纪欧洲人开始真正入侵以前，中国是一个社会稳定的时代。但是，面对着西方民族国家的迅速崛起，中国社会的这种稳定就变成了"静止的、落后的"。如果说，在此之前有什么变化的话，那么，也只是"局限在传统秩序的范围里"[①]。这就从根本上否认中国社会内部有自行向近代转变的可能性。因此，他认为，19世纪末和20世纪初中国在军事、政治、经济、社会文化诸领域所发生的变化，实质上，是"对西方挑战的反应"[②]，其结果是"悲惨"的[③]。

斯氏的中国历史发展道路观之所以最终未能摆脱费氏"传统—近代"断裂说的影响，是因为他不能正确认识"传统与近代"之间的辩证关系；相反地，他人为地将两者对立起来，认为在中国传统社会内部不可能生长出"近代因素"来。"近代因素"只能从外面"引进"。显然，这是无视中国历史事实的偏见。史实表明：早在明清之际，中国传统社会内部已经开始孕育着作为"近代因素"的资本主义萌芽。这种历史发展趋势，在18世纪的中国社会内部得到了进一步的加强。关于在中国传统社会后期已经"潜在"着"近代因素"的观点，自20世纪后半叶以来，已经为越来越多的西方学者所认同。70年代以来，在美国兴起的"中国中心观"就是上述这种对于中国历史的新观点和新认识的集中反映。可见，在这方面，斯氏的思想认识又不及于此时兴起的"中国中心观"彻底。

弗兰克的全球经济史观及其中国经济中心论

（一）弗兰克的全球史观的实质

在西方，用全球史观研究世界历史的另一位有影响的学者，是德国的

---

① ［美］斯塔夫里阿诺斯：《全球通史：1500年以后的世界》，第74—75页。
② 同上书，第472页。
③ 同上书，第479页。

弗兰克。他在 1998 年出版的《白银资本——重视经济全球化中的东方》
一书①，是这方面的一部力作，曾获得 1999 年世界历史学会图书奖头等
奖，说明该书是一部被西方学术界看好的著作。有关该书的研究对象及其
所依据的理论和方法，作者在《前言》里有明白的宣示："我将从一种涵
盖世界的全球视野来考察近代早期的经济史。我试图分析整个世界经济体
系的结构与运动，而不仅仅是分析欧洲的世界经济体系（欧洲只是世界经
济体系的一部分）。"② 他所说的"涵盖世界的全球视野"和"分析整个世
界经济体系的结构与运动"，实际上，是为我们提供了"一种更全球性、
整体主义的世界经济体系的视野和理论"③。这与斯塔夫里阿诺斯的《全球
通史》"所要研究的是全球而不是某一国家或地区的历史"，"所要关注的
是整个人类而不是局限于西方人或非西方人"的全球史观是同一研究思
路。所不同者，斯氏主要是从政治和文化的层面探索世界历史的进程，而
弗氏则主要是从经济结构的层面探索世界历史的进程。从这个意义上说，
弗氏的全球史观实属于全球经济史观。

　　如果说，全球史观的提出是对传统的欧洲中心史观的直接挑战；那
么，弗氏的全球经济史观在这方面更具对抗性。这种对抗性主要表现在：
它"不是用新的证据来挑战公认的证据，而是用一种更充分的人类中心的
全球范式来对抗公认的欧洲中心范式"④。例如，他针对欧洲中心史观历来
认为是欧洲创造了世界的观点，指出："近代早期的历史不是由一个欧洲
的世界体系的扩张塑造，而是由一个早就运转着的世界经济塑造的。""只
有愚蠢而自负的欧洲中心论者才试图""用一个欧洲的世界体系"来说明
整个世界的进程。⑤ 他想告诉人们：事情不是像欧洲中心论者所说的那样，
是欧洲创造了世界历史；恰恰相反，是世界创造了欧洲历史。他的结论
是：近代早期的欧洲"绝不是任何世界范围的经济体系的'中心'或'核
心'"，在很长时间里，它一直是处于"真正的世界经济体系的一个边缘部
分"⑥；如果说，有什么中心的话；那么，占据世界经济舞台中心的"不是

---

① ［德］弗兰克：《白银资本——重视经济全球化中的东方》（刘北成译，以下简称《白银
资本》），中央编译出版社 2001 年版。
② ［德］弗兰克：《白银资本·前言》，第 1—2 页。
③ ［德］弗兰克：《白银资本》，第 449 页。
④ 同上书，第 25 页。
⑤ 同上书，第 434—435 页。
⑥ ［德］弗兰克：《白银资本》，第 26—27 页。

欧洲，而是亚洲"①。这样，他就把原来以欧洲为中心的世界历史给颠倒了过来，代之以亚洲为中心的世界历史。

用全球经济史观来考察世界历史，弗氏认为，世界历史不是生产方式或经济的社会形态演进的过程，而是世界经济体系运动的过程，这一过程是连续的，不是断裂的。具体地说：

首先，弗氏认为，亚细亚生产方式概念不符合亚洲的历史情况。亚洲的历史根本没有停滞。它的人口、生产和贸易一直都在迅速扩张；经济和金融制度促成或至少允许这种扩张。因此，他认为这个概念"从一开始就几乎是无稽之谈"②。他还认为，马克思关于"经济的社会形态演进的几个时代"的说法，"是纯粹的意识形态虚构，根本没有事实依据和科学依据"。他认同这样的说法："马克思所做的亚洲分析"是为了"建构自己的资本主义理论"；而马克思的整个资本主义理论有"两方面的致命缺陷"，即"以欧洲中心论制造的亚细亚生产方式的寓言"和欧洲从封建主义向资本主义的转变的欧洲特殊论。③

其次，弗氏认为，世界历史"根本就没有发生过所谓以 1500 年为界的前后之间的断裂"④。他之所以反对把 1500 年定为历史断裂或新时代的开端，是因为"这个新开端引进一种崭新的、前所未有的、至少是原先从未占据支配地位的'资本主义生产方式'"⑤；而在他看来，资本主义生产方式只不过是马克思和其他欧洲中心论者"想象的产物，在实际历史中根本没有依据"⑥。不仅如此，"关于生产方式的整个讨论"也都是"毫无意义的闲扯"⑦。因为生产方式的概念"是由狭窄的'社会'或'民族'的眼界产生出来的"，它"使我们的注意力偏离重大世界体系的结构和进程。而这些结构和进程所造成的组织形式被指鹿为马地命名为'封建的'和'资本主义的''生产方式'"⑧。

第三，弗氏认为，世界历史发生了由东向西的转移、世界经济中心发

① ［德］弗兰克：《白银资本·前言》，第 2 页。
② 同上书，第 428 页。
③ 同上书，第 429 页。
④ 同上书，第 436 页。
⑤ 同上书，第 438 页。
⑥ 同上书，第 40—41 页。
⑦ 同上书，第 440 页。
⑧ 同上书，第 439 页。

生了由亚洲向欧洲的转移不是在 1500 年前后欧洲人地理大发现，而是在 1800 年前后欧洲的工业革命。为什么此时的工业革命发生在欧洲而不发生在亚洲呢？弗氏的解释是：欧洲是一种"高工资的经济体制"。这种体制"产生了一种刺激，促使人们为了减低生产成本而用节约人力的机器取代高工资的人力"，而亚洲的工资成本要比欧洲低得多。① 这就是弗氏从世界经济体系的角度为欧洲工业革命的发生所做的解释。

从弗氏上述的世界历史观点来看，他始终有着明确的指向，就是：用世界经济体系的结构分析来取代马克思的生产方式理论。虽然弗氏用全球经济史观来考察世界历史具有"转换"研究视角的方法论意义，但是，他的"转换"却找错了对象。因为世界经济体系的结构并非空中楼阁，它的基础，归根到底，依然是植根于世界各国社会内部的生产方式之中，其结构的形式仍然要受到世界各国的社会生产方式所制约；而弗氏的错误恰恰在于离开生产方式片面地谈论世界经济体系的结构。这样，他既不可能正确地认识世界经济体系结构的性质，也不可能达到对于世界历史的本质认识。

（二）弗兰克的中国历史发展道路观

弗兰克的中国历史中心论是他运用全球经济史观对世界经济体系进行考察和分析而得出的关于中国历史的新认识。根据这一新认识，19 世纪以前，"中国一直在世界经济中居于支配地位"，"实际上是世界经济的某种中心"。他称"这是本书的新颖之处"②。可见，弗氏的中国历史中心论是以经济立论，即从世界经济发展的角度为中国历史定位的理论。他着重研究了 1500—1800 年即明清两代的中国经济发展状况，从人口、生产和城市化等方面与同一时期的世界经济进行了比较，从而得出这一时期的中国经济发展水平远远高出欧洲和其他西方国家的结论。例如，他指出：1500—1800 年，中国人口增长了 3 倍，达到了 3.45 亿人，远远高于欧洲人口的增长；出现了北京、南京、广州等人口在 60 万—100 万人以上的大城市。其中，1800 年广州及邻近的佛山两地的人口总数目相当于同时期欧洲城市人口的总和。更重要的是，经济商品化程度进一步提高。欧洲对于中国丝绸的旺盛需求引发了土地使用方式的重大变化。农民为回应商业刺

① ［德］弗兰克：《白银资本》，第 384 页。
② ［德］弗兰克：《白银资本·中文版前言》，第 19—20 页。

激采用了"经济上的理性选择",即原有稻田改种经济作物,而不是传统的采用开垦新土地来种植经济作物,因而"完全适应了市场机制"①。从出口产品看,明代的陶瓷出口垄断了世界市场。明清两代的丝绸和瓷器的出口独占鳌头,几乎没有对手。可见,明清时期,中国经济的发展水平,无论从数量和质量上看,都居于世界领先地位。究其原因,弗氏认为,主要是得益于美洲和日本的白银进口和农业技术的进步以及引进农作物新品种,包括水稻由单季改进为一年两熟和从美洲引进的白薯、玉米等新品种。其中,对于世界经济中具有极其重要意义的是这样两个相关因素:一是,"中国的生产和出口在世界经济中具有领先地位",而这是由于中国的制造业在世界市场上具有"高产出低成本"的优势所决定的;二是,"中国作为世界白银生产的终极""秘密的地位和作用"。据权威经济专家统计:18 世纪全球白银产量的一半运往亚洲主要是中国和印度。由于这两个因素的互相关联的作用,因此,"直到 19 世纪中期为止,中国长期保持的出口顺差主要是通过外国人用白银偿付来解决的"②。基于以上认识,弗氏认同有些西方学者这样的看法,即认为这一时期的"中国至少在世界白银市场上处于中心地位",或者说,应该在世界白银贸易中给中国"保留一个中心位置",而如果"我们把白银看作是全球贸易兴起的一个关键性动力";那么,"整个世界经济秩序当时名副其实地是以中国为中心的"③。由此看来,我们可以把弗氏的中国历史中心论,最后归结为中国经济地位中心论。用这一理论来审视 19 世纪以来的中国近代史,弗氏认为,"中国经济只是在 19 世纪初才急剧失序"。其原因是"鸦片贸易及其引起的大量白银外流动摇了整个经济体系。这种衰败过程在鸦片战争"达到了"顶峰"。因此,中国的历史需要重新"改写"。④ 而中国历史的发展道路也因 19 世纪以来中国在世界经济体系中的中心地位的旁落,而由领先走向衰落。这可以看作是弗氏的中国历史发展道路观。

从世界白银贸易的角度探讨中国在世界经济中的地位和作用,并以此为中国历史定位,的确是弗氏"本书的新颖之处"。这不失为研究中国历史发展的一个新视角,因而使弗氏关于中国历史的新认识不仅有别于欧洲

---

① ［德］弗兰克:《白银资本》,第 225 页。
② 同上书,第 162 页。
③ 同上书,第 169 页。
④ 同上书,第 368 页。

中心史观，而且有别于 20 世纪 70 年代在西方兴起的中国中心史观。

　　然而，我们不能不看到：弗氏研究中国历史的新视角和新认识存在着很大的局限性，主要是：他从纯经济学的角度孤立地研究世界白银贸易以及中国在其中的地位和作用，并试图以此来解释中国历史兴衰的原因，特别是用以解释中国近代衰败的过程。显然，这是行不通的。如所周知，19世纪在中国所进行的鸦片贸易和由此引起的大量白银外流是西方列强对中国进行殖民侵略的结果。离开西方列强对中国的侵略而孤立地谈论鸦片贸易和白银外流是无法找到中国近代之所以衰败的正确答案的，而这正是弗氏的中国白银贸易中心地位论的局限性所在。

五　后现代史观与"中国中心观"

后现代史观的理论与方法

　　后现代主义是 20 世纪 60 年代兴起，70 年代末 80 年代初开始风行于欧美各国、影响广泛的社会思潮。其初，这一思潮主要反映在哲学和文学领域；随后，它进一步扩展到经济、政治、文化、教育和科学等领域。尽管这一思潮的表现形态多样，思想流派纷呈，但是，其共同话语是针对西方国家的资本主义现代化而发的。

　　在后现代主义者看来，西方国家的资本主义现代化固然给人类带来物质文明和精神文明的巨大进步，但是，它同时也给社会带来毋庸讳言的负面影响。因此，他们主张对西方的资本主义现代化进行"解构"，以便对其"否定"和"超越"，使非西方国家避免重蹈西方国家的老路。可见，后现代主义的"后"字，不仅是一个时间概念，更是一个价值判断概念。

　　后现代主义对于历史研究的影响，主要表现在历史认识论和历史方法论两个层面：

　　从历史认识论来看，后现代主义突出地表现为"偏激的主观主义"[1]。它抹煞客体与主体、事实与解释之间的区别，认为构成历史的历史事实并非外在、客观的存在，而是人们内在、主观的体验，或如柯文所说，是

---

　　① ［美］黄宗智主编：《中国研究的范式问题讨论·导论》，社会科学文献出版社 2003 年版，第 7 页。

"当事人记录下来的自己心中的种种经验体会"①。这就否认了历史的客观实在性。不仅如此,后现代主义的历史认识论还认为,历史是"人类对那些稍纵即逝事物的意义化回应"②,它既不具有连续性,也不具有同一性。这就否认了历史发展的共性,更谈不上历史发展有规律可言。

从历史方法论来看,后现代主义突出地表现为强烈反对将历史理论化或模式化。它认为"历史事件与实践随时间而流动",不具确定性。所以,"没有令人满意的能将""历史知识的客体""进行理论化的模式"。唯其如此,"历史是反理论的",或者说,"历史没有理论"③。在后现代主义者看来,历史是由"那些稍纵即逝事物"的"碎片"拼贴而成的板块,它们之间没有内在的必然联系。因此,历史研究的任务不是探求这些历史"碎片"之间的内在联系,而是再现这些历史"碎片"各自的原状。为了再现历史"碎片"各自的原状,后现代主义者认为,最好的方法就是将历史过程"碎片化"或"个别化",而不是将历史过程整体化或模式化。

从上述的理论和方法出发,后现代史观表现出激烈的反西方现代化理论的特点。因为西方现代化理论是构建在"传统—现代性"两极对立的历史模式上的。这一理论强调"传统"的停滞性和落后性,夸大以工业化为标志的现代化的同一性和普适性,断言:西方国家的现代化不仅是非西方国家由传统走向现代的必由之路,具有普适性,而且是人类历史发展的方向,宣扬西方中心主义。显然,这与后现代史观的反西方中心主义,反历史模式化,反历史规律性是直接对立的,因此,理所当然地要遭到后现代史观的激烈反对。

后现代史观之所以激烈反对西方现代化理论,还有意识形态方面的原因。在后现代主义者看来,西方现代化理论是作为一种"权力的工具形态"出现的,具有明显的"官方"色彩。为了不使自己陷入权力的圈套,沦为权力的工具,后现代主义者认为,历史研究不仅需要凸显历史学家的主体意识,而且要求打破西方现代化理论的历史模式,径直从非西方国家内部探求其历史进路。20 世纪 70 年代以来,美国在中国学研究方面所出现的新趋向——"中国中心观",固然有其国内的政治历史背景,但是,

---

① 引自杨念群《中层理论——东西方思想会通下的中国史研究》,江西教育出版社 2003 年版,第 243 页。

② 引自[美]杜赞奇《为什么历史是反理论的?》,《中国研究的范式问题讨论》,第 16 页。

③ 同上书,第 10 页。

它同时也受到了 80 年代兴起的后现代主义思潮从理论到方法的影响。这反映了这一思潮对于历史研究领域的渗透力。

"中国中心观"的提出

如所周知，第二次世界大战后，美国的中国学，特别是中国近代史研究一直是由费正清、李文森（J. R. Levenson）等人为代表的中国史观所主导。他们的中国史观可以用"冲击—回应"模式和"传统—近代"模式加以概括，或简称为"中国回应模式"和"近代化模式"。这是以西方为中心来解释中国近代历史变化的"外部取向论"。根据这一理论，中国历史长期处于停滞状态，即使有变化，也只是"传统范围内的变化"，它自身无力实现对传统框架的突破而走向近代。因为在他们看来，"传统与近代"是对立的两极，互不包容，从"传统"内部是无法生长出"近代因素"来的；"近代因素"只能从外部引进、靠西方力量的推动才能产生。因此，他们肯定 19 世纪中叶西方列强对中国的侵略，认为是西方的侵略才引起中国的剧变，才开始了中国近代化的进程。这就不仅美化了西方对中国的侵略，而且更将西方的近代化道路普适化了，把它说成是中国等非西方国家的历史必由之路。显然，这是为美国等西方国家的侵略行径辩解的说辞，具有"对策性思维"的特点，无怪乎有学者称费、李等人的中国近代史研究具有"官方史"的色彩。①

自 20 世纪 70 年代以来，受美国国内政治事件的影响和国际政治斗争，特别是反对越南战争和反对殖民统治斗争的冲击，上述情况开始发生了变化。美国史坛出现了反思上述史学主流意识，要求打破以西方为中心来解释中国近代历史变化的"外部取向论"模式，主张以中国为中心，"从中国内部观察中国近世史"的新趋向。② 美国战后成长起来的新一代中国近代史专家柯文（Cohen, Paula），从 70 年代后期开始就对这一新趋向进行了系统的考察和研究，并于 80 年代中期出版了《在中国发现历史——中国中心观在美国的兴起》一书（以下简称《在中国发现历史》）。这是他对这一新趋向进行系统考察和研究的最终结果，也是他对战后 35 年来美

---

① 杨念群：《美国中国学研究的范式转变与中国史研究的现实处境》，《中国研究的范式问题讨论》，第 29 页。

② ［美］柯文：《在中国发现历史》，第 169 页。

国研究中国近代史的几种主要模式进行"批判性总结"的第一部力作。①
在此书里，他将这一新趋向概括为"中国中心观"，或"中国中心取向"，
以此向费、李模式和60年代末由詹姆斯·佩克（James Peck）提出的"帝
国主义"模式挑战。②

　　柯文之所以用"中国中心观"来概括这一新趋向，是"想用'中国中
心'一词来描绘一种研究中国近世史的取向，这种取向力图摆脱从外国输
入的衡量历史重要性的准绳，并从这一角度来理解这段历史中发生的事
变"③，故又称为"中国中心取向"。柯文说："中国中心取向想概括的思
想是，19、20世纪的中国历史有一种从18世纪和更早时期发展过来的内
在的结构和趋向。"④ 在他看来，这种"内在的结构和趋向"是中国传统
社会后期内部演变的产物。可见，柯文所概括和总结的"中国中心观"或
"中国中心取向"，实际上，是从中国历史出发探求其内部走向的"中国内
部取向论"。这样，就将一直主导美国的中国近代史研究的"取向"从
"外部"转向"内部"，这不能不说是战后美国中国学研究的新趋向。

"中国中心观"的历史认识论

　　从历史认识论来看，"中国中心观"论者是怎样认识中国近代史的呢？
　　首先，"中国中心观"论者从这样的理论前提出发："中国之'过去'
和'近代'未必就作为互不渗透的整体彼此对抗。"⑤ 因此，他们批判
"传统—近代"模式"低估传统社会中潜在的近代因素"的观点⑥，指出：
在"西方冲击"以前，"中国主要的社会、经济变化已经开始"⑦。中国传
统社会内部已经"生成某种社会与政治组织的新形式"⑧，孕育"某种和

　　① ［美］柯文：《在中国发现历史·译者代序》，第5页。
　　② 詹姆斯·佩克的"帝国主义"模式具有理论的不彻底性：一方面，他批判费、李等人提
出的中国近代化取向是旨在使美国的帝国主义行径"合法化"的"意识形态构架"；另一方面，
他又认为在西方侵略中国之前，中国社会不仅停滞不变，而且无力独自产生任何根本变化，需要
靠外来力量的推动，因此，又陷入"冲击—回应"模式论，故柯文将这一模式纳入费、李等人的
模式构架之内，一并予以批判。
　　③ ［美］柯文：《在中国发现历史》，第211页。
　　④ 同上书，第210页。
　　⑤ 同上书，第76页。
　　⑥ 同上书，第77页。
　　⑦ 同上书，第73页。
　　⑧ 同上书，第65页。

近代经济比较相符的价值观念和特点"①，如长江下游地区的城市化，区域
性贸易发展，地方管理工作的商业化，力役折银，以及群众识字率的提高
和绅士队伍的扩大等，认为上述这些"主要的社会、经济变化"，从 16 世
纪中叶至 20 世纪 20 年代，绵延不断，横跨四个世纪，"构成连贯的整
体"②。所以，他们把 19—20 世纪的中国历史不仅视为"外部势力的产
物"，而且视为"帝制时代最后数百年出现的内部演变的产物"③。

必须指出：他们承认在中国传统社会后期其内部已经"潜在"着"近
代因素"，实质上，是用中国近代因素的"内生说"对抗中国近代因素的
"外来说"，从而坚持了历史发展的"内因论"，批判了历史发展的"外因
论"。这不能不说是对"冲击—回应"和"传统—近代"的"外部取向
论"模式的有力挑战。而这也正是"中国中心观"在历史认识论方面最有
价值的部分。

然而，"中国中心观"论者的历史认识论又包含着很大的"主观主义"
成分。

首先，这表现在他们把历史看作是个人内心体验的产物。例如，柯文
就曾认为历史学家所说的"历史事实"并非"外在的、客观的、界限分明
的存在"，而是"当事人记录下来的自己心中的种种经验体会"，又经过历
史学家的"过滤，转化成"其"心中的经验体会"。一句话，"历史事实"
只不过是当事人和历史学家"个人直接经验"的产物而已④，它是内在的、
主观的，而不具客观实在性。他认为，对于中国历史也应作如是观。所
以，他要求历史学家"设身处地按照中国自己的体验去重建中国的过
去"⑤。根据这种历史认识论，他将义和团运动看作是"一种群体记忆进行
文化建构的结果"，也可能是"权力运作过程中不同的派别对之进行话语
构造的结果"⑥。既然历史是个人内心体验的产物，那么，历史学家的任务
只在于采用"史景移情"的方法，深入到历史事件当事人的内心世界，设
身处地去体察其内心感受，而不是探求历史的真相。这样，"中国中心观"

---

① ［美］柯文：《在中国发现历史》，第 78 页。
② 同上书，第 207 页。
③ ［美］柯文：《在中国发现历史·中文版前言》，第 3 页。
④ 引自杨念群《中层理论——东西方思想会通下的中国史研究》，第 243 页。
⑤ ［美］柯文：《在中国发现历史》，第 213 页注 4。
⑥ 引自杨念群《美国中国学研究的范式转变与中国史研究的现实处境》，《中国研究的范式
问题讨论》，第 308 页。

"内部取向论"的所谓"内部",最后被归结为历史事件当事人内心世界的"内部",是纯属精神性的意谓,其主观主义的性质是十分清楚的。所以,有学者说:"正是这种对个人经验的第一性的肯定构成了中国中心观的核心。"①

其次,还表现在:他们将历史"狭隘化"。所谓"狭隘化",就是撇开历史事件的时代性、阶级性及其社会经济根源而孤立、片面地探求历史事件当事人的思想行为动机。例如,关于 19 世纪 90 年代的变法维新运动,他们不去考察这场运动所面临的严重民族危机和社会危机,也不去研究这场运动为解决所面临的危机而提出的旨在"救亡图存"、发展资本主义的政治纲领,而是片面地强调这场运动的所谓"内部"传统及其代表人物的思想行为动机,认为这是 19 世纪 70 年代开始的"在政府及上层社会内部形成的一脉相传的反对派运动"的继续,并把这场运动最后归结为由"仕途坎坷,无机参政","卖官之风盛行",阻断了"政治反对派"晋升官职的去路所致。他们甚至认为,这可能是"康有为谭嗣同一类维新人物思想上激进主义的根源"②。居然将这场在中国近代史上具有思想解放性质的政治改革运动说成是政治反对派的个人思想动机所为,其主观主义的性质是不言而喻的。

又如,关于辛亥革命,他们断言:"这场革命并不是'近代'势力战胜了'传统'势力,而是中国社会内部长期以来持续未断的权力斗争发展的结局。"③ 他们甚至说:"这场革命在政治上是进步的,但在社会上却是退步了。"④ 因为在他们看来,这场革命造成了社会的不稳定。这就完全篡改了这场革命的反对封建君主专制制度的资产阶级性质,而把它歪曲成为"进行改革的清廷"和"地方上层社会"为维护其"特权"之间的一场统治阶级内部争权夺利的斗争。⑤ 他们对这场革命的性质所做的篡改和歪曲居然被称之为"对辛亥革命开始形成一种较以前远为强调内部因素,远为以中国历史中心的看法"⑥。由此可见,"中国中心观"强调"内部因素"

---

① 〔美〕柯文:《在中国发现历史·译者代序》,第 19 页。
② 〔美〕柯文:《在中国发现历史》,第 174 页。
③ 同上书,第 177 页。
④ 同上书,第 176 页。
⑤ 同上书,第 177 页。
⑥ 同上书,第 175 页。

或"内部取向"的结果必然导致把历史狭隘化,即把历史事件局限在其"内部"而切断它同时代、阶级和社会经济等在他们看来是所谓"外部"条件的联系,孤立、片面地去探求、体察历史事件"内部"即当事人的内心世界——内心体验、内心感受和思想动机等。因此,由历史狭隘化所得到历史认识只能是片面的、主观的。唯其如此,我们认为"中国中心观"的历史认识论包含着很大的"主观主义"的成分。它最终之趋向后现代史观是有其思想理论根源的。

"中国中心观"的历史方法论

从历史方法论来看,"中国中心观"论者是从什么角度来研究中国近代史呢?

简要地说,就是把近代中国按"横向"作区域划分和按"纵向"作社会等级结构的阶层划分,然后从区域和阶层的角度进行研究。"中国中心观"这种按"横向"和"纵向"区分的研究方法引发了20世纪70年代以来美国的中国学在地方史和社会史研究方面的热潮,推动了尔后美国关于中国史研究的"中层理论"建构。这可以看作是"中国中心观"在历史方法论方面的重大贡献,它成为战后美国中国学研究新趋向的重要组成部分。关于这方面的问题,黄宗智主编的《中国研究的范式问题讨论》和杨念群著的《中层理论——中西方思想会通下的中国史研究》两书都已经有了比较专门和系统的讨论。这里,我们想着重探讨:作为历史方法论的"中层理论"的性质特点。

如所周知,历史研究,如果从研究视角来说,可以有宏观、中观和微观之分。

宏观研究是着眼于历史整体性的研究和把握,采用宏大叙事的方法,旨在探索历史发展的根源性、阶段性和规律性等问题。微观研究是着眼于历史的局部和个案研究,采用精细化描述的方法,旨在探索历史局部和个案的具体特点,中观研究则是介于宏观研究和微观研究之间的一种研究视角,着眼于为两者建立衔接的桥梁。"中层理论"的提出就是为此而建构的。当前,西方中国学研究中流行的一些概念,如"区域经济""经济过密化""内卷的商业化""士绅社会""市民社会""公共领域"等,通常都认为属于"中层理论"的范畴。

必须指出,"中层理论"的建构对于深化中国史的研究有其正面的意义。

第一，它纠正了战后美国中国学研究中的西方种族偏见；第二，它克服了采用宏大叙事方法研究历史可能带来的一般化、概念化的弊端；第三，它可以对历史的整体提供"轮廓更加分明，特点更加突出的了解"①。例如，施坚雅（G. W. Skinner）的"区域经济"理论（又称"大区模式"）以市场为中心把中国划分成八大区域，每一区域又按市场网络的分布状况分为中心地区和边缘地区，然后研究各层市场网络之间的关系及其向外扩展的情况。这不仅有助于人们具体深入地了解中国沿海地区和内陆各地区之间经济发展的差异性，而且有助于人们具体深入地了解中国内陆各地区之间经济发展的差异性。不仅如此，施坚雅的"区域经济"理论还特别强调商业活动和经济需求对社会的影响②，因而为人们了解中国历史发展的不平衡性提供了经济依据。又如，黄宗智的"经济过密化"理论（又称"太湖模式"）是关于江南地区的"区域经济"理论。这一理论从江南地区农业劳动密集型的研究中发现了这一地区经济发展的悖论现象：一方面，由于人口增长的压力使单位面积的土地投入的劳力增加，促使农业的精耕细作，导致了农业总产量的增加；另一方面，每投入一个劳力的边际产出并未增加，反而减少甚至负增长，因而造成了"经济过密化"。作者想以此表明："在帝国晚期的乡村中国""根本没有发生"过像马克思所说的"资本主义的生产必定会伴随着资本主义的生产关系而出现"的情况。③ 不仅如此，江南地区的"经济过密化"还导致了"内卷的商业化"，即"没有发展的商业化"。这是由于江南地区"生产的家庭化"是一种"用机会成本很低的家庭劳动（如妇女、儿童和老人的劳力）容纳了劳动的低回报"的典型模式④，因此，尽管这种典型模式"具有生机勃勃的商业化和（总产出的）增长，但是却没有（单位劳动时间中劳动力的）发展"。作者想以此表明：帝制晚期的中国，"商业化与经济发展之间"并没有像马克思所说的"存在着必然的联系"⑤。作者将上述这种经济悖论称之

---

① ［美］柯文：《在中国发现历史》，第178 页。
② 周力农：《世纪之交的中国——历史的回顾和未来趋势的判断》，香港文通出版社1997 年版，第6 页。
③ ［美］黄宗智：《学术理论与中国近现代史研究——四个陷阱和一个问题》，《中国研究的范式问题讨论》，第112 页。
④ ［美］黄宗智主编：《中国研究的范式问题讨论》，第125 页。
⑤ 同上书，第124 页。

为"经验现象"与"我们通常理论预期"之间的"矛盾"或"冲突"。比如，"没有资本主义发展的资本主义生产关系""没有发展的商业化""没有发展的增长"等。这是作者对 19 世纪以来中国之所以没有走上现代化道路所做的回答。然而，必须指出，作者把这种客观存在的"矛盾"或"冲突"最后归结为"表达与实践之间的'离异'"。他说：唯物主义与唯心主义都坚持两者的一致性，而"我的研究的目的就是指出二者离异"，强调两者的"相对自主性"，并在社会科学的唯物主义趋向与人文学科的唯心主义趋向之间"寻找中间地带"，① 即解决这种趋向背离的"第三条道路"。不过，作者只是从方法论的角度提出问题，而并未从理论上提出"第三条道路"的模式来。顺便提一下，黄宗智的"经济过密化"和"内卷的商业化"理论的主要根据是人口增长压力论。最近，已有学者就清代人口增长问题撰文与他商榷。②

施坚雅和黄宗智的"区域经济"理论虽然对于深化中国史的研究有其正面意义，但是，也不能不看到其负面影响，即重"区分"，轻"综合"，重"区域"研究，轻整体研究，其结果势必将历史整体切割成一个个不相统属、缺乏内在联系的板块，实际上，是将历史过程碎片化和个别化了。应该说，这绝非是全面认识历史的正确道路，而只能把人们引向"只见树木，不见森林"的"历史误区"。正确的道路只能是微观研究与宏观研究相结合。只有这样，历史研究才能真正得到"健康稳定的发展"③。

如果说，施坚雅和黄宗智的"区域经济"研究属于"横向"的研究；那么，罗威廉（W. R. Rowe）的晚清帝国"公共领域"研究则是属于"纵向"的研究。

罗威廉的"公共领域"研究是针对西方学者关于晚清帝国存在"市民社会"的观点提出来的。为了澄清在这个问题上的理论是非，他将西方学者"型构市民社会"诸要素逐一分解，然后逐项"考查"它们是否能够"以本土的方式在清帝国范围内得到了呈现"④。这些要素可以区分为社会

---

① ［美］黄宗智主编：《中国研究的范式问题讨论》，第 126 页。

② 李中清、王丰、康文林：《中国历史人口及其在新世界史研究中的意义——兼评黄宗智等对彭慕兰〈"大分流"一书的批评〉》，《中国经济史研究》2004 年第 4 期。

③ ［美］柯文：《在中国发现历史·译者代序》，第 14 页。

④ ［美］罗威廉：《晚清帝国的"市民社会"问题》，《中国研究的范式问题讨论》，第 177 页。

经济以及文化与政治思想两部分；每部分又都包含了一些要素，如：资本主义、公用事业和公共管理、民法和受法律保障的财产权、都市化、自治组织；社会契约、自然权利、所有权理论、个人主义、公共意见；等等。他的"考查"表明：晚清中国不存在像早期现代欧洲出现的那种"市民社会"，甚至也"没有一个对应于西方'市民社会'的话语或概念"。但是，却"存在某种与我们称之为'公共领域'相关（相关而非同一）的事物"。他指的是"各种不受国家直接控制的""公用事业机构"和"公共服务机构"，所以也可以称之为"管理上的"公共领域。① 他之所以反对用"西方话语传统中的市民社会的现象"强加于晚清帝国，是因为这无异于用一系列"源出于"西方的"价值判断"来"审视中国的历史"，故其正当性尚待证明。② 因此，他说："如果我们转而选择适用一些限定性更强的中层判断"，那么，"这将是建构对中国历史之研究的一个潜在的有效途径"。③ 他之所以不用"市民社会"，转而选用"公共领域"概念来研究晚清社会，是因为在他看来，后一概念属于"限定性更强的中层判断"。从方法论来说，这不失为是一种有益的尝试。在这个问题上，黄宗智从方法论的角度提出"第三领域"的概念来纠正在晚清"公共领域"问题上的两种倾向，即肯定存在"一种自立于国家之外的社会公共领域"和否定存在这种"公共领域"的"长期趋向"④。所谓"第三领域"，用作者的话说，是一个"价值中立的范畴"，它摒弃将"国家"与"社会"二元对立的思维方式，而是"依照在国家与社会之间存在一个两方都参与其间的区域的模式，进行思考"，这个"两方都参与其间的区域"又简称"居间区域"或称"第三领域"。黄宗智试图在中国的"公共领域"与"市民社会"的讨论中寻找"第三领域"的设想，与他在探索中国为什么没有走上现代化道路的问题上试图"寻找中间地带"的设想是同一思路，都是以"价值中立""淡化意识形态"或"超越"意识形态对立作为自己的学术诉求的。

　　从历史方法论来看，无论是"横向"研究还是"纵向"研究，它们都有一个明确的指向，就是：强调历史研究的精细化，深信"将人类历史的

---

① ［美］黄宗智主编：《中国研究的范式问题讨论》，第 175—176 页。
② 同上书，第 189 页。
③ 同上书，第 189—190 页。
④ ［美］黄宗智：《中国的"公共领域"与"市民社会"?》，《中国研究的范式问题讨论》，第 270 页。

最细小的事实集合起来最后就会说明问题"①。实际上，这是"历史是反理论的"的另一种说法。"历史是反理论的"是赞同后现代主义的杜赞奇所说的一句名言，也是后现代史观的一个历史命题。因此，不管"中国中心观"论者主观愿望如何，其强调历史研究的精细化，客观上必然导向后现代史观。

根据以上分析，"中国中心观"的历史认识论和历史方法论对于中国史研究不仅有其积极、正面的意义，而且也有其不可否认的消极和负面影响。其历史认识论的主观主义成分和历史方法论的精细化趋向，导致把中国历史狭隘化和个别化，因而最终不能不与后现代史观合流。其关于中国历史的认识，我们可以称之为"中国历史内部演变论"。

必须指出，虽然"中国中心观"的"中国历史内部演变论"承认中国传统向近代转变的内在动力而无须外力的推动，但是，它并没有说明促使中国历史内部演变的内在机制，更由于其方法论的日益精细化而存在着将中国历史狭隘化的局限，从而表现出对于中国历史认识的主观性。尽管如此，我们仍然可以从"中国中心观"的"中国历史内部演变论"中了解其关于中国历史由传统走向近代的主流意识："近代因素内生说"。这可以看作是"中国中心观"论者对于中国历史的发展道路的基本看法。

综观 20 世纪以来西方史学思潮的演变及其对于中国历史的认识，尽管其理论形态各异，其中国历史发展道路观也说法不一，但是，有一点是共同的，这就是：它们都不把人类历史的进程看作是社会形态变迁的过程，都不把社会生产方式的内在矛盾性作为考察中国历史发展道路的根本依据。因此，它们或者看不到中国历史的发展，或者不能正确说明中国历史进程中的连续性与阶段性的辩证关系，更不可能揭示中国历史发展的根本动力和性质特点。这样，从社会形态变迁的角度考察中国历史进程，研究中国历史的发展道路的任务就只能由中国马克思主义历史学来完成。

　　编辑附记：

　　本文系卢钟峰先生遗作，为其主持中国社会科学院重大课题"中国历史发展道路"绪论中的一部分。

---

① 引自 ［美］柯文《在中国发现历史·译者代序》，第 13 页。

"体圆用神"

——《史记》编纂体例、结构的匠心运用

陈其泰

《史记》在体裁、体例上的匠心运用凸显出司马迁雄奇的创造力，全书达到了丰富、详核的内容与高度的审美要求二者的完美统一。《史记》的体裁是司马迁的非凡创造，各体配合，互相补充，而又在体例运用上灵活变化，因而把历史写活了，不仅将历史事件、人物写得生动传神，而且读者凭借这活泼的历史，可以预见未来的发展。《史记》全书达一百三十卷，六十二万五千言，囊括了无数复杂的事件、人物以及社会历史的各个方面，如此繁富、漫长的历史却被司马迁组织成为一个瑰玮精当的整体。因而章学诚概括其编纂风格为"体圆用神"。对司马迁所运用的匠心妙思，我们可以从三个方面窥见一斑。一是全书五体配合，达到浑然一体；二是全书记载人物事迹分量最重，列传的篇目设置和编次显示出以人物的事迹反映不同历史时期特色的旨趣，专传、合传、类传等的设置和处理，既有通盘考虑的严密体例，又能根据需要灵活变通；三是每一篇章的撰写均达到剪裁恰当，组织严密，具有高超的技巧，读之过目不忘。

五体配合的杰出创造和十表的功用

司马迁创立的纪传体（完整地说是纪、表、书、世家、列传五体相兼的综合体）是中国历史编纂学史上的巨大飞跃，标志着中国史学达到成熟阶段。与先秦史籍主要体裁编年体相比较，《史记》体裁更能囊括社会史的丰富内容，这是司马迁在时代推动下实现的伟大创造。唐代史论家皇甫

湜目光如炬，称司马迁为了详载以往历史，"将以包该事迹"，"必新制度
而驰才力"，其论云：

> 司马氏作纪，以项羽承秦，以吕后接之（此处疑有缺句。当云：
> "高祖肇汉，以吕后接之"，于义为安——引者），亦以历年不可中废，
> 年不可阙，故书也。观其作传之意，将以包该事迹，参贯话言，纤悉
> 百代之务，成就一家之说，必新制度而驰才力焉。又编年纪事，束于
> 次第，牵于混并，必举其大纲，而简于序事，是以多阙载，多逸文，
> 乃别为著录，以备书之言语而尽事之本末。故《春秋》之作，则有
> 《尚书》，《左传》之外，又为《国语》，可复省左史于右，合外传于
> 内哉！故合之则繁，离之则异，削之则阙，子长病其然也，于是革旧
> 典，开新程，为纪为传为表为志，首尾具叙述，表里相发明，庶为得
> 中，将以垂不朽。自汉及今，代已更八，年几历千，其间贤人摩肩，
> 史臣继踵，推今古之得失，论述作之利病，各耀闻见，竞夸才能，改
> 其规模，殊其体统，传以相授，奉而遵行，而编年之史遂废，盖有以
> 也。唯荀氏为《汉纪》，裴氏为《宋略》，强欲复古，皆为编年，然其
> 善语嘉言，细事详说，所遗多矣，如览正史，方能备明，则其漏密得
> 失章章于是矣。①

皇甫湜的评论实在精彩，他指出编年体按年记事，大小事件互相牵
混，只能举其大纲，而事件叙述简略，因而造成史实多所阙漏等缺憾。而
司马迁为了记载丰富复杂的客观历史，实现成一家之言的宏伟目标，就必
须担当时代的责任，"革故典，开新程"，完成历史编纂的重大突破！这就
是自《汉书》以下历代正史"传以相授，奉以遵行"的深刻原因所在。

近代史家梁启超也曾强调，《史记》的撰成是汉初出现政治大一统的
时代条件推动的："史界太祖，端推司马迁。迁之年代，后左丘约四百年。
此四百年之中国社会，譬之于水，其犹经百川竞流波澜壮阔以后，乃汇为
湖泊，恬波不扬。民族则由分展而趋统一；政治则革阀族而归独裁；学术
则倦贡新而思竺旧。而迁之《史记》，则作于其间。"②《史记》的产生正

---

① 皇甫湜：《编年纪传论》，《全唐文》卷六八六，中华书局 1983 年版，第 7030 页。
② 梁启超：《中国历史研究法》，《饮冰室合集》专集之 73，中华书局 1989 年版，第 15 页。

好证明司马迁的创造魄力和杰出才华，与时代对史学提出的革新要求相适应。梁启超对《史记》书中几种主要体裁如何调和、互相联络，使全书成为一个互相构成有机联系、博大谨严的著作，也有过中肯的论述："其本纪及世家之一部分为编年体，用以定时间的关系。其列传则人的记载，贯彻其以人物为历史主体之精神。其书则自然界现象与社会制度之记述，与'人的史'相调剂。内中意匠特出，尤在十表。据桓谭《新论》谓其'旁行斜上，并效《周谱》'，或以前尝有此体制亦未可知。然各表之分合间架，总出诸史公惨淡经营。表法既立，可以文省事多，而事之脉络亦具。《史记》以此四部分组成全书，互相调和，互保联络，遂成一部博大谨严之著作。后世作断代史者，虽或于表志门目间有增减，而大体组织，不能越其范围。可见史公创作力之雄伟，能笼罩千古也。"①

今天我们的认识当然应在前人成果的基础上向前推进。这里尤需强调两项。一是司马迁著史贯穿了详近略远的原则，因而《史记》既是一部通史著作，它又具有当代史的性质。司马迁要贯通古今，记载"百代之史"，这是没有疑问的，但同时，他对于秦汉的历史尤为重视，书中记载最为详尽。其原因何在？首先，是因为时代离得近，能够利用的相关记载和档案材料更多，史家还能根据在全国范围内的亲身考察、访问之所得，作为印证和补充。其次，是因为秦汉时期是司马迁要记载的近代史和现当代史，对于了解当今政治经济社会状况，总结历史经验教训，解决面临的迫切问题，关系更加直接，意义更为巨大。司马迁在《六国年表·序》中，就曾经辛辣地讽刺那班轻视秦朝历史的俗儒，明确提出"法后王"的原则。他说："秦取天下多暴，然世异变，成功大。传曰'法后王'，何也？以其近己而俗变相类，议卑而易行也。学者牵于所闻，见秦在帝位日浅，不察其终始，因举而笑之，不敢道。此与以耳食无异。悲夫！"②重视近现代史，就是因为这些人物、事件和社会状况，离当下很近，情况类似，便于借鉴，同时由于时代相近而能看得更加真切，没有夸张粉饰的成分，能够从中获得直接的启示。在《史记》五个部分中，"十二本纪"记秦和秦始皇、项羽的各一篇，记汉代五篇；"十表"中自《秦汉之际月表》以下，共有六篇；"八书"中综论古今而独详汉事的有七篇，《平准书》专记汉

① 梁启超：《要籍解题及其读法》，《饮冰室合集》专集之72，第20页。
② 《史记》卷一五，中华书局点校修订本，2014年版，第830页。

代；"三十世家"中记陈涉及汉代王侯的共十三篇；"七十列传"中专记秦人物、史事者六篇，专记汉代者三十八篇，并记前代及秦汉人物、史事者四篇。若从专记汉代历史而言，共有六十二篇之多，其他还有并记前代及汉代的十一篇。因此，白寿彝先生指出，要十分重视《史记》的当代史性质，并认为《史记》写得最精彩的地方是在汉史："自公元 202 年刘邦击溃项羽，灭楚之后，到《史记》成书，约一百年。这一百年的历史，在全书数量的比重上要比过去的几个历史时代还要多。司马谈的遗言和司马迁的自序，都特别表示以汉史为重。这种详今略古的传统，是自《雅》《颂》以至《左传》《国语》以来就有了相当长的历史，《史记》更有意地加以发扬。《史记》的通史性质经常是受注意的，其实它的当代史性质是更应受到注意的。《史记》写得最精彩的地方，是在汉史。"① 司马迁的这一著史指导思想和成功实践对我们今天同样有直接启示意义。我们今天撰写历史、研究历史，要不要贯彻"详近略远"的原则呢？显然答案是肯定的。

尤须强调的又一项，是对于《史记》十表的史学功能应有新的认识。后人读《史记》，往往对表并不重视，甚至忽略不读。著史者也往往不作年表，即使有，也仅作为补充或附录而已。实际上，从《史记》五体的安排，将年表紧接于本纪之后，而置于书、世家、列传之前，即可证明司马迁对这一体裁的重视。如此安排，直观地表明将十表与十二本纪一同作为《史记》全书的纲领，其作用实在非同小可。尤其是十篇表的序，都是司马迁所精心撰写。白寿彝先生真不愧为太史公的知音，他指出："《史记》十表是最大限度地集中表达古今之变的……司马迁写每一个表，就是要写这个历史时期的特点，写它在'古今之变'的长河中变了什么。"② 这些见解，对于我们深刻认识十表在历史编纂上的价值实有重要的启发作用。首篇是《三代世表》，主要记夏、商、周（共和纪年以前）世系。如张守节《正义》云："言代者，以五帝久古，传记少见，夏殷以来，乃有《尚书》略有年月，比于五帝事迹易明，故举三代为首表。"③司马迁记载上古

① 白寿彝：《司马迁与班固》，《白寿彝史学论集》，北京师范大学出版社 1994 年版，第720 页。
② 同上书，第 722—723 页。
③ 见《史记》卷一三《三代世表》引《正义》注，中华书局点校修订本，2014 年版，第617 页。

史，面对两类史料，一类是儒家典籍《尚书》《五帝德》《帝系姓》等，记载较为可靠，另一类是百家杂记，互相矛盾、歧异。司马迁经过比较、甄别，乃采取《尚书》等儒家典籍的史料，同时效法孔子"信以传信，疑以传疑"的慎重态度。《三代世表·序》即揭示出其编纂的要旨："五帝、三代之记，尚矣。自殷以前诸侯不可得而谱，周以来乃颇可著。孔子因史文次《春秋》，纪元年，正时日月，盖其详哉。至于序《尚书》，则略无年月；或颇有，然多阙，不可录。故疑则传疑，盖其慎也。"（第617页）

《十二诸侯年表》以下四篇，应是我们讨论的重点，因为司马迁精心撰写的这四篇的序，即是论述四个历史时期演进大势的纲领。《十二诸侯年表·序》所讲西周末年至春秋时期的历史趋势是，周王室陵夷，"及至厉王，以恶闻其过，公卿惧诛而祸作，厉王遂奔于彘，乱自京师始"，"是后或力政，强乘弱，兴师不请天子。然挟王室之义，以讨伐为会盟主，政由五伯"。而春秋时期活跃在历史舞台上的主要角色齐、晋、秦、楚的共同特点是，它们分散在东、北、西、南四徼，地处偏僻，且原先力量微小，但能奋发有为，因而更番为霸："齐、晋、秦、楚其在成周微甚，封或百里或五十里。晋阻三河，齐负东海，楚介江淮，秦因雍州之固，四海迭兴，更为伯主，文武所褒大封，皆威而服焉。"（第641页）同时说明编纂这篇年表主要依据的史料，除孔子所修《春秋》之外，还有《左氏春秋》《铎氏微》《虞氏春秋》《吕氏春秋》，以及荀卿、孟子、公孙固、韩非等书中的记载。并且交代编纂的方法，是删去夸张枝蔓之说，主要依据儒家典籍《春秋》《国语》，著其"盛衰大指"。再看《六国年表·序》，同样提挈了战国时期历史演进的大趋势：先是"陪臣执政，大夫世禄，六卿擅晋权"；再经过田常杀简公而相齐国，三家分晋，田氏代齐，"六国之盛自此始。务在强兵并敌，谋诈用而从横短长之说起"。司马迁在序中又明确揭示出：春秋、战国时期的历史，应以秦由崛起西陲至统一全中国为总纲。这篇序首句言太史公读《秦记》，载秦襄公始封为诸侯，至文公逾陇、穆公修政，"东竟至河，则与齐桓、晋文中国侯伯侔矣"。司马迁对于秦国历代君主相继内修国政，外挫群雄，而最终统一六国表示慨叹："秦始小国僻远，诸夏宾之，比于戎翟，至献公之后常雄诸侯。……卒并天下，非必险固便形势利也，盖若天所助焉。"《序》的末尾尖锐地针砭汉初俗儒极力抹杀秦朝所作贡献的偏见，对秦的历史功过，作出正确的评价："秦取天下多暴，然世异变，成功大"，而嘲笑俗士的迂腐之见是"此与耳

食无异"！（第 829—830 页）

在《秦楚之际月表·序》中，司马迁高屋建瓴地概括秦汉之际巨大而急剧的历史变局："初作难，发于陈涉；虐戾灭秦，自项氏；拨乱诛暴，平定海内，卒践帝祚，成于汉家。五年之间，号令三嬗，自生民以来，未始有受命若斯之亟也。"并且深刻地揭示出秦朝实行的严酷统治恰恰促成民众的猛烈反抗，加速其专制统治灭亡的历史辩证法："秦既称帝，患兵革不休，以有诸侯也，于是无尺土之封，堕坏名城，销锋镝，钼豪桀，维万世之安。然王跡之兴，起于闾巷，合从讨伐，轶于三代，乡秦之禁，适足以资贤者为驱除难耳。故愤发其所为天下雄，安在无土不王。此乃传之所谓大圣乎？"（第 915—916 页）《汉兴以来诸侯王年表·序》更以"形势"二字为纲，论述汉初分封同姓王，再经过景帝和武帝相继实行"削藩""推恩"政策，强干弱枝，加强中央集权的历史大势。汉初根据天下初定的形势特点决定政策，广封同姓为王、侯，镇抚四海，以承卫天子："高祖子弟同姓为王者九国，唯独长沙异姓，而功臣侯者百有余人。"自北至南，分封有燕、代、齐、赵、梁、楚、淮南及长沙国，"皆外接于胡、越。而内地北距山以东尽诸侯地，大者或五六郡，连城数十，置百官宫观，僭于天子。汉独有三河、东郡、颍川、南阳，自江陵以西至蜀，北自云中至陇西，与内史凡十五郡，而公主列侯颇食邑其中。何者？天下初定，而骨肉同姓少，故广强庶孽，以镇抚四海，用承卫天子也。"经过景帝削藩、武帝实行推恩令，铲除了诸侯王借以对抗朝廷的力量，中央集权大大加强，奠定了国家一统，长期安宁的局面："吴楚时，前后诸侯或以谪削地，是以燕、代无北边郡，吴、淮南、长沙无南边郡，齐、赵、梁、楚支郡名山陂海咸纳于汉。诸侯稍微，大国不过十余城，小侯不过数十里，上足以奉贡职，下足以供养祭祀，以藩辅京师。而汉郡八九十，形错诸侯间，犬牙相临，秉其陁塞地利，强本干，弱枝叶之势，尊卑明而万事各得其所矣。"（第 962—963 页）对于自汉初至武帝一百年间解决长期威胁全国统一局面的诸侯王问题的历史走向作了简洁、清晰的阐释，遂成为此后自班固以下史家论述这一重大政治问题的依据。总之，《史记》十表，与十二本纪相配合，构成全书的总纲领，其史学功能至为巨大！诚如宋代学者吕祖谦云："《史记》十表，意义宏深，始学者多不能达。《三代世表》以世系为主，所以观百代之本支也。《十二诸侯年表》以下以地为主，故年经而国纬，所以观天下之大势也。"①白寿彝先生则高度赞誉《史记》十表"同样显示了《史记》通古今之变的如椽的大笔"②。

十表又有收复杂事项、补充纪传中记载之未备、化繁为简的史学功用。清初学者顾炎武对此阐述尤详："盖表所由立，昉于周之谱牒，与纪传相为出入。凡列侯将相王公九卿，其功名表著者，即系之以传。此外大臣无积劳亦无显过，传之不可胜书，而姓名爵里存没盛衰之迹，要不容以遽泯，则于表乎（中？）载之……年经月纬，一览了如，作史体裁，莫大于是，而范书阙焉。使后之学者无以考镜二百年用人行政之节目，良可叹也。……不知作史无表，则立传不得不多。传愈多，文愈繁，而事迹或反遗漏而不举。欧阳公知之，故其撰《唐书》有《宰相表》，有《方镇表》，有《宗室世系表》《宰相世系表》，始复班马之旧章云。"③顾氏诚深有体会之学者，举出年表有三项功用：表与传相配合，次要事项入表；补充功罪事项；记载简明，一目了然。因而他感叹《三国志》《后汉书》以后无表，而盛赞欧阳修《新唐书》恢复设表，可谓见识过人。

这里仅举出年表记载复杂事项、表列分明两例，以见司马迁编纂之匠心。如《汉兴以来将相名臣年表》中有"大事记"一栏，自汉高祖元年起所记大事为：元年，春，沛公为汉王，之南郑。秋，还定雍。二年，春，定塞、翟、魏、河南、韩、殷国。夏，伐项籍，至彭城。立太子。还据荥阳。三年，魏豹反。使韩信别定魏，伐赵。楚围我荥阳。四年，使韩信别定齐及燕，太公自楚归，与楚界洪渠。五年，冬，破楚垓下，杀项籍。春，王践皇帝位定陶。入都关中。这里，以分年表列的形式，极其醒目地记载了楚汉相争五年间风云变幻复杂局势下的大事，却仅用了不足一百字。又如，文、景之间封国置废、郡与国的设置、复置、国除为郡等情况甚为复杂，头绪纷繁，而《汉兴以来诸侯王表》将主要史实和变化系于各年，记载一目了然。文帝三年载，济北国："为郡。"淮阳国："复置淮阳国。"代国（文帝子刘武所封国）："徙淮阳。"文帝十一年，城阳国："徙淮南。为郡，属齐。"淮阳国："徙梁。为郡。"文帝十五年，衡山国："初置衡山。"城阳国："复置城阳国。"淮南国："徙城阳"。又分别载：

① 吕祖谦：《大事记解题》卷一，武英殿聚珍本。
② 白寿彝：《司马迁与班固》，第733页。
③ 顾炎武：《日知录》卷二六"作史不立表志"条，黄汝成集释本，上海古籍出版社影印本1985年版，第1905—1906页。

"复置济北国"；"分为济南国"；"分为菑川，都剧"；"分为胶西，都宛"；"分为胶东，都即墨"；"初置庐江国"。至景帝三年，在吴、楚、济南、菑川、胶西、胶东、赵七国各栏之下，分别记载："反，诛。"在河间、广川、梁国各栏之下，则分别记载："来朝。"又载，济北国："徙菑川。"淮阳国："徙鲁为郡。"这样，就极其直观而简洁地显示出藩国问题在文景之世经历了复杂过程，至吴楚七国之乱平定后，才得到根本的解决。

列传的精心设置和灵活安排

《史记》人物传记不同类型的精心设置和匠心运用，同样应予特别的关注。以下依次讨论其中三个问题：七十列传篇目安排的旨趣；"合传""类传""附传"的灵活运用；列传篇目的安排，是司马迁"随作随编"，还是运用精思，深意存焉。

《史记》七十列传如何安排，堪称是一项复杂的工程，这对于司马迁是一个很大的考验。道理很明显，七十列传所包括的人物，其时代、身份、建树、风格和影响，迥然相异，如果处理不好，会成为许多史料的机械累积，呆板无味。由于人物传记是《史记》内容的主体部分，因而司马迁精心安排，将其高明的著史旨趣贯穿于篇章之中，因而展现在读者面前的是波澜起伏、丰富生动、曲折有序的历史画卷。《史记》全书的任务是要体现"通古今之变"，即要写出中华民族的历史自古到今如何演进变迁。而七十列传的总的要求，是要与"本纪""表"相配合，反映出不同历史时期的特点，故此，其篇章安排的第一项原则是按照时间顺序组织编次。七十列传以《伯夷列传》为首篇，显然占据着极为重要的位置，类似于十二本纪以《五帝本纪》为首篇，三十世家以《吴太伯世家》为首篇，司马迁的选择和设置是极为慎重的。那么，以此设置为首篇的理由何在？明显的理由是，立传的人物必须有史实可以记载，而伯夷正是西周初有事迹可以记载，而且是孔子表彰过的人物。传中记载伯夷是商末孤竹君的长子。起初孤竹君以次子叔齐为继承人。孤竹君死后，叔齐让位，伯夷不受，后两人都投奔到周。到周后，反对周武王伐商纣王，叩马而谏曰："父死不葬，爰及干戈，可谓孝乎？以臣弑君，可谓仁乎？"左右欲用兵器打击，太公曰："此义人也。"扶而去之。武王伐纣后，他们又逃避到首阳山，不食周粟而死。孔子《论语》有两处称赞伯夷，一为《公冶长》篇，云：

"伯夷、叔齐不念旧恶,怨用是希。"一为《述而》篇,云:"求仁得仁,又何怨乎?"司马迁申明,时代较之伯夷早一点的传说人物,尧时有许由,夏时有卞随、务光。传说称,尧让天下于许由,许由不受,逃到颍水之北、箕山之下隐居。司马迁对此表示怀疑,因为据《尚书》中《尧典》《舜典》等篇记载:"尧将逊位,让于虞舜,舜、禹之间,岳牧咸荐,乃试之于位,典职数十年,功用既兴,然后授政。示天下重器,王者大统,传天下若斯之难也。"事情怎么会像传说中讲的尧让位于许由,许由不受,逃到山中隐居起来这么轻易呢?传说中又称夏时汤让天下于卞随、务光。卞随不受,投水而死;务光以为耻,因而逃隐。司马迁明确表示,这与将国家权力传位给德行、才能极高的人应有的隆重、复杂的过程和场面仪式相比,又是多么不相称!司马迁又认为,上古历史资料阙略,而且百家的说法互相歧异,经过他反复的考订、对比、探求,应以儒家典籍的记载为可以据信。于是他以发问的形式讲出自己否定的判断:"孔子序列古之仁圣贤人,如吴太伯、伯夷之伦详矣。余以所闻由、光义至高,其文辞不少概见,何哉?"①

这样,就申明了《史记》设置列传的审慎态度和远大目光,司马迁是以有确实的史料依据,并在历史上产生了影响的人物作为立传的标准,因此确定了以孔子表彰过的伯夷作为首篇。以下的篇章,就以人物活动的年代先后来组织编排,并且大体上以各个历史时期的人物形成单元,以凸显历史大势和时代的特点。如卷六二《管晏列传》以下,包括《老子韩非列传》《司马穰苴列传》《孙子吴起列传》《伍子胥列传》《仲尼弟子列传》六篇是春秋时期人物传记。卷六八《商君列传》至卷八二《田单列传》共十五篇,是战国人物传记,其中苏秦列传、张仪列传相紧连,孟尝君列传、平原君列传、魏公子列传、春申君列传四篇安排在一起,更凸显出战国时代的特点。卷八三《鲁仲连邹阳列传》至卷八八《蒙恬列传》,共六篇,是记载楚汉之际历史人物。卷九五《樊郦滕灌列传》至卷一一二《平津侯主父列传》等十七篇,均记载汉代人物。这一汉代人物的单元,堪称群星灿烂。其中有,因"攻城野战,获功归报,哙、商有力焉,非独鞭策,又与之脱难",而作《樊郦滕灌列传》;因"结言通使,约怀诸侯;诸侯咸亲,归汉为藩辅",而作《郦生陆贾列传》;因"徙强族,都关中,

---

①　均见《史记》卷六一《伯夷列传》,第2567—2569页。

和约匈奴；明朝廷礼，次宗庙仪法"，而作《刘敬叔孙通列传》；因"敢
犯颜色以达主义，不顾其身，为国家树长画"，而作《袁盎晁错列传》；因
"勇于当敌，仁爱士卒，号令不烦，师徒乡之"，而作《李将军列传》①。
再加上司马相如、汲郑列传，以及世家中对萧何、曹参、张良、陈平、周
勃、周亚夫等人事迹的生动叙述，更充分地证明司马迁对记载当代史的高
度重视。

　　七十列传组织、安排还有两项原则，是先记载历史人物，再记载周边
各少数民族的活动和社会状况；先以专传、合传形式记载对历史进程起重
要作用、事迹丰富的人物，再以类传形式记载处于社会底层的人物，描绘
他们的群体形象。这两项，同样显示出司马迁著史的杰出创造性。他具有
极其深远的历史眼光和博大的胸怀，他要写全中国各族共同的历史。列传
中以充足的篇章，记述各少数民族的活动，都是围绕主体部分"本纪"中
的记载而展开的，互相形成紧密的联系。更为可贵的是，司马迁要着重反
映的是，周边各民族与中原政权联系不断加强这一历史大趋势，因此对其
所写民族史篇章的义旨作了明确的概括。云："汉既平中国，而佗能集杨
越以保南藩，纳贡职。作《南越列传》第五十三。""吴之叛逆，瓯人斩
濞，葆守封禺为臣。作《东越列传》第五十四。""唐蒙使略通夜郎，而
邛筰之君请为内臣受吏。作《西南夷列传》第五十六。""汉既通使大夏，
而西极远蛮，引领内乡，欲观中国。作《大宛列传》第六十三。"②这些篇
章汇合起来，构成了广阔地区边疆民族围绕中原政权、"引领内乡（向）"
的格局，生动地显示出全中国各民族的统一不断加强的久远历史传统。司
马迁在浓墨重彩描绘有作为的君主、贤臣和其他杰出人物事迹的同时，又
创立了《儒林列传》《游侠列传》《滑稽列传》《日者列传》《龟策列传》
《货殖列传》等类传，表现学者群体和下层人物的作用和智慧，充分地肯
定他们对于历史发展所发挥的作用。从结构上说，人物专传是传记的主
体，安排在前，而少数民族传和多篇类传紧随其后，章法分明，内在联系
紧密，大大增强了《史记》作为一代"全史"的丰富内涵。这些都卓有成
效地提升了《史记》历史编纂成就的价值，因而为后代史家所自觉继承和
发扬。

---

① 均见《史记》卷一三〇《太史公自序》，第3994—3996页。
② 同上书，第3996—3997页。

　　历史编纂要讲究体例的恰当、严密,只有这样,才能将分散的材料合理地组织在全书的结构中,使全书成为一个统一的有机整体。然则,客观历史又是十分复杂、充满变化的,制定出体例的条条框框只能解决历史记载的一般性问题,而遇到特殊性问题,则需要做灵活变通,不能墨守成例。因此,高明的历史编纂学家不但要善于归纳和运用其"例",同样在必要时又要勇于打破手定的"例",这就是章学诚所说的运用"别识心裁"。列传的篇目,是按照时代先后来设置、安排,这是司马迁创设的"例";但对此又不应当刻板地对待,即是说,在必要时可突破成例。所以,《史记》中设置有《老子韩非列传》《屈原贾生列传》。刘知幾对此不理解,曾提出批评:"又编次同类,不求年月。后生而擢居首帙,先辈而抑归末章,遂使汉之贾谊将楚屈原同列……此其所以为短也。"①这是由于拘守成例,而反对灵活变通。老子与韩非虽不同时代,但他们都是思想家。并且,前代曾有多位学者指出,从学术思想讲,韩非的刑名学说即渊源于老子,将两人立为合传更有内在依据。如明人何良俊说:"太史公作史,以老子与韩非同传,世或疑之。今观韩非书中,有《解老》《喻老》二卷,皆所以明老子也。故太史公于论赞中曰:申韩苛察惨刻,'皆源于道德之意,而老子深远矣',则知韩非原出于老子。"②屈原虽是战国人,贾谊是西汉人,但他们都是文学家,"作辞以讽谏,连类以争义"③,都有强烈的爱国思想,以辞赋表达自己的深沉感情,而且两人都曾在湘江流域生活过。司马迁写屈原、贾谊的传,满怀着深厚的感情。他高度赞扬屈原深沉爱国,志行高洁,至死不渝。称赞他:"其志絜,故其称物芳。其行廉,故死而不容。……推此志也,虽与日月争光可也。"④贾谊少年聪颖,熟习诗书及诸子百家之说。文帝召为博士,"每诏令议下,诸老先生不能言,贾生尽为之对,人人皆如其意所欲出。诸生于是乃以为能,不及也"。孝文帝对他极为赏识,"超迁,一岁中至太中大夫"。贾谊有极敏锐的政治眼光,深谙国之利病,时政得失。针对汉初加强中央集权和巩固大一统局面的需要,向汉文帝及时提出创设汉家制度和削弱诸侯王势力两项重大建

---

① 《史通》卷二《二体》,浦起龙《史通通释》(王煦华点校)本,上海古籍出版社2009年版,第25页。
② 何良俊:《四友斋丛说》卷二〇《子二》,中华书局1956年版,第182页。
③ 《史记》卷一三〇《太史公自序》所概括的该篇撰述义旨,第3994页。
④ 《史记》八四《屈原贾生列传》,第2994页。

议。"贾生以为汉兴至孝文二十余年，天下和洽，而固当改正朔，易服色，法制度，定官名，兴礼乐，乃悉草具其事仪法，色尚黄，数用五，为官名，悉更秦之法。""诸律令所更定，及列侯悉就国，其说皆自贾生发之。"（第3005页）文帝本欲任贾谊公卿之位，但因遭老臣周勃、灌婴忌妒反对而作罢，后又将贾谊贬为长沙王太傅。他渡湘水，为赋以吊屈原。三年后召回，时"文帝复封淮南厉王子四人皆为列侯。贾生谏，以为患之兴自此起矣。贾生数上疏，言诸侯或连数郡，非古之制，可稍削之。"（第3018页）唯有出于爱国之至诚，才能这样犯颜直谏，而置个人利害于度外。虽然文帝未予听从，但后来爆发的吴楚七国之乱，恰恰证明贾谊一再提出的削藩之议是多么切中要害！故晚清学者李景星评论说："以古今人合传，一部《史记》，只有数篇。……此篇以遭际合也。""中谓'自屈原沉汨罗后百有余年，汉有贾生，为长沙王太傅，过湘水，投书以吊屈原。'此数句，是一篇关键，亦是两人合传本旨。得此，而通篇局势，如生铁铸成矣。"①以上的简略分析说明，设置两篇合传来记载不同时代的人物，确是司马迁的精心安排，或因其思想、学术互相关联，或因其人格、襟怀前后辉映，设立为合传更能体现出人物的共性，因而给予读者更加强烈的震撼，若果设为单篇专传则难以取得这样的效果。

概言之，《史记》中合传的设置，是司马迁依据客观历史的复杂性而在编纂上做灵活的安排。对于人物活动史实相关、联系紧密者，将之合写为一篇，使之互相补充，这是设立合传的最大优长所在。如《孙子吴起列传》《樗里子甘茂列传》《白起王翦列传》《范雎蔡泽列传》《廉颇蔺相如列传》《张耳陈馀列传》《魏豹彭越列传》《韩信卢绾列传》《袁盎晁错列传》皆然。这样做还可以减少篇目，避免过于分散，难以把握。对于同一类型的人物，也可跨时代写成合传，以显示其共性。除上面论及的《老子韩非列传》《屈原贾生列传》外，还可举出两篇典型例证。

《田儋列传》实为田儋、田市（儋之子）、田荣（儋之从弟）、田广（荣之子）、田横（荣之弟）之合传。因田儋首称齐王，故以之为本篇篇名；而全篇的重点是记载田横事迹。并在篇末赞曰："田横之高节，宾客慕义从横死，岂非至贤！"②而《张丞相列传》则是记载西汉张苍以下多

---

① 李景星：《史记评议》卷三《屈原贾生合传》，济南精艺印刷公司承印本。
② 《史记》卷九四《田儋列传·赞》，第3195页。

位丞相、御史大夫的合传。张苍在秦时为御史，主四方文书。后从高祖征战有功，汉初任赵相、代相，封为北平侯。"是时萧何为相国，而张苍乃自秦时为柱下史，明习天下国书计籍。苍又善用律历。故令苍以列侯居相府，领主郡国上计者。"至汉十四年（前193），升为御史大夫。至诸吕被诛，张苍因奉立文帝有功，迁丞相。张苍年寿最长，历仕高祖、惠帝、吕后、文帝四朝，故此篇以张苍为主线，将汉初多位任职丞相、御史大夫的人物事迹组织起来，其叙事结构尽显司马迁的非凡史识和高超的编纂技术。中间写了周昌的忠直刚正；写赵尧年轻，原为周昌手下主符玺的属官，但因能揣摩高祖的心事，而超迁为御史大夫，周昌改任为赵王（高祖子如意，戚姬所生）之相；写吕后擅权时，赵尧遭其忌恨，被免职，以广阿侯任敖为御史大夫；写张苍为丞相十五年，至文帝时被免职，申屠嘉继为丞相，申屠嘉为人廉直，不徇私情，敢于处罚文帝宠臣邓通，表现了大臣的气节，但他不爱读书，素无学术，缺乏涵养，至景帝时，晁错为内史，贵幸用事，申屠嘉因与之有怨隙，反被算计，气愤而死。这些人物虽居高位，但周昌、申屠嘉的作为并不能构成一篇内容充实的传，赵尧、任敖的事迹更加简略，如果采取并列的办法每人各叙一篇，则势必涣散而无头绪。而张苍为汉初名相，功绩显著，仕宦年代又最长，司马迁乃以其经历作为总纲，将其他汉初身居丞相、御史大夫高位的人物事迹穿插其间，运用高明的编纂方法将分散的材料，组织成为章法分明的篇章。这篇传虽以《张丞相列传》为篇名，实际上则是笔法灵活的合传，令人叹服！还有值得注意的，司马迁在篇末写了一段话，严肃批评身居高位，却无所作为，"为丞相备员而已"的庸碌之辈：

> 自申屠嘉死之后，景帝时开封侯陶青、桃侯刘舍为丞相。及今上时，柏至侯许昌、平棘侯薛泽、武强侯庄青翟、高陵侯赵周等为丞相。皆以列侯继嗣，娖娖廉谨，为丞相备员而已，无所能发明功名有著于当世者。（第3235页）

不经意者或许以为这段话不过是篇末连带叙述而已，而实则寓含深意。一是交代申屠嘉之后至武帝时，任丞相者还有陶青等六人，这是史册所应当述及的，而司马迁用一话带过，省去了许多笔墨；二是司马迁借此说明他著史、立传的标准：对于历史有贡献的人物才能入史。他坚持"不虚美、不隐恶"的直笔精神，故此，职位虽高而碌碌无为、尸位素餐者，在《史记》是找不到位置的。

灵活地运用"附传"的编纂方法，也是《史记》人物传记写法的一个特色。"附传"是在主要人物事迹之后，连带记载相关次要人物的事迹，这样做，既可显示这些人物之行事、功业的彼此关联，收到互相补充、映衬之效，又可避免全书组织的芜杂枝蔓，做到纲举目张。例如，《张仪列传》附载陈轸、犀首事迹；《樗里子甘茂列传》附载甘罗事迹；《乐毅列传》附载乐间、乐乘事迹；《孟荀列传》则附载了战国时期多位思想家的事迹，有邹忌、邹衍、淳于髡、慎到、驺奭、公孙龙、墨翟等。《廉颇蔺相如列传》附载赵国另外三位将领，而且笔法极为灵活，先插叙赵奢、赵括父子事迹，然后又继续写廉颇晚年战功，写完廉颇，再写赵国后期名将李牧，直至赵亡。世家中写人物传记的篇章也有成功地运用"附传"写法的例证。再如，《陈丞相世家》在记载陈平主要事功之后，插入王陵事迹，因孝惠帝时，以安国侯王陵为右丞相，陈平为左丞相。至惠帝卒后，王陵被免职，吕后任辟阳侯审食其为左丞相，徙陈平为右丞相，因而又穿插记载审食其。故这篇《陈丞相世家》实际连带叙述汉初在萧何、曹参之后继任丞相职位者数人。《绛侯周勃世家》前面记述周勃，后面即附载其子条侯周亚夫事迹。文帝后六年（前 158），因匈奴大举侵边，朝廷令宗正刘礼为将军，军霸上，徐厉为将军，军棘门，周亚夫为将军，军细柳，以防备匈奴。文帝亲自劳军，见周亚夫治军极严，军吏士卒军纪整肃，防备极严，乃为之改容，连声赞曰："嗟乎，此真将军矣！曩者霸上、棘门军，若儿戏耳，其将固可袭而虏也，至于亚夫，可得而犯邪！"至景帝三年（154），发生吴楚七国之乱，叛军西进。周亚夫任太尉，率军东击吴楚，他向景帝上陈对付叛军的战略："楚兵剽轻，难与争锋。愿以梁委之，绝其粮道，乃可制。"①得到景帝准许。周亚夫引兵东北走昌邑，坚壁而守，而派出轻骑绝吴楚军粮道，等其困乏，乃出精兵追击，大破之，遂平吴楚之乱。以上两项均为西汉前期军事史上的大事，因司马迁在《绛侯周勃世家》中采用附传的手法而得以详载。将周亚夫事迹附在周勃传记中记载还有一项好处，既能显示父子两代人相继担任太尉要职对于安定刘氏政权所起的重要作用，而父子行事、性格的关联与际遇异同，也能引发读者的思

① 均见《史记》卷五七《绛侯周勃世家》，第 2507 页。

考。此外，父子事迹同传记载的编纂方法，也为中古时代史著大量设置门阀世家人物合传的做法开了先河。

以上我们已经提出了大量的史料和分析，证明司马迁对《史记》全书的总体结构和体例处处作了精心安排，而七十列传的篇目设置和编次，也是明确体现了按时代的先后、以人物的行事反映不同历史时期的特色的旨趣，那么，又为什么有"随作随编"的说法呢？这是清代学者赵翼提出的看法，其论云："《史记》列传次序，盖成一篇即编入一篇，不待撰成全书后重为排比。故《李广传》后，忽列《匈奴传》，下又列《卫青霍去病传》，朝臣与外夷相次，已属不伦。然此犹曰诸臣事皆与匈奴相涉也。《公孙弘传》后，忽列《南越》《东越》《朝鲜》《西南夷》等传，下又列《司马相如传》。《相如》之下，又列《淮南衡山王传》，《循吏》后忽列《汲黯郑当时传》，《儒林》《酷吏》后，又忽入《大宛传》，其次第皆无意义，可知其随得随编也。"①其实赵翼的议论，也已道及《李将军列传》《匈奴列传》《卫将军骠骑列传》三篇连排，原因即在李广、卫青、霍去病三位将军均与攻伐匈奴密切相关。司马迁在编纂上的主要着眼点，是力求体现历史演进的大势，体现人物与历史事件的关系。即是说，表达"史识"是第一位的，而编纂技巧则是服务于如何更好地反映客观历史这一需要；因此，对于体例应当灵活运用。在三位对匈奴作战的将领的传记中加入《匈奴列传》就是对体例的灵活运用，应当视为司马迁成功创造。由于做这样的"破例"安排，才凸显出匈奴问题在汉武帝时期的特别重要性，以及司马迁对匈奴问题的格外重视。他因对情况不了解和好意劝慰汉武帝而替李陵辩护，结果受了腐刑，遭受奇耻大辱。在这种出言可遭更加严重不测的情况下，出于对国家民族的责任感，他仍然讲出忠直之言，批评朝臣不能知彼知己，"徼一时之权，而务谄纳其说，以便偏指"，批评权势极高的将帅头脑发热，"席中国广大，气奋"，而"人主因以决策，是以建功不深"！并且一再慨叹：国家要兴旺，"唯在择任将相哉！唯在择任将相哉！"②司马迁的这种大胆而恳切的批评，也只有结合记载三位将领的行事才能很好的理解。至于《平津侯主父列传》之下，编次《南越列传》《西

---

① 赵翼：《廿二史札记》卷一"史记编次"条，王树民《廿二史札记校证（上）》本，中华书局1982年版，第6—7页。

② 《史记》卷——〇《匈奴列传·赞》，第3504页。

南夷列传》等篇，也因记事有相关联之处，因为公孙弘、主父偃、徐乐、严安四人都曾上书谏武帝停止大事四夷，要求吸取秦朝连年大事征战，致使海内困穷、百姓疲敝、相率反抗的严重教训。如严安上书言："今欲招南夷，朝夜郎，降羌僰，略濊州，建城邑，深入匈奴，燔其龙城，议者美之。此人臣之利也，非天下之长策也。"①而司马相如更是受武帝拜为中郎将、建节出使、通西南夷的关键人物，他奉使大获成功，因而西南夷之君"皆为内臣"，"除边关，关益斥，西至沫、若水，南至牂柯为徼"。②《西南夷列传》之后，次以《司马相如列传》，表明关系密切，内容互相补充。故此，总括《史记》内容、篇目安排编次的特点，应分为两个层次：第一个层次，全书之整体结构和七十列传的编排，均为精心构撰，体例严密，全局在胸，运用恰当。第二层次，司马迁尤重者，在于贯彻其高明史识，力求更好地反映客观历史实际，因而有的地方作灵活变通，不拘泥于形式上的整齐划一，必要时敢于突破常格，让"史例"服从于"史识"。《史记》记载的内容极其宏富多样，处理体例上的问题错综复杂，而全书构建的体裁体例格式完全为司马迁所首创，前人并未提供可资借鉴的经验，司马迁又是一个人著史，迫于时日，因此对某处问题的技术性处理可能略显粗糙。后人可以指出这些不够周全的地方，或加以改进，但不能因为局部地方的不够严密而忽视全书的精心经营，和构成浑然一体的杰出功绩。赵翼是一个识力非凡的学者，对于包括《史记》在内的二十四史有极多精辟的论述，但他在指出《史记》编次的某些粗疏缺陷时，对于全书的精心安排和体例运用的高明未予强调，所言"随作随编"并不允当。

实则前代学者对于《史记》体例、编次的匠心运用不乏心领神会、大为赞赏者，如宋人沈括云："凡《史记》次序、说论，皆有所指，不徒为之。"③另一位宋代学者吕祖谦亦言："（迁书）高气绝识，包举广而兴寄深，后之为史者，殊未易窥其涯涘也。"④两人所论用语不多，但含义颇深。清代章学诚的评论更为透彻："迁书纪、表、志传，本左氏而略示区分，不甚拘于题目也。《伯夷列传》，乃七十篇之序列，非专为伯夷传也……《张耳陈馀》，因此可以见彼耳。《孟子荀卿》，总括游士著书耳。

---

① 《史记》卷一一二《平津侯主父列传》，第 3559—3560 页。
② 《史记》卷一一七《司马相如列传》，第 3668 页。
③ 沈括：《补笔谈》卷一，宝颜堂秘籍本。
④ 吕祖谦：《大事记解题》卷一二，武英殿聚珍本。

名姓标题，往往不拘义例，仅取名篇，譬如《关雎》《鹿鸣》，所指乃在嘉宾淑女。而或且讥其位置不伦，（自注：如孟子与三邹氏。）或又摘其重复失检，（自注：如子贡已在《弟子传》，又见于《货殖》。）不知古人著书之旨，而转以后世拘守之成法，反訾古人之变通，亦知迁书体圆而用神，犹有《尚书》之遗者乎！"① 一针见血指出不能以后人拘守之成法，去指摘《史记》体例之灵活变通，对我们尤有深刻的启发意义。

史料剪裁和篇章组织匠心运用的极致

"体圆用神"，是章学诚对司马迁历史编纂卓越成就和鲜明特色的精辟概括。他是借用《周易》上"圆而神"和"方以智"的用语，来阐发中国史学名著在历史编纂上的两种风格。其论云：

《易》曰："筮之德圆而神，卦之德方以智。"间尝窃取其义以概古今之载籍，撰述欲其圆而神，记注欲其方以智也。夫智以藏往，神以知来，记注欲往事之不忘，撰述欲来者之兴起，故记注藏往似智，而撰述知来拟神也。藏往欲其赅备无遗，故体有一定而其德为方；撰述欲其抉择去取，故例不拘常而其德为圆。②

他将《史记》和《汉书》作为两种不同风格的代表："然圆神方智，自有载籍以还，二者不偏废也，不能究六艺之深耳，未有不得其遗意者也。史氏继《春秋》而有作，莫如马、班，马则近于圆而神，班则近于方以智也。"③ 所谓"藏往似智"，是指记注这一大类史书，作用在于记载历史知识，为了达到内容丰富，包容量大，必须讲究一定的体例，做到有规矩可循，整齐合理，所以说"藏往欲其赅备无遗，故体有一定而其德为方"。所谓"知来拟神"，是指撰述这一大类史书，目的在于通过记载人物的活动、事件的发展和时代的变迁，以展示未来的趋势，这就要求作者有高明的史识，按照自己的见解而有所轻重取舍，在体例上则注意灵活运用，做到融会贯通，互相配合，所以说"知来欲其抉择去取，故例不拘常而其德为圆"。司马迁有雄伟的创造力，他创设了合理、完善的体例，而

① 章学诚：《文史通义·书教下》，仓修良编《文史通义新编》本，上海古籍出版社1993年版，第17页。
② 同上书，第16页。
③ 同上。

又能根据需要灵活运用，巧妙变化，而且记述历史笔势纵放，不可阻遏，因此章学诚视之为"圆而神"的代表。班固《汉书》继《史记》而起，包涵着极其丰富的各学科知识，它继承了《史记》的体裁、体例，而又做到更加整齐合理，有规矩可循，后代修史者便一概以之为榜样，所以章学诚视为"班则近于方以智"。同时明确指出，"固书本撰述而非记注，则于近方近智之中，仍有圆且神者以为之裁制，是以能成家而可以传世行远也"①。

章学诚所高度评价的《史记》"体圆用神"的编纂特色，即具体体现在互有紧密联系的三个方面：全书"五体"配合，创造了记述一代"全史"的完善体裁；各大部分内部的篇章安排，章法分明，七十列传中专传、合传、类传、附传等的设立极具匠心，而又灵活变化，能根据需要突破成例；每一篇章的撰写均能对史料作恰当的剪裁，组织妥帖、重点突出，体现出极高的编纂技巧。前面两项，在上文中均已作了简要分析，这里就最后一项再作阐释。

《李斯列传》无论从李斯对历史进程的影响或是从记载史实的复杂程度而言，在七十列传中都占据着重要地位，司马迁对此篇的撰写尤其做了苦心经营。前半篇，集中记载李斯本人入秦前后的行事。他从荀卿学帝王之术，学已成，他判断当此列国纷争之际只有秦国才具备统一天下的条件，入秦游说秦王，才能获得干出一番事业的机会。李斯辞别荀卿时所言，即将其急切寻找机会的心理和贪慕权势、耻于贫困的人生观表达得淋漓尽致："今秦王欲吞天下，称帝而治，此布衣驰骛之时，而游说者之秋也。处卑贱之位而计不为者，此禽鹿之视肉，人面而能强行者耳！故诟莫大于卑贱，而悲莫甚于穷困。久处卑贱之位，困苦之地，非世而恶利，自托于无为，此非士之情也。故斯将西说秦王矣。"

李斯只身入秦，为何能平步青云，很快登上卿相高位呢？司马迁通过选取记述具有典型性的事件，对此做了令人信服的回答。李斯先求为秦丞相吕不韦舍人，吕不韦果然欣赏其才能，任以为郎。于是李斯有机会向秦始皇进说，其言辞确实具有打动君主之心的力量："秦之乘胜役诸侯，盖六世矣。今诸侯服秦，譬若郡县。夫以秦之强，大王之贤，由灶上骚除，足以灭诸侯，成帝业，为天下一统，此万世之一时也！今怠而不急就，诸

---

① 章学诚：《文史通义·书教下》，第 17 页。

侯复强，相聚约从，虽有黄帝之贤，不能并也。"怂恿秦始皇加强对六国进攻，采取各个击破策略，实现统一大业。秦始皇先拜李斯为长史，李斯又献计策，"阴遣谋士赍持金玉以游说诸侯。诸侯名士可下以财者，厚遗结之；不肯者，利剑刺之"。破坏各国君臣的计谋，派出良将强兵随之其后。于是秦始皇更视李斯为得力人物，任为客卿。

　　这时又发生李斯上书《谏逐客令》的事。事情的引起，是韩国的水工郑国受命到秦国做间谍，他劝说秦修灌溉渠，想大量耗费人力，延缓秦国东进。郑国的间谍活动被发觉，引起秦的宗室大臣一片哗然，借口"诸侯人来事秦者，大抵为其游间于秦耳"，纷纷向秦始皇进言，要求逐客！李斯反应快捷，立即上书秦始皇，这就是著名的《谏逐客令》。司马迁将它全文写入传中，成为一篇重要的历史文献。文章充分显示出李斯对时势的极高洞察力，举证确凿、充分，说理深刻有力。他举出，秦缪公所用五个名臣，由余出于西戎，百里奚是虞国人，蹇叔寓居于宋，丕豹是晋臣，公孙支游于晋，"此五子者，不产于秦，而缪公用之，并国二十，遂霸西戎"。孝公任用卫国人商鞅从事变法，"移风易俗，民以殷盛，国以富强"。惠王任用魏人张仪为相，实行连横之计，拔三川之地，西并巴、蜀，北收上郡，南取汉中，东据成皋之险，"割膏腴之壤，遂散六国之从，使之西面事秦，功施到今"。昭王任用魏国人范雎为丞相，采用其计策，废除了擅权的穰侯、华阳君，加强国君权力，杜绝势家豪门营私之路，因而逐步蚕食诸侯，使秦成就帝业。"此四君者，皆以客之功。由此观之，客何负于秦哉！向使四君却客而不内，疏士而不用，是使国无富利之实而秦无强大之名也。"李斯以确凿的史实证明，客卿是秦逐步强大而对六国形成席卷之势的重要力量！奏书中进而提出，秦王宫廷中所赏玩珍用的宝玉明珠、骏马良剑，以及左右侍立的窈窕赵女，皆非秦国所产，而无一不出自外国。再如击瓮叩缶，弹筝拊髀，是秦国的本土音乐。"今弃击瓮叩缶而就郑、卫，退弹筝而取《昭虞》，若是者何也？快意当前，适观而已矣。今取人则不然：不问可否，不论曲直，非秦者去，为客者逐。然则是所重者在乎色乐珠玉，而所轻者在乎人民也。此非所以跨海内、制诸侯之术也。"以此进一步强调，如果以"非秦者去，为客者逐"为标准，那就颠倒了珍玩与人才何者为重要的标准，削弱了统一海内、制服诸侯的力量。奏书由此自然得出结论，如果干驱逐外来人才的蠢事，就等于为敌国增强力量，而严重损害秦国实力，断送统一各国的大业，使秦处于空虚危险的境地："是以地无四方，民无异国，四时充美，鬼神降福，此五帝、三王之所以无敌也。今乃弃黔首以资敌国，却宾客以业诸侯，使天下之士退而不敢西向，裹足不入秦，此所谓'藉寇兵而赍盗粮'者也。""夫物不产于秦，可宝者多；士不产于秦，而愿忠者众。今逐客以资敌国，损民以益仇，内自虚而外树怨于诸侯，求国无危，不可得也。"

司马迁所全文引录的《谏逐客令》堪称是脍炙人口的篇章，充分表现出李斯知识和辩才过人，善于把握关键时刻使自己由被动变主动的性格特点。果然奏书上达后被秦始皇所采纳，不仅平息了原先其势汹汹的逐客议论，而且成为李斯更加受到信任、为秦统一全国的功业发挥了重大作用的转折点，官升廷尉，又再升任丞相高位：

> 秦王乃除逐客之令，复李斯官，卒用其计谋，官至廷尉。二十余年，竟并天下。尊主为皇帝，以斯为丞相。夷郡县城，销其兵刃，示不复用。使秦无尺土之封，不立子弟为王，功臣为诸侯者，使后无战攻之患。

李斯任丞相后的又一重要作为，是于秦始皇三十四年（前213），驳淳于越主张分封子弟之议，并上书曰："今陛下并有天下，别白、黑而定一尊；而私学乃相与非法教之制，闻令下，即各以其私学议之，入则心非，出则巷议，非主以为名，异趣以相高，率群下以造谤。……臣以诸有文学《诗》《书》百家语者，蠲除去之。"始皇依其议，收焚《诗》《书》百家之语以愚百姓，实行以吏为师，制定法度律令，书同文。"明年，又巡狩，外攘四夷，斯皆有力焉。"

由此证明，《李斯列传》上半篇展现了司马迁叙述人物性格行事的娴熟手法，他对史料作了恰当的剪裁，所选取李斯辞别荀卿时的表白，向秦王进说对六国各个击破之策，谏逐客令，驳淳于越之议、建议收焚《诗》《书》、加强专制统治等四项均为典型性材料。这些记述集中、紧凑，极其生动地刻画了李斯贪慕权势而又富有才能、善于判断时局作出正确应对的性格特点，以及其辅佐秦始皇实现统一大业的功绩。而到了后半篇，史家记述的格局却明显发生了变化。这是为什么呢？

这是因为，此前所记主要是李斯本人的活动，而后面则是李斯与赵高、秦二世三人的所为纠集在一起，史家组织材料的方法就由单线条叙述变为多线条结合的记述。后半篇的内容超出了李斯本人的传记，是写李斯、赵高、秦二世三人在秦帝国晚期阴谋策划、倒行逆施，最终覆灭的下场。既写李斯应负的历史罪责，又刻画了阴谋家赵高、暴君秦二世的面目。李斯后期的所作所为自然是其原先性格、行事在新的条件下的发展，而赵高和秦二世二人是最终葬送秦皇朝的主要人物，由于无法单独写此两人，也无法放在《秦始皇本纪》中去写，而其行事与李斯紧密联系，因此采取多线条结合的手法，集中记载于此。司马迁这种剪裁和组织手法不但巧妙，而且使历史画卷内容更加丰富，情节曲折动人，寓含极其深刻的教训。这样，《李斯列传》后半篇便与《秦始皇本纪》相辅相成，构成秦皇朝由统一到走向灭亡的全景图。

　　构成全篇的高潮和转折的是秦始皇病死、李斯参与了赵高的阴谋。时为秦始皇三十七年（前210）十月，始皇出巡天下，丞相李斯、中车府令赵高及次子胡亥随从，行至河北沙丘，突发重病，令赵高立诏书发给在上郡监军的长子扶苏，令其"以兵属蒙恬，与丧会咸阳而葬"。诏书尚未交给使者，始皇已卒。于是，赵高、胡亥、李斯三人立即共同紧张活动，策划伪造遗诏立胡亥为太子的阴谋。赵高先将胡亥置于阴谋圈套之中，怂恿他说："顾小而忘大，后必有害；狐疑犹豫，后必有悔。断而敢行，鬼神避之，后有成功，愿子遂之！"然后，又对李斯威胁利诱，称：长子扶苏刚毅武勇，"即位必用蒙恬为丞相"，"君侯终不怀通侯之印归于乡里"，"贬为庶人"。"方今天下之权命悬于胡亥，高能得志焉。"如合谋废长子扶苏，立胡亥为帝，可以欺瞒天下。"中外若一，事无表里。君听臣之计，即长有封侯，世世称孤，必有乔松之寿，孔、墨之智。今释此而不从，祸及子孙，足以为寒心！"李斯本来就以"贪慕权势，苟活求荣"为处世原则，至此乃"垂泪太息"表示实出无奈，而听从赵高的主意。于是三人共同炮制了一个大阴谋，"诈为受始皇诏丞相，立子胡亥为太子。更为书赐长子扶苏"，诬称其"为人不孝"，逼其自杀！

　　司马迁全局在胸，以多线条结合的手法，清晰地记述赵高、秦二世、李斯三人种种倒行逆施，生动地再现了当时的历史场景。立秦二世为皇帝之后，赵高为郎中令，"常侍中用事"，控制朝政，掌握大权。二世欲纵情享乐，"悉耳目之所好，穷心志之所乐"。赵高立刻奉承说：这正是"贤主"之所能行，办法是"严法而刻刑，令有罪者相坐诛，至收族，灭大臣而远骨肉"，则可高枕而享乐。"二世果然高之言，乃更为法律。于是群臣诸公子人有罪，辄下高，令鞫治之。杀大臣蒙毅等，公子十二人僇死咸阳市，十公主矺死于杜，财物入于县官，相连坐者不可胜数。"残酷暴虐的统治达到令人发指的地步，"群臣人人自危，欲畔者众。又作阿房之宫，治直【道】、驰道，赋敛愈重，戍徭无已"。终于激起全国性的反抗浪潮，起义军直逼关中。就在这行将灭亡的前夕，秦二世还对李斯宣扬其暴君纵情享乐的哲学："彼贤人之有天下也，专用天下适己而已矣，此所以贵于有天下也。……今身且不能利，将恶能治天下哉！故吾愿肆志广欲"。李斯因其贪恋爵禄，奉迎求生的性格，竟上书讨好秦二世，为其暴君行为张目！其时，起义军已攻至三川郡，郡守李由是李斯之子，因抵挡不力，正受查问，还有人议论李斯作为丞相对局势负有责任。"李斯恐惧，重爵禄，不知所出，乃阿二世意，欲求容"，在上书中反复陈述对臣下应当督责重罚，严加驾驭，实行极端的专制统治，一意孤行、暴戾恣睢的主张，云："夫贤主者，必且能全道而行督责之术者也，督责之，则臣不敢不竭能以徇其主矣。……是故主独制于天下而无所制也。能穷乐之极矣，贤明之主也，可不察焉！""以身徇百姓，则是黔首之役，非畜天下者也，何足贵哉！"又极言须排斥仁义之人，谏说之臣，死节之行！书奏，二世大悦。"于是行督责益严，税民深者为明吏。二世曰：'若此则可谓能督责矣。'"

　　赵高用计，让二世深居宫中，不坐朝廷，不见大臣。于是赵高一手操纵朝政，"事皆决于赵高"。赵高又预谋将李斯害死。他撺掇李斯说，你身为丞相，应向二世谏说到处频发反抗事件、赋税徭役过重的事啊，李斯相信了他，而赵高又专门安排当二世燕乐之时让李斯一再求见，引起二世的恼恨。至此赵高认为对李斯下毒手的时机已到，便诬告李斯有裂土为王的野心，又使人审问三川郡守李由与盗相串通的案件，欲牵连追查李斯。李斯感到本人受到严重威胁，只好企图侥幸一试，上书二世，告发赵高有谋反的危险。又面告二世，称赵高出身宦官，身份低贱，"无识于理，贪欲无厌，求利不止"，但为时已晚，李斯的上书和面谏，都已无法改变二世将其交给赵高审问的结局。"二世前已信赵高，恐李斯杀之，乃私告赵高。高曰：'丞相所患者独高，高已死，丞相即欲为田常所为。'于是二世曰：'其以李斯属郎中令。'"李斯在狱中仰天长叹，他知道二世的种种暴政，已造成反抗烈火遍地燃烧，秦朝灭亡即在眼前！"今反者已有天下之半矣，而心尚未悟也，而以赵高为佐，吾必见寇至咸阳，麋鹿游于朝也。"赵高对李斯用尽酷刑，"榜掠千余，不胜痛，自诬服"。但李斯自负有功、善辩，对二世仍抱有幻想，希望上书后能获赦免。上书中自陈为丞相已三十余年，称其"谨奉法令，阴行谋臣，资之金玉，使游说诸侯，阴修甲兵，……故终以胁韩弱魏，破燕、赵，夷齐、楚，卒兼六国，虏其王，立秦为天子"，此为第一项大功，还列举有其他六项。但李斯寄托着希望的上书，却被赵高扔到一边，说"囚安得上书！"最后，李斯被判具五刑，腰斩咸阳市，夷三族。

由于司马迁的精心剪裁的组织，《李斯列传》成为《史记》全书最具有史料价值和记述最为丰富、生动的篇章之一。尽管事件头绪甚多，但篇中叙事条理清晰，一波三折，李斯由身居丞相高位、助秦始皇统一全国立了大功，到结伙假造诏书，逼死公子扶苏、立二世为皇帝，到讨好二世，为其暴君行为张目，又接连遭到赵高暗算，而对二世表白己功、幻想赦免，最后难逃被腰斩的下场——复杂的事件、纷繁变化的场景，令读者紧绷着心弦，被全神吸引，心情随着情节的展开而起伏。读完后对接连出现的场面无法忘怀，而且从中得到深刻的历史启示！司马迁突破了"专传"即集中记载传主本人事迹的惯例，而做了灵活的处理，随着历史情势的发展和李斯所处环境的复杂化，因此需要运用多线条结合叙述的方法，确实做到了"体圆而用神"，体现出其历史编纂的杰出创造力。唯有这样做，才能完整地写出李斯"贪慕富贵，苟活求荣"这一典型性格的发展，也才能反映出统一了全国的秦帝国这座大厦为何会顷刻坍塌！

司马迁对篇章组织的匠心运用还可以举出多项，如在上半篇记述李斯登上丞相高位、为统一全国建立大功之后，随之记载一事，李斯在咸阳家中摆下盛大的庆功宴，"百官长者皆前为寿，门廷车骑以千数"。此时的李斯却喟然叹息，曰："当今人臣无居臣上者，可谓富极矣。物极则衰，吾未知所税驾也！"看似闲写一笔，实则是以此巧妙地预示其走向下坡路的开始，并且将上半篇和下半篇紧密地联系起来。又如，写李斯被处死以后，又补写二世拜赵高为中丞相，赵高权势更加炙手可热，于是上演了"指鹿为马"的丑剧；二世被赵高用诡计赶出上林宫，三天后，赵高又令卫士诈称"山东群盗兵大至！"逼令二世自杀；子婴即位后，与宦官韩谈合谋擒杀赵高。分别交代了暴君和阴谋家的可耻下场。子婴立后三个月，沛公军入咸阳，子婴迎降。本篇记事的最后结束是："子婴与妻子自系其颈以组，降

帜道旁。沛公因以属吏。项王至而斩之。遂以亡天下。"①恰恰证明《李斯列
传》记载史实以李斯的活动为主线,而其发展则是记述秦皇朝最后覆亡的
历史。司马迁在结尾精心记述的这些史实足以说明:此篇设置的用意,正
是与《秦始皇本纪》互相配合,以完整地写出秦皇朝如何由成功的顶点,
到经由赵高、二世、李斯之手而迅速灭亡的! 前代学者对《李斯列传》的
内容独特性和文章组织的手法甚为关注,如明代学者茅坤评论说:"《李斯
传》传斯本末,特佐始皇定天下,变法诸事仅十之一二,传高所以乱天下
而亡秦特十之七八。太史公恁地看得亡秦者高,所以酿高之乱者并由斯为
之,此是太史公极用意文,极得大体处。学者读《李斯传》,不必读《秦
纪》矣。"② 另一位明代学者钟惺也指出:"李斯古今第一热中富贵人也,其
学问功业佐秦兼天下者皆其取富贵之资,而其种种罪过,能使秦亡天下者,
即其守富之道。……太史公言秦用李斯,二十年竟并天下,而于秦亡关目
紧要处皆系之《李斯传》,若作《秦本纪》者。而结之曰'遂以亡天下',
见人重富贵之念,其效足以亡天下。罪斯已极,而垂戒亦深矣。"③ 他们点
明《李斯列传》突出其热衷富贵、苟活求利的性格,前面记载李斯本人行
事、后面则详载赵高、李斯等人倒行逆施如何断送秦朝的天下,此篇足以
与《秦始皇本纪》所载相互比照等,均不愧为有识之见。

篇末论赞,为全篇记述作了出色的总结和提升,赞语云:

> 李斯以闾阎历诸侯,入事秦,因以瑕衅,以辅始皇,卒成帝业,
> 斯为三公,可谓尊用矣。斯知六艺之归,不务明政以补主上之缺,持
> 爵禄之重,阿顺苟合,严威酷刑,听高邪说,废嫡立庶。诸侯已叛,
> 斯乃欲谏争,不亦末乎! 人皆以斯极忠而被五刑死,察其本,乃与俗
> 议之异。不然,斯之功且与周、召列矣。(第 3092—3093 页)

司马迁极其精练、全面地总结了李斯辅佐秦始皇统一全国的功绩,严
肃地谴责他参与赵高、二世的阴谋、实行暴政、残害民众的历史罪责,指
出李斯违背了儒学的宗旨,不能劝导秦始皇实行由武力兼并向德政治国的

---

① 以上引文均据《史记》卷八七《李斯列传》,第 3067—3092 页。
② 茅坤:《史记钞》卷五五,明泰昌间刻本。
③ 钟惺:《钟伯敬评史记》,明天启五年刊本。

转变，本人因贪求权势而苟活奉迎，而导致最终惨死的悲剧，揭示了后人应当深刻记取的历史教训，并且严肃地批评以李斯为"极忠"的迂见。生动紧张、起伏变化的历史场景，鲜明的人物形象，与蕴涵深刻哲理、耐人寻味的论赞交相辉映，构成了史传作品的绝唱！

《史记》传记中鸿篇巨制的高度编纂技巧已如上述，那么，记载史实并不十分复杂的篇章的叙事手法又是怎样呢？这里仅举出一个典型例证作简要的评析。叔孙通传在书中是与刘敬传合设为一篇"合传"，因两人都曾就朝政大事向高祖提出重要建言，对于安定汉初社会秩序贡献很大。以往对叔孙通传作为史料引用者颇为常见，对于篇中所载叔孙通善于"面谀"的性格也有过诸多解释。实则叔孙通传的主要价值，是以确切的史实证明汉初制定礼仪乃是为现实政治的迫切需要，以及史家为再现当时历史场景而在篇章内容上所作的精心安排。司马迁对次要材料一概从略，篇中的记载集中围绕"制定朝礼"这一核心事件而依次展开。先叙述制定礼仪的背景。汉五年（前202），高祖在定陶登帝位。初时为求简易，一概取消秦朝苛繁的礼节。不料却出现混乱局面："群臣饮酒争功，醉或妄呼，拔剑击柱"，高祖为之头痛！叔孙通进谏：现在天下初定，正是用得着儒家礼仪的时候了！又针对刘邦一向讨厌儒生的心理，告诉他，礼仪因时而设，与时变化，我要对古礼和秦朝礼制加以改造，尽量避免复杂。以此打消高祖的顾虑。进而用一月余时间排练演习，先由叔孙通带领征集来的鲁诸生与其弟子练习，然后是皇帝练习，再后是百官练习。最后，详细记载长乐宫成、诸侯群臣朝见皇帝的隆重仪式。极写当时场面的庄严肃穆，"先平明，谒者治礼，引以次入殿门，廷中陈车骑步卒卫宫，设兵张旗志。传言'趋'"。功臣武将和丞相文官分别列阵东西向，大行（司礼官）设九宾，胪传，于是皇帝乘辇出房，百官执帜传警，引诸侯王以下各级官员依次奉贺。"自诸侯王以下莫为振恐肃敬"，"以尊卑次起上寿"。有官员举止不合仪式者立即被御史带走。竟朝置酒，莫敢欢哗失礼者。于是高帝曰："吾乃今日知为皇帝之贵也。"这与前面诸将饮酒争功。高祖苦于无法对付的情景，形成多么鲜明的对照！

须知，在当时漫无秩序之中，皇权就是秩序的代表。叔孙通制定朝仪，为汉初建立起政治秩序立了大功，因此拜为太常，位居九卿。叔孙通也不是一味奉承，当汉十二年，高祖意欲将太子废掉、立宠姬戚夫人所生赵王如意为太子，叔孙通即以太子太傅身份坚决谏阻，说："陛下必欲废嫡而立少，臣愿先伏诛，以颈血污地。"高祖只好作罢。本篇篇末论赞云：
"叔孙通希世度务制礼，进退与时变化，卒为汉家儒宗。'大直若诎，道固
委蛇'，盖谓是乎！"① 强调他依据儒学制定礼仪的重大贡献，同时又肯定
他善于运用道家以屈求伸的智慧，确是定评。

　　总之，通过分析李斯和叔孙通这两篇典型传记的编纂手法，我们有充
分的理由得出如下结论：《史记》中无论是鸿篇巨制或是所载内容不甚复
杂的篇章，司马迁无不惨淡经营，精心撰写，力求达到内容和编纂形式的
尽善尽美。他从再现客观历史进程的需要出发，既有通盘考虑的严密体
例，而在具体运用上又根据情况做灵活变通，在必要时突破成例，堪称
"体圆用神"，因而达到史料剪裁和内容组织匠心运用的极致。

　　　附记：本文为国家社科基金重点项目《中国历史编纂学的演进路
　　径、优良传统和当代价值》（项目号 09ZSA001）阶段性成果。

---

① 以上引文均据《史记》卷九九《刘敬叔孙通列传》，第 3278—3283 页。

有关戴震研究的学术史

葛兆光

引言：思想史中的人物研究

我们曾讨论《明儒学案·南中学案》，主要是讨论思想史的历史背景应该怎样重建和叙述；现在我们讨论戴震，想换个方式，来讨论思想史中个别精英人物应当怎样研究。过去，我曾经批评说，思想史里面总是以人物（或著述）为单位，大的一章，小的一节，再小的几个人合一节。这种思想史写法的问题是：第一，在安排章节上面就显示了价值判断，这个人物，占一章的很重要，占一节的较次要，合了好几个人才占一节的，当然就不那么重要。如果，过去只是一节，现在变成一章的人物，就说明他在思想史中的地位越来越重要，像王充、范缜、吕才的地位，在唯物主义历史观主脉络里面，就开始升级，这就暗示给读者一个意思，好像评劳模等级或者学术评奖，有一二三等，表示思想史表彰的程度。第二，由于以人物为单位，淡化了"历史"的纵（思想连续脉络）横（同时代人的声音）面，即突出了个人，而忽略了环境。比如，讲某人的思想史意义，可能就会出现这样的毛病，当你只看这一个的时候，好像他很了不起，"爱屋及乌"是很容易犯的毛病，好像俗话里说的，"丈母娘看女婿，越看越欢喜"。可是，你要是把他摆在同时代历史背景和群体活动里面，也许他也就是作为背景的合唱团里的一个队员而已。第三，因为能够上榜的都是显赫的人物，所以作为合唱的、背景的声音，就是丸山真男说的"执拗低音"，就容易被忽略。我一直建议要写"一般知识思想和信仰世界"，作为精英的背景和土壤，但是，这种以人物为主的写法，很难让我们写好这样的思想史著作。

不过话说回来，并不是说这样的写法没有意义，对于个别人物的研究，尤其是作为思想史关键和枢纽的那些人物，他的生平、交往、教育经历、思想形成与著作传播的研究，还是很有必要的，过去像南京大学，就有以思想家人物传记为中心的研究群体。可是，思想史里的人物研究，究竟应当怎么研究？现在的研究方法有没有问题呢？

今天，我就以戴震，这是清代学术史和思想史上最重要人物的研究为例，讨论一下思想史里面人物研究的方法。

一　同时代人关于戴震的记忆和理解

戴震（1724—1777）是清代中叶徽州籍的读书人，也是当时最著名的学者，通常学界讨论到戴震，都是把他放在乾隆时代的学术史和思想史中来看的，一般都会强调以下两个方面。

一方面，学术史研究会把他视为乾嘉考据学潮流的中坚力量，会突出地讨论他考据学的成就及其创造性的方法。大家知道，他参与整理过《四库全书》，校过《水经注》，他是考据学里面所谓"皖派"的领袖，影响很大。首先，他对从字音求字义的小学方法影响了金坛段玉裁（有《六书音韵表》）、影响了高邮王念孙、王引之父子（有《广雅疏证》《经传释词》）；其次，他对礼制的重视（他考证过"明堂""辟雍""灵台"，也研究过《考工记》），影响了后来的凌廷堪（如《复礼》中"以礼代理"的观念）；再次，他对天文地理数学的研究（如他有《勾股割圆记》《续天文略》），影响了后来的焦循等人。

另一方面，思想史研究则把他放在官方以程朱理学为意识形态的思想史背景下，突出地讨论他对程朱理学的批判意义。比如，我们会讲他通过历史语言学的径路，以字词训诂和还原古义的方式，批评宋代理学对"性命理气"等的解释（如他的《原善》《孟子字义疏证》），影响了阮元（如《性命古训》）、孙星衍（如《原性篇》）、焦循（如《性善解》）等，确认他是清代乾隆时代对于宋明理学批判的中心人物，并从此开启了后来的启蒙思潮，并且把他的思想看成是后来有现代意义思想的来源之一。

不过，这个学术史和思想史上的"戴震"印象，究竟是怎么来的？有哪些值得注意的变化呢？我们还是要通过重新回顾历史的方法，或者换一个时髦说法，在"知识系谱学"的意义上，讨论这个"戴震"印象的形成，这就是通常说的"戴震学"。研究清代学术史和思想史，为什么要重新讨论"戴震"印象呢？我觉得，这是因为两个原因，第一，我们现在研究戴震的时候，其实已经接受了很多前人的说法，这一层层的说法，好像是在眼睛上戴眼镜，眼镜上又蒙上了层层有色玻璃纸，所以，未必是原来"乾隆时代"的"戴震"的学术和思想，要真正了解他，需要一层层剥离这些玻璃纸，让我们的眼睛尽可能直接看当时的戴震。第二，这一层层的玻璃纸是怎么蒙上去的？它们一层层的遮蔽本身的历史，也构成了另一种学术和思想史的资料，就是说，不同时代、不同学者，不同说法，层累地构成了"戴震学"，这本身就是在戴震研究上，所表现出来的"学术史"和"思想史"。

今天我们关于"戴震学"的讨论，要简单地讨论一百多年来，王国维、刘师培、章太炎、梁启超和胡适的研究。不过，他们这些研究和论述，无论是以民族主义立场的，还是哲学解释的，还是启蒙性历史追溯的，基本上属于"现代戴震学"。而在这些现代解释之前，就是从戴震乾隆四十二年（1777）去世以后，还有一个长达一百多年的同时代人和后辈学人的戴震回忆在前面，从王国维到胡适的戴震研究，用的都是他们提供的资料，显然也会受到他们提供的戴震印象的影响。比如——

（1）洪榜（1744—1779）的《戴先生行状》①。这是一篇很可靠的戴震传记，因为它是戴震去世后一个月时写的。他对于戴震学术形象的描述有两个重点，一是他有意强调，戴震年轻时就质疑过朱熹关于《大学》的说法，这是为了后面突出地强调《原善》论性理归六经而作的铺垫，在这里塑造的是一个"反宋学"的汉学家形象；二是他同时强调，戴震"每一字必求其义"，因为"经之至者道也，明道者其辞也"，一方面要通过字词训诂理解古代经典，一方面要"综其全而核之"，所以他很博学，包括天文、历算、推步、鸟兽、虫鱼、草木，甚至山川、疆域、州镇等，就是强调考据学的博学家的意义。这是戴震同时代人对戴震的理解和回忆，也是

---

① 收入《初堂遗稿》中，亦收入《戴震文集》（中华书局 1980 年版）"附录"中，第 251—260 页。

后来很多戴震印象的来源和基础。①

（2）段玉裁（1735—1815）《戴东原先生年谱》②。这是一个戴震最信任的人的回忆，戴震在给他的信里，曾说到和《与是仲明论学书》里一样的话③，就是要想理解"道"或者"理"，一定要从字义到词义，才能真正贯通，这是做学问的最重要途径；而戴震在乾隆四十二年临终前一个月（四月廿四日），又给段玉裁写过信，明明白白告诉他，《孟子字义疏证》是他自己最重要的书，这部书是"正人心之要"，也是对祸民的"理"的批判。④

所以，段玉裁和洪榜一样，在年谱里面突出的重点，也是①戴震年轻时即质疑朱熹说的关于《大学》是孔子传曾子，曾子传门人，暗示了他的反程朱取向（第 216 页），在乾隆三十一年一条里，他比洪榜更清楚地描述了《原善》和《孟子字义疏证》，强调了它们的意义是批评宋代理学家，不是六经孔孟的正道，"所谓理者，必求诸人情之无憾而后即安，不得谓性为理"（第 228 页）。而且在叙述戴震死后事时，又引其答彭绍升书，凸显戴震反程朱、反佛教的一面（第 240 页）。②在戴震的学术方面，他也同样强调戴震对于古代经典的看法，引用他回答姚鼐的话说，是"徵之古而靡不条贯，合诸道而不留余议，巨细毕究，本末兼察"（第 222 页），所以，一方面要"每一字必求其义"，以《说文》之学为根基，"由字以通其辞，由辞以通其道"，一方面也强调要博学多识，说戴震对音韵、训诂、名物、礼制无不精通，有很多著作。⑤

这确实是批判和瓦解宋代理学的途径。但是，大家要注意，段玉裁是否真的觉得戴震是有意识地、自觉地彻底批判宋代理学的原则，要把人的欲望和情感从"理"中解放出来呢？未必，他在另外给《戴震文集》作序的时候就说到，戴震自己曾说过，《孟子字义疏证》一书最重要，因为古

---

① 洪榜与朱筠有一篇讨论这篇《行状》及戴震之学的书信，相当重要，收于江藩《汉学师承记》卷六《洪榜传》内，参见漆永祥《汉学师承记笺释》，上海古籍出版社 2006 年版，第 622—626 页。

② 也收入《戴震文集》"附录"中，第 215—250 页。

③ 《戴震文集》卷九，第 139—141 页。

④ 《与段茂堂等十一札》之第十札："仆平生论述最大者，为《孟子字义疏证》一书，此正人心之要，今人无论正邪，尽以意见误名之曰理，而祸斯民，故《疏证》不得不作。"《戴震全集》，黄山书社 1995 年版，6 册，第 543 页。

⑤ 《戴震文集》"附录"，特别是第 216、228、240、222 页。

往今来，都把"六书九数"当作大学问，却"误认轿夫为轿中人"，千万别把我当作"轿夫"，好像只会"六书九数"。这段话，章学诚《书朱陆篇后》在提及戴震《原善》的时候，反驳有人攻击《原善》"空说义理，可以无作"的时候也引用过，说"训诂、声韵、天象、地理四者，如肩舆之隶"，可见是真的。但是，这并不等于戴震不讲"理"，他只是觉得，把外在的、抽象的、严厉的"理"约束人，却把真正的符合人性人情的"理"丢掉了，用现在的话讲，就是把工具理性当作价值理性，用高调的天理去杀人。

所以，他并不一定反对宋代人所讲的"理"，只是觉得，第一，宋学的天理太严酷，不能兼容人情；第二，宋代理学缺乏知识性的基础，需要有严格的字辞知识为依据；第三，真正真理的源头，还是在古代六经。所以，段玉裁也并不见得是真的认为，戴震在反对专制皇权的政治意识形态，而是认为，戴震是想超越宋学的笼罩，通过学术，重建这个社会的政治、伦理和思想秩序。所以，段玉裁在嘉庆十九年（1814）的时候给陈寿祺写了一封信，其中就说，我看现在社会上的大毛病，就是抛弃了洛、闽、关学不讲，反而说，这些学问是"庸腐"，可是，如果你不讲这些，就没有廉耻，气节很差，政治也搞不好，"天下皆君子，而无真君子"，所以，他的结论倒是这个时代"专订汉学，不治宋学，乃真人心世道之忧"①。

（3）对于戴震的思想学术，和洪榜、段玉裁说法最相近的，还有王昶（1725—1806）的《戴东原先生墓志铭》等②，王昶说他"晚窥性与天道之传，于老庄释氏之说，辞而辟之"。不过，说得最清楚的，恐怕是章学诚（1738—1801）《书朱陆篇后》和凌廷堪（1757—1809）《戴东原先生事略状》③，他们对戴震学术与思想的解释，沟通了批判理学和文献考据，思想表达与知识依据两方面，这给梁启超和胡适的戴震解释提供了基础④。

（4）但是，对于戴震的理解，还有另外的一个侧重的面向。这来自钱

---

① 陈寿祺：《左海文集》卷四《答段茂堂先生书》附录。
② 原载王昶《春融堂集》，亦收入《戴震文集》"附录"，第260—264页。
③ 章学诚：《文史通义》卷三"朱陆"附，叶瑛《文史通义校注》本，中华书局1985年版，第274—277页；凌廷堪：《校礼堂文集》卷三五，中华书局1998年版，第312—317页。
④ 凌廷堪《戴东原先生事略状》中特意指出，人们往往把"故训"和"义理"分开，其实这是不对的，因此戴震学术的意义，就在于"先求之于古六书九数，继而求之于典章制度"，"既通其辞，求知其心"（第312页）。

大昕（1728—1804）《戴先生震传》和余廷灿（1729—1798）《戴先生东原事略》①。钱大昕是当时最有影响和最有学问的学者，他的《戴震传》里面，强调的就是戴震识字、训诂、博学、修地方志、参加四库全书编纂等等，他特别突出地表彰戴震的考据学成就，比如考证《周易》《周礼》、研究古代的明堂之制、勾股之学、校勘《水经注》等等，但是，并不提他的《原善》和《孟子字义疏证》。余廷灿的《事略》也一样，主要推崇戴震的历算之学、考证《周礼》土圭之法、《考工记图》、明堂、六书说和反切说，考证《水经注》等等，这又凸显了一个"作为考据学家"的戴震形象。②

二　汉学还是宋学，考据学家还是哲学家，民族主义者还是启蒙主义者？——戴震的研究史

关于"戴震学"，前些年，台湾东海大学的丘为君教授曾写过一部很好的著作，第一次从学术史上去讨论"戴震学"的知识系谱③，可是，我总觉得还有一点点缺憾，因为他没有专门和全面地清理"戴震"印象的形成史。

过去，从现代的学术与思想的角度谈戴震的意义，常常认为这是从章太炎开始的。比如钱穆就说，"近儒首尊戴震，自太炎始"。这个说法很被人接受，如侯外庐也说，自《检论》和《訄书》中的《学隐》（1900）、《清儒》（1904），开启了研究戴震的风气。④ 大概，丘为君教授的这部书也接受了这个说法。但这个说法是不是对呢？恐怕一半是对的，一半是不对的。说他对，章太炎的戴震论述确实比较早；说他不对，因为真正现代戴震形象的塑造，却未必是从他开始的。

我们回过头来看一看资料。

（1）章太炎 1900 年《訄书》（初刻本）中有《学隐》，1904 年《訄书》（二刻修订本）中增加《清儒》一篇，但这两篇均仅对戴震的考据学

---

① 原载钱大昕《潜研堂文集》、余廷灿《存吾文集录》，现均收入《戴震文集》"附录"，第264—269、269—274 页。

② 又，任兆麟：《有竹居集》卷一〇《戴东原墓表》（卷八又有《戴东原制义序》）。

③ 丘为君：《戴震学的形成》，联经出版事业公司 2004 年版。

④ 侯外庐：《近代中国思想学说史》，生活书房 1947 年版。

作民族主义解释。比如《学隐》中说，戴震"知中夏甈黯之不可为，为之无鱼子蚖虱之势足以藉手，士皆思偷愒禄仕久矣……故教之汉学，绝其恢谲异谋，使（之）废则中权，出则朝隐，如是足也"。所以，虽然戴震也是大师，但他的起点也是出于民族主义，而给无奈的士大夫找一个文献学空间，让士大夫有隐匿的场所。而 1904 年《清儒》一篇，也只是说戴震"治小学，礼经，算术，舆地，皆深通"，他教了很多门生，影响了王念孙、段玉裁等人。

应该说，这是章太炎早期对戴震的认识，显然并没有深入到他的观念和思想上来，即使深入，也只是停留在民族主义的解释上。在这个时候，戴震成了一个活在清帝国，却始终坚持汉文化立场，用学术对抗政治的民族主义学者。

（2）真正开始以西方概念工具重新在现代哲学意义上解释戴震的，是王国维，他也是在 1904 年，写了一篇《国朝汉学派戴、阮二家之哲学说》。那个时候，王国维正好热心于叔本华、尼采的哲学，觉得这种整体解释宇宙和历史的学问，很深刻也很系统，我想，这是一个来自西洋哲学世界的强烈刺激，这种刺激可以使学者对过去的资源进行"重组"，所以，他觉得清代三百年，虽然汉学发达，但是"庞杂破碎，无当于学"，找来找去，只有戴震和阮元两个人的《原善》《孟子字义疏证》《性命古训》才有一点"哲学"的意思，他评价说，这是"一方复活先秦古学，一方又加以新解释"，重新讨论孟子以来的"人性论"，建设心理学和伦理学。

这显然是在西方哲学背景下来看中国思想的。所谓人性论、心理学、伦理学，这些原本都是西方的东西。新的概念工具，有时候看起来只是一些"词语"，但是通过这些"词语"去重新"命名"，会彰显出历史资料中另外一些过去不注意的意义。西洋哲学进入中国，就把过去的人物、著作、观念，从"考据"与"义理"、"宋学"与"汉学"的解释，转移到哲学还是文献学、传统还是近代这个意义上来，另外给它赋予了意义。王国维也是要在这个新尺码下面，来给戴震加以新解释的，所以他特别指出，戴震和宋儒最不一样的地方，就是对"天理"和"人欲"的解释：首先，宋代理学家是把"理义之性"和"气质之性"分开，前者是"理"，后者是"欲"，所以，这种"理欲二元论"渐渐就扩大了理和欲、性和情之间的对立和紧张；其次，他又指出，戴震反对这种区分，指出"欲在性中，理在欲中"，他主张理欲、性情的"一元论"，而且承认"情"发之自然，"性固兼心知（性）与血气（情）言之"，这样就开始承认"人"的心灵中理性和感情的合理性，换句话说，就是承认"人"的自由的合理性。① 这就把原来戴震同代人对戴震认识中的反"理学"那一面给突出起来，并且提升到哲学上来了。

毫无疑问，在 1904 年提出在西方哲学背景下重新解释戴震思想，是一个很新的做法。我觉得，王国维在很多方面都是时代的先驱，这个时候，他使戴震成了一个"哲学家"。但是要说明，王国维这个时代，对中国哲学史还没有一个贯通的、整体的脉络，所以，他只是说，戴震恢复了古代北方哲学重实际的传统，但中国哲学后来被南方、印度影响，成为纯理论哲学，专门讨论"幽深玄远"的问题，并不适合中国人。所以他的结论是，戴震和阮元"以其考证之眼，转而攻究古代之性命道德之说，于是北方之哲学复明，而有复活之态"。这话对不对，要分两方面来看，一方面，我们要明白，王国维基本上是用西洋哲学观念来看清代学术的，他说戴震是复活古学，这是为了说明它渊源有自的合法性，可另一方面，王国维虽然说它是"汉学派"，但没有特别去讨论"汉学"在论证"理"、"性"等方面，有什么特别的知识方法，只是笼统地说，它超越了宋学，回归到古代。

（3）更重要的，是刘师培 1905 年所作《东原学案》②。现在回头看，应该承认刘师培很聪明也很敏感，他常常能短平快地提出好些问题来。在戴震的认识上，他注意到戴震在学术史的"知识方法"和思想史的"观念表达"之间，有很深刻的贯通意义。这是刘师培的聪明处，他说，"（戴震的）《原善》、《孟子字义疏证》最著"，什么原因呢？"盖东原解'理'为'分'，确宗汉诂，复以'理'为'同条共贯'也，故'理'字为'公例'。较宋儒以浑全解'理'字者，迥不同矣，'理'在'欲'中，亦非宋儒可及"。这篇论文很长，其中涉及到的是，（甲）以训诂方式解释

---

① 王国维《国朝汉学派戴、阮二家之哲学说》（《静安文集》）特别提到《戴东原集》卷八里面另外一篇《读易系辞论性》，其中说到"有人物，于是有人物之性。人与物同有欲，欲也者，性之事也；人与物同有觉，觉也者，性之能也"，又提到阮元《揅经室再续集》卷一《节性斋主人小像跋》指出，"性"一方面从"心"，包含了仁、义、礼、智，一方面从"生"，包含了味、臭、色、声，所以应当对"性"和"情"有重新包容的观念，这就在"性善"的基础上，肯定了欲和觉的合理性。见《王国维全集》第一卷，浙江教育出版社、广东教育出版社 2009 年版，第 96—104 页。

② 《刘申叔遗书》下册，江苏古籍出版社影印本 1997 年版，第 1759 页以下。

"理"，（乙）"理"为公例，（丙）"理"在"欲"中。他认为，戴震思想大致上以这三点最为要紧。

虽然，刘师培在 1904 年 12 月在《警钟日报》上发表的《近儒学案书目序》中已经论述到戴震，但那个时候，对于戴震的理解和说法，大体上接近章太炎。他虽然表彰戴震"倡导实学，以汉学之性理，易宋学之空言"，但是，他还是把汉、宋对立看成是"实"和"空"的学风差异，所以，在《清儒得失论》里面，他也还只是强调说，戴震"彰析名物，以类相求，参互考验，而推历审音，确与清廷立异"。看起来，这还是章太炎把汉学说成是"反清"的老调调，比如说，戴震的《声韵考》是为了破《康熙字典》，他的门下如王念孙等反和珅、轻名利等等，都还是从政治和民族角度来看戴震的。直到 1905 年的《东原学案序》，才超脱出来，站在更高的角度重新评价戴震，这就和王国维的评价大体一致了。而 1906 年作《戴震传》①，刘师培更进一步评价戴震晚年所作的《原善》和《孟子字义疏证》的重大意义，是"穷究性理之本"，全面推翻了宋儒，使儒学回归到孔孟。

刘师培的论述，其重要意义在于，一是超越了 1900 年、1904 年章太炎式的反满为中心的汉族民族主义解释；二是把戴震的著述重心，突出地转移到思想领域，而不是政治领域或学术领域；三是把戴震的意义提升到了全面超越和批判道学，重新发现孔孟传统。这等于重新书写了思想史。②所以我要说，刘师培的论述相当关键，可是，这也许被学术史家们忽略了。③

（4）这里又要提到章太炎了，虽然很多人像钱穆、侯外庐都觉得最先表彰戴震哲学的是章氏，但是，前面我们说了，从学术史和思想史的脉络上看，有一点误会。其实一直要到 1910 年，四十三岁的章太炎写《释戴》④，才开始讨论到戴震对宋代理学的批判，不过，他依照惯性，还是要

---

① 《刘申叔遗书》下册，第 1821 页以下。

② 他说，"殆及晚年，穷究性理之本，先著《原善》三篇，以'性'为主，以仁义礼为性所生，显之为天，明之为命，实之为化，顺之为道，循之为常，曰理合此数端，斯名为善。……又作《孟子字义疏证》，以为宋儒言性言理言道言才言命诚言权言仁义礼智，皆非六经孔孟之言"。

③ 李帆《刘师培与中西学术》已经指出这一点，北京师范大学出版社 2003 年版，第 177—179 页。又，参见郑师渠《晚清国粹派》，北京师范大学出版社 2000 年版，第 194 页。

④ 先刊于《学林》第二册，后收入《太炎文录初编》卷一，《章太炎全集》，上海人民出版社 2014 年版，第 122 页。

把戴震放在反抗清统治的立场上来。他认为,清代皇帝"亦利洛、闽,刑爵无常,益以恣睢",生于雍正末年的戴震,"自幼为贾贩,转运千里,复具知民生隐曲",能够体察民情,面对雍正以来,官方不以法律,总是"以洛、闽儒言以相稽",使百姓"摇手触禁",所以,对理学有所批评。他还分析说,戴震是从下看上,希望约束皇权,解放民众之心灵,在这个时候,他才提出戴震的思想和荀子很像,主旨一是斥理崇法,二是批判以理杀人的正当化,三是提出理在欲中的一元论。——我怀疑,这可能是受了王国维尤其是刘师培的影响,所以,在这篇文章里面,他不再多说戴震的考据学,而是较多地讨论戴震提出来的"理"的问题。不过,刚才说到,他仍然把重心转移到反清的民族主义论述基础上来,凸显戴震对"以理杀人"的批判,是对清政府的批判,谴责清廷利用宋代理学,使自己的专制控制合法化合理化。章太炎的戴震形象,仍然不太涉及思想史问题,倒是把它归为政治史,好像在进行历史社会学的解释,因此还没有进入戴震和近代"科学"和"民主"的关系的讨论。

更有现代意味的学术史与思想史讨论,我以为,应当是从梁启超和胡适开始的。

三 梁启超和胡适:20 世纪 20 年代对戴震的解释

本来,在 1904 年为《论中国学术思想变迁之大势》补写的"近世学术"一节里,梁启超(1873—1929)对戴震评价并不算太高,他说到戴震是考据学里面"皖派"的开祖,主要在叙述他的考证成就,强调他"以识字为求学第一义",虽然在末尾,也提到了他的《孟子字义疏证》和《原善》"近于泰西近世所谓乐利主义者",但主要还是批评他,说"二百年来学者,记诵日博而廉耻日丧,戴氏其与有罪矣"[①]。应当说,当时梁启超对戴震并没有多少认识,他自己也承认,主要是根据章太炎的说法,觉得考据对人的思想自由有约束,所以,批判的意味就很重。但是,到了 1920年写《清代学术概论》的时候,态度大变,对戴震做了很高的评价,说《孟子字义疏证》"实三百年间最有价值之奇书也"。不过,就算是这样,

① 梁启超:《论中国学术思想变迁之大势》,《饮冰室合集》文集之 7,中华书局 1989 年版,第 93 页。

梁启超的主要重心也还是把戴震放在考据学的"实事求是"的"科学脉络"里面讲，强调的是他"不以人蔽己，不以己自蔽"，是他不仅博学，而且既有识断又能精审，当然这时，梁启超也讨论了《孟子字义疏证》"欲建设一戴震哲学"，突出地表彰他批判宋代理学的意义，"欲以情感哲学代理性哲学"①。因此，1923 年 10 月在筹备纪念戴震诞辰二百周年纪念会时，五十岁的梁启超在《戴东原生日二百年纪念会缘起》里提出，要特别注意研究戴震的研究方法和哲学世界，并自己设计了研究戴震的八个课题②，第二年也就是 1924 年初，他发表了《戴东原先生传》和《戴东原哲学》。③

　　在这两篇论文里面，他提出戴震的意义有两方面，（一）考据学领域：他说戴震之学的特点是淹博、识断和精审，而他的领域即小学、测算、典章制度，梁启超觉得这三个领域不再是传统的经学史学，而戴震的研究方法又体现了"科学精神"，这当然是凸显他关于清代学术就类似欧洲的"文艺复兴"的说法。（二）哲学领域：他认为戴震的哲学著作如《原善》《孟子字义疏证》，其写作目的是"正人心"，也就是针对现实问题的，而他的哲学论述则涉及了五个方面，（1）客观的理义与主观的意见（物理和事理），（2）情欲问题（理存乎欲），（3）性的一元与二元，（4）命定与自由意志，（5）修养与实践。

　　上述两方面的论述，都关联了现代的历史意识和概念工具，无论是"文艺复兴"还是"哲学"。但请大家注意，梁启超虽然讨论了历史和哲学两个方面，可是，在戴震的考据成就和哲学批判之间、治学方法和民主意识之间，还没有一个特别贯通的解释。

　　（6）这里就要说到胡适（1891—1962）。1923 年，梁启超发起纪念戴震诞辰二百周年的纪念会，胡适答应参加，并在当年就开始了对戴震的研究，并在 1924 年 1 月 19 日安徽会馆开纪念会的时候担任主席并讲话。不过，要到 1925 年，他才在《国学季刊》二卷一期上发表了《戴东原的哲

---

　　① 梁启超：《清代学术概论》，朱维铮《梁启超论清学史二种》本，复旦大学出版社 1985 年版，第 35 页。
　　② 这八个课题是（1）戴东原在学术史上的位置，（2）戴东原的时代及其小传，（3）音韵训诂的戴东原，（4）算学的戴东原，（5）戴东原的治学方法，（6）东原哲学及其批评，（7）东原著述考，（8）东原师友及弟子。见《饮冰室合集》文集之 40，第 39 页。
　　③ 梁启超：《戴东原先生传》与《戴东原哲学》，《饮冰室合集》文集之 40，第 40—51、52—77 页。

学》一文①。据他在文末的附注中说，文章写于 1923 年 12 月，如果这一点可信，那么，看来也是因为纪念戴震二百周年生日而引起的写作。② 这篇长长的论文，分为"引论""戴东原的哲学""戴学的反响"三大部分，涉及了好几个方面的问题——

第一，引论。从"反玄学的运动"即清代初期的学术与思想变化开始，论述清代初期即第一个世纪（1640—1740）是"反玄学的时期"，学术界出现的"注重实用"和"注重经学"的两个趋势。又从颜元、李塨说到实用主义与理学家空谈虚理的分歧，从顾炎武代表的清代经学复兴，说到注重"历史的眼光""经学的工具""归纳的研究""注重证据"等学风，对明代理学心学的冲击。他指出，前者那里产生了"新哲学"，后者那里延伸出"新学问"，这是戴震之学产生之前的时代背景，"颜元、李塨失败以后，直到戴震出来，方才有第二次尝试"③。

第二，戴东原的哲学。胡适的论述，主要讨论戴震的"两部哲学书"即《孟子字义疏证》和《原善》。他一方面认为，从哲学渊源上，戴震受到颜元、李塨的影响（但是他也承认，除了有一个徽州人程廷祚，"找不到戴学与颜李学派有渊源关系的证据"，可见所谓颜李学派与戴震的渊源关系，只是逻辑上的推断），有一元的唯物论宇宙观、人性论和理的观念，既是为破坏理学的根基，也是为建设新哲学的基础。另一方面从社会背景上指出，戴震"生于满清全盛之时，亲见雍正朝许多惨酷的大案，常见皇帝长篇大论地用'理'来责人，受责的人虽有理，而无处可申诉，只好屈伏而死"④，所以才会有感而作，对宋儒大力提倡的"理"进行批评。他指出，戴震认清了考据名物训诂不是学问的最终目的，只是"明道"的方法，由于戴震的"道"有"天道"和"人道"，前者是自然主义，是阴阳五行的流行不已，生生不息，后者是血气人性，也与自然相应，因此，

---

① 胡适：《戴东原的哲学》，《胡适文集》第七卷，北京大学出版社 1998 年版，第 239—342 页。

② 胡适作《戴东原的哲学》一文，应该受到王国维和梁启超的影响和启发。1923 年 12 月 16 日，胡适与王国维谈话，王曾告诉他"戴东原之哲学，他的弟子都不懂得，几乎及身而绝"（见《胡适日记全编》，安徽教育出版社 2001 年版，4 册，第 131 页）；18 日他读焦循的书，19 日给梁启超写信讨论，写出《戴东原在哲学史上的位置》（同上书，第 137 页），29 日作《戴氏哲学》第一章《戴东原的前锋》论颜李学派（第 144 页）。1924 年 1 月 14 日，与梁启超在饭间讨论，1924 年 1 月 19 日戴震生日纪念在安徽会馆举行，胡适主席并讲话，梁启超也做了讲演。

③ 胡适：《戴东原的哲学》，《胡适文集》第七卷，第 240、249 页。

④ 同上书，第 268 页。

"天理"并不能离开"人性",所以戴震提出"人伦日用,圣人以通天下之情,遂天下之欲,权之而分理不爽,是谓理",通过字义的训诂,他提出所谓"理"不像宋儒说的那样高高在上不近人情,而只不过是条理分合。而在知识领域,戴震虽然是精通经典而且擅长文字音韵训诂的考据学家,但是他的人生观,是"要人用科学家求知求理的态度与方法来应付人生问题",因此,他在学问上既能"剖析精微",又能"重在证实",通过剖析精微得来的"理",比较归纳出来的"则",解释一切事物和道理"靡不条贯",所以,这是"最可以代表那个时代的科学精神"①。

第三,戴学的反响。胡适认为,"清朝的二百七十年中,只有学问,而没有哲学,只有学者,而没有哲学家"。只有颜元、李塨和戴震,算是有建设新哲学的意思。而戴震的想法,就是打倒程朱,是反理学,"打倒程朱,只有一条路,就是从穷理致知的路上,超过程朱,用穷理致知的结果,来反攻穷理致知的程朱"②。下面,胡适比较详细地叙述了戴震学术与思想的后世反应,从洪榜、章学诚、姚鼐、凌廷堪、焦循、阮元、方东树等等一路叙述下来,说明后世对戴震无论是褒是贬,都证明了戴震哲学引起的巨大反响。所以,戴震是建立了新哲学,"是宋明理学的根本革命,也可以说是新理学的建设——哲学的中兴"。

在这篇论文后面,他提出两个"伤心的结论"。其实,我觉得恰恰是最重要的关键,他说:"我们生活在这个时代,对于戴学应取什么态度呢?戴学在今日能不能引起我们中兴哲学的兴趣呢?戴学能不能供给我们一个建立中国未来的哲学的基础呢?"胡适又说:"我们还是'好高而就易',甘心用'内心生活'、'精神文明'一类的揣度影响之谈来自欺欺人呢?还是决心不怕艰难,选择那纯粹理智态度的崎岖山路,继续九百年来致知穷理的遗风,用科学的方法来修正考证学派的方法,用科学的知识来修正颜元、戴震的结论,而努力改造一种科学的致知穷理的中国哲学呢?"③

在梁启超和胡适的笔下,戴震渐渐形成了一个完整的新形象,他批判宋代程朱理学,思想与学术隐隐有"走出中世纪"的意思,他一手提倡自由和人性,一手实践科学方法,他本人也仿佛是一个启蒙主义者。

① 胡适:《戴东原的哲学》,《胡适文集》第七卷,第272页。
② 同上书,第281页。
③ 同上书,第342页。

应该说，梁启超和胡适都受到章学诚和凌廷堪的影响。章学诚在《书朱陆篇后》中对戴震的说法非常重要，他说，戴震所学的学问，"深通训诂，究于名物制度，而得其所以然，将以明道也"，他说当时人的风气是推崇博学和考据，看见戴震的学问淹博，又会训诂考证，就以为戴震的学问重心在这里，其实是误解。因为有误解，所以不能理解《原善》《论性》这些著作的意义，有人觉得，这样一个大学问家，这种著作可以不必写，其实"是固不知戴学者"，他说，这是"于天人理气，实有发前人所未发者"①。这一思路对胡适很有启发，所以，他注意到把这两者贯通起来说戴震，指出，（一）戴震的学术背景是重新整理"国故"，是用新手段治旧学，试图用西学激活中学，（二）"贯通"即戴震的方法，与西方理性批判的科学方法是相通的。胡适觉得，戴震用"考据"来批判、颠覆和重建"义理"的论述，是很有近代性的。凌廷堪《戴东原先生事略状》的一个说法也很重要，凌廷堪说，"义理不可舍经而空凭胸臆，必求之于古经；求之古经而遗文垂绝，今古悬隔，然后求之故训，故训明则古经明，古经明则贤人圣人之义理明，……义理非他，存乎典章制度者也"②。这样，一是把戴震（考据）和宋儒（义理）在研究方法上区分开来，二是强调理学没有"故训、典章、制度"的基础，三是没有经典文献的支持，所以是应当批判的。胡适显然接受了这个说法，戴震当然就是符合"近代科学"精神的先驱人物，戴震对"理"的重新解释，应该就是宋代理学的终结。

这两个说法影响了梁启超和胡适。大家注意，在这里，（一）"科学"的方法和中国的"哲学"，是两个关键，而这两个关键词是有联系的，没有"科学"的态度和方法，就不可能有真的"哲学"，这样，所谓"致知"和"穷理"被贯通了。（二）戴震就是在这一解释路径里面，他的训诂考据成为瓦解理学义理的方法，而建立新哲学又成了考据的目的，考据学因此成了有意义的知识领域。③ 在这个时候，一个现代所需要的启蒙主义者"戴震"，就被塑造出来了，他既是哲学家又是科学家，而戴震以及

---

① 章学诚：《文史通义》卷三，第 274—277 页。
② 凌廷堪：《戴东原先生事略状》，第 312 页。
③ 余英时《论戴震与章学诚》（三联书店 2000 年版）中曾经说道，在"乾隆时代有两个戴东原，一是领导当时学风的考证学家戴东原，另一个则是与当时学风相悖的思想家戴东原。这两个戴东原在学术界所得到的毁誉恰好相反"（第 103 页）。而把这两个戴东原贯通起来成为一个，则是后来学者尤其是胡适的理解和解释。

他那个时代的学术和观念，也就被这样安置在启蒙和近代为背景的思想史脉络里面了，一个新的思想史或学术史就这样被写出来了。

四　在历史背景中重新理解戴震

过去有关戴震的学术史和思想史研究遗留的问题是，第一，把颜、李与戴震联系起来，其实是一种"逻辑的相似"而不是"历史的证据"①。第二，前人并没有提出具体文献证据，以讨论戴震学术与思想的社会背景和历史语境。戴震在乾隆时代受到过哪些政治刺激？他的学说是针对什么社会背景的反应？有什么证据可以证明戴震"反程朱理学"是因为看到了清朝统治者"以理杀人"？这些都还不清楚。第三，还有一点疑问是，以戴震为标本突出所谓"科学"与"启蒙"，是否会把戴震过度现代化了？可是，以往思想史中的人物研究，似乎都有这样的问题，就是在讨论人物思想之背景、渊源和影响的时候，不仅"逻辑的联系"大于"历史的联系"，而且"笼统的推想"多于"精细的考证"，正是由于缺乏历史学的细致考察，所以，会顺从某种简单的和粗率的"决定论"，而忽略他和他那个群体真正生活的那个政治环境、生活环境和真实心情。

戴震是一个思想史上的人物，前面我讲到，其形象在历代学术史里被逐渐塑造，他又在不同政治和社会背景下被解释，在这个过程中形成了"戴震学"。因此，在研究这样一个人物时，我们需要仔细地考察他的生平、经历、交往和他生活的地区，因为我总觉得，对于思想史上的人物研究，一定要经由学术史（即针对他的方法、工具、手段的知识领域的讨论）、思想史（即针对他的义理诠释、微言大义、针对批判的观念领域的研究）、社会史（针对他的知识与观念所产生的环境条件与刺激因素的梳理）互相结合，才能真正地认识他。当然，历史研究中总有遗憾，也许是因为资料常常不足，想要的未必能有，已有的未必能满足，作为一个研究历史的学者，只有尽可能搜集，在这些有限的资料中，重建那个人物的时

① 把颜元、李塨一派，与戴震联系起来，多少有一些牵强附会。所以，钱穆《中国近三百年学术史》（中华书局重印本，1984 年）第八章《戴东原》就不同意这个说法，认为"谓《疏证》思想自绵庄处得颜李遗说而来颇难证"（第 355 页）；余英时《论戴震与章学诚》一书中讨论"儒家智识主义的兴起"，也指出从清初到戴震的思想与学术变化，主要是从"尊德性"转向"道问学"，即经学中"由虚转实"，这是考据学风兴起的脉络（第 18—34 页）。

代环境、个人经历以及真实心情。

好在过去，也有一些学者发掘了各种资料，来考察历史语境中的戴震，我们来看看这些资料。

第一，生平、交往与从学。

戴震生活在雍正、乾隆时代，大体上说，这个时代的特点是政治严厉、秩序稳定。他从小生活在福建、安徽等地，他的父亲是在江西南丰客居的安徽商人。安徽这个地方的商人，在明代就到处走，正像王世贞《赠程君五十叙》说的，因为新安"僻居山溪中，土地小狭民人众，世不中兵革，故其齿日益繁，地瘠薄不给于耕，故其俗纤俭习事。大抵徽俗，人十三在邑，十七在天下，其所蓄聚，则十一在内，十九在外"①。戴震年轻的时候就跟着父亲在外闯荡，但是他一直想读书，他父亲也支持他读书，以便"填平士绅与商人身份上的沟壑"，十八岁到二十岁在福建邵武教书，二十岁的时候回到家乡徽州休宁。婚后，他的妻子朱氏承担了全部生活事务，"米盐凌杂身任之，俾先生专一于学"，他大约在二十岁的时候，见到徽州婺源的学者江永（1681—1762），向江永学习，因为他那时已经对天文历算典章礼制很有研究，甚至已经有了一些著作，他先后得到是镜（1693—1769）、齐召南（1703—1768）、惠栋（1697—1758）的提携和称赞，而江永也非常赏识他。特别是，他的同乡学术朋友里面，还有像金榜（1735—1801）这样精通三礼，同样师从江永的同学，还有从乾隆十四年就和戴震交往，也同样懂得很多工艺、水利、音律等杂知识的程瑶田（1725—1824），那么，大家要考虑，他在福建和徽州的时代，这种个人经历、商人家庭和治学环境，对他的思想和学术是否有影响？最近，胡明辉、黄建中有一篇论文，对这个话题有较深入的研究，大家可以参看。②

第二，地域与生活环境。

也有学者指出，我们可以通过地方志、徽州文书、笔记小说等等，重新看看徽州那个地方的风俗和生活，把戴震再重新放回那个"环境"里面去考察。日本学者吉田纯说，戴震对宋儒"以理杀人"的抗议，也许与徽商家庭处境有关。他发掘了不少资料，指出徽商的妻子通常会面临复杂的

---

① 《弇州山人四部稿》卷六一，中国基本古籍库所收明万历刻本，第 678 页。
② 胡明辉、黄建中：《青年戴震：十八世纪中国士人社会的"局外人"与儒学的新动向》，《清史研究》2010 年第 3 期。

道德困境，由于丈夫外出，妇女背负家庭与经济的双重责任，面临社会和道德的双重压力，如果"守节"，那么生活现实相当艰苦，如果"逾节"，宋儒的罪名就会迫使她们走上自杀之途，这也许会刺激戴震反理学的思想①。戴震是否会思考及此？我还不很清楚。不过，他个人和家庭的一个遭遇很值得注意，据说，戴震的祖坟风水很好，当地的豪族要侵占，于是打起官司来，因为县令收受贿赂，所以戴震无法胜诉，而且还要被治罪，于是，在乾隆十九年，他连随身衣服都没有携带，就匆匆逃离家乡，到达北京，开始了他在外地的学术生涯。这种地方社会的贫富、上下、不公平的现象，对他的反理学的思想是否会有影响？② 当然这值得考虑。

　　第三，同时代学术世界与思想世界的交互影响。

　　钱穆曾经指出，戴震和惠栋之间，或者吴、皖之间，并不像梁启超说的那样，在学术与思想上有根本的原则差异，通常说吴派"凡古皆好"而皖派是"实事求是"，其实，他们是五十步和百步。"故徽学与吴学较，则吴学实为急进，为趋新，走先一步，带有革命之气度；而徽学以地僻风淳，大体仍袭东林遗绪，初志尚在阐宋，尚在述朱，并不如吴学高瞻远瞩，划分汉宋，若冀越之不同道也。"③ 钱穆尊崇宋代学问，这是他的立场，所以，他的说法是否正确，可以姑且不论，但他指出的一点可以相信，即惠栋对于戴震确实是有影响的。戴震于 1757 年到扬州拜见惠栋，可能是一个关键性的转变。钱穆曾引用 1765 年戴震写的《题惠定宇先生授经图》为证，④ 说明戴震和惠栋见面，对于戴震思想的转变是一个很重要的关键。⑤

　　那么，惠栋是不是反理学呢？牟润孙写过一篇文章，说到惠栋（1667—1758）"亲身尝到事事讲天理的皇帝的苛酷对待，他再仔细看看这位皇帝的行事，原来口口声声讲存天理，而骨子里却是在放纵自己的人欲"，所以，在《周易述》的《易微言》下卷"理"字条里面，就曾经说

　　① 吉田纯：《阅微草堂笔记小论》，《中国：社会と文化》（东京大学）第 4 号，1989 年版，第 182—186 页。
　　② 参见蔡锦芳《戴震避仇入京等生活经历对其理欲观的影响》，《戴震生平与作品考论》，广西师范大学出版社 2006 年版。
　　③ 钱穆：《中国近三百年学术史》第八章《戴东原》，第 321 页。
　　④ 戴震：《题惠定宇先生授经图》，《戴震文集》卷一一，第 168 页。
　　⑤ 钱穆：《中国近三百年学术史》第八章《戴东原》，第 322 页。

"理字之义，兼两之谓也……后人以天理人欲为对待，且曰天即理也，尤
谬"①。看上去，惠栋也是对理学深深不满的。这种对程朱理学的不满，据
说是来自惠栋个人和家庭的经历和经验，这种心情导致学者对主流政治意
识形态的批评。那么，惠栋的这种思想又是怎么来的？牟氏提到，惠栋的
父亲惠士奇在雍正四、五年间（1726—1727）曾被罚，不得已变卖产业来
修镇江城，他根据钱大昕给惠士奇作传时曾极力表彰他"居官声名好"这
一点②，反过来追问：为什么他会被皇帝惩罚？牟润孙根据雍正六年广东
巡抚杨文乾奏折保荐柳国勋，胤禛批语中有质疑惠士奇保荐的人"不堪下
劣"，"举动轻佻，神气浮乱，抑且迂而多诈，毫无可取人也"等等，发现
官方对惠氏的不满，而惠家可能因此破产，正因为如此，虽然惠周惕、惠
士奇都曾是翰林，但到了惠栋却只能以授徒为生。由于他遭遇这种"毁家
修城"的家庭变故，处于"饥寒困顿，甚于寒素"的窘境之中，③ 又常常
在扬州、苏州行走，在卢见曾衙署和盐商门下，看惯了当时的腐化和铺
张，也许就由此产生对理学的怀疑。而他的门下钱大昕，其实也是对理学
有很多批判的，无论你看他对《宋史·道学传》的质疑，还是看他的《大
学论》上下篇，你都可以看到这一点，所以戴震和钱大昕才会有这样深的
同道交情。④

　　这样看来，戴震的"反理学"是否也与这种交往有关呢？也许，惠栋
确实是在某种程度上影响过戴震，而且从后世的解读来看，戴震好像是更
激烈的反理学。很多学者都注意到一件事情，就是后来开四库全书馆的时
候，同为馆臣的姚鼐（1731—1815）曾经要"屈尊"去拜见戴震，并且尊
称他是"夫子"，但遭到戴震的婉拒。这件事情被解释为是因为两人对理
学的观念不同，很多人都引用了姚鼐在《惜抱轩尺牍》里，曾经痛斥戴震
和考据学家，甚至搞人身攻击，而戴学后人却都对此沉默不言为例，说明

---

① 牟润孙：《反理学的惠栋》，《注史斋丛稿》（增订本），中华书局 2009 年版，下册，第
619—624 页。
② 钱大昕：《惠先生士奇传》，《潜研堂文集》卷三八，《嘉定钱大昕全集》本，江苏古籍出
版社，9 册，第 650—654 页。
③ 钱大昕：《惠先生栋传》，《潜研堂文集》卷三九，9 册，第 661 页。
④ 对《宋史道学传》的质疑，参见钱大昕《廿二史考异》卷八一《宋史》部分，《嘉定钱
大昕全集》本，3 册，第 1506 页；对宋儒《大学》解释的质疑，见《大学论》，《潜研堂文集》
卷二，9 册，第 21—23 页。

站在宋代理学立场上的姚鼐指责有根据，戴震一系真的可能是"反宋学"的。①

但是，仔细体会那个时代的情况，恐怕也未必。思想史研究，恐怕应当像王梵志诗说的那样要"翻著袜"，也就是说，看问题要透过一层看。尽管戴震反对理学尤其是"以理杀人"，尽管他也批判宋代理学的学风，但是在普遍尊崇程朱的乾隆时代，他对"理学"不一定是那么有意识和有目的的批判，也未必是一个对"理学"有意识地整体超越。特别是应当注意到，他（也包括他的同道朋友）对朱熹常常有好评，你看他的《郑学斋记》（1759）、《凤仪书院记》（1763）、《王辑五墓志铭》（1770），以及更晚的《闽中师友渊源考序》（有人认为撰写在1773年之后，所以应当是晚年定论），均对朱熹称赞有加，甚至把郑玄和朱熹连起来，显然对于朱子一系的"道问学"传统很有会心。这就是很多学者指出的，他恰恰是从朱熹那里衍伸出来的，也许应当说，只是"反理学的理学"②。

因此，对于戴震的分析不要那么简单。他对于宋代理学的尖锐批判，可能有他个人的身世感受和对社会的焦虑和关心，而他对朱熹的称赞和认同，又可能有当时意识形态和普遍观念的影响，至于他是否要真的走出理学的束缚，有近代意识或者有个性、自由、情欲的张扬意识？恐怕是要重新检讨的问题，历史并不像理论，可以把枝蔓撤得那么清楚，把证据选得那么随意。近年来，很多学者也很推崇"以礼代理"，觉得这是一个很了不起的变化③，但是，也得看到，戴震、阮元、凌廷堪、焦循等人，虽然一方面反对以"理"杀人，用所谓的天理使道德内在化和严厉化，建议以"礼"建立秩序，用礼仪制度让人得以规避无所不在的道德谴责，似乎有"解放"的意义；但是，另一方面因为立场仍然在传统伦理规范之中，所以，对于社会伦理制度的"先后秩序"表现出极其保守的性质，在夫妇之道、父子之道、君臣关系、室女守贞等问题上，更强调了子对父、妻对夫、臣对君的无条件服从，只是把内在道德意识的自觉，转向外在伦理秩序的规定，而这种"道德严格化"加上"伦理制度化"，也许恰恰适合当

---

① 参见戴震《与姚孝廉姬传书》，《戴震文集》卷九，第141—142页。

② 章太炎《国学讲义》（海潮出版社2007年版）就说到，戴震"形似汉学，实际尚含朱子的臭味"（第25页）。

③ 如张寿安《以礼代理：凌廷堪与清中叶儒学思想之转变》，台北中研院近代史研究所，1994年。

时越来越呈现危机的政治秩序。①

结语：取代顾炎武？戴震作为新思想的典范

1923 年 10 月，梁启超与朋友发起筹办"戴东原生日二百年纪念会"，他还专门写了一篇《缘起》，说明这次会议的意义。他给胡适写了一封信，邀请他参加，11 月 13 日，胡适给梁启超回信表示愿意参加，而且还表示正在托人在徽州寻找戴震的遗像。1924 年 1 月 29 日，是旧历的十二月二十四日，在北京召开了戴东原生日二百年纪念会，会前，梁启超用一昼夜写了《戴东原先生传》，又接连三十四个小时写好了《戴东原哲学》。这一年，胡适也撰写了《戴东原的哲学》一文，据说是为了这个会议专门写的，但一年之后才正式发表。② 自此，由于梁启超与胡适的参与和鼓动，戴震成了清代学术史和思想史上的典范，他们对于戴震的学术与思想的理解和解释，也成为了梳理清学史脉络中的一个模式。

原本，清代学术与思想的典范是清初的顾炎武。在很长时间里，顾炎武都是清代考据学的开创者，也是知识人的人格楷模。所谓"行己有耻，博学于文"，所谓"经学即理学"，甚至《日知录》那种札记式的学术与思想表达方式，都是清代学术思想的渊源所在。特别是道光、咸丰年间，北京"顾祠"的举行，在当时学界顾炎武已经是首屈一指的领袖与标杆，即所谓"汉学开山""国初儒宗"③。但是，在 1923 年之后，戴震逐渐成为清代学术与思想的新典范，这个新典范一方面由于批判宋代程朱理学，而有"走出中世纪"的意义，另一方面由于沟通了考据（科学）与思想（民主）两端，而有"启蒙"的意义，因此更具有学术史和思想史的重要性。

---

① 王汎森《明末清初的一种道德严格主义》已经指出这一点，《近世中国之传统与蜕变：刘广京院士七十五岁祝寿论文集》，台北中研院近代史研究所，1998 年；可参见徐立望《通儒抑或迂儒——思想史之焦循研究》，《浙江学刊》2007 年第 5 期，第 54—60 页。

② 关于梁启超与胡适在这一段时期内有关戴震的研究活动，这里只是简略说说，大概的情况可以参考丁文江、赵丰田《梁启超先生年谱长编》（初稿），中华书局 2010 年版，第 533—536 页；有趣的是，胡颂平《胡适之先生年谱长编初稿》（联经出版事业公司，1984 年）在这一段时间里，却没有任何胡适有关戴震研究的记载。

③ 参见何冠彪《黄宗羲、顾炎武、王夫之合称清初三大儒考》，《明清人物与著述》，香港教育图书公司 1996 年版，第 49—63 页；又，可参见段志强《顾祠会祭研究（1843—1922）》，博士学位论文，复旦大学，2014 年。

　　值得注意的是，正是在这段时间里，"科玄论战"正如火如荼。梁启超一面在讨论人生观中的"爱"和"美"，一面在与高梦旦讨论颜李学派知行合一的"实践"意义；而胡适也在一面大谈科学与人生观，提出要宣传我们信仰的"新人生观"，一面又在表彰古史辨运动通过考证文献呈现历史演变的"科学方法"。这两个现代中国最重要的学者，恰恰又正在中国哲学史领域中较长论短彼此竞争。因此，两个人同时提出对于"戴震"的新研究和新解释，在现代学术史上倒是一个很有趣的案例，也许很值得大家深入研究和讨论。

　　　编辑附记：
　　　本文是葛兆光先生近十年来在清华大学和复旦大学为硕士研究生讲授的"中国学术史专题研究"的一份录音稿，近又作了很多补充和修订。今应本刊稿约，葛先生慨允先为刊行，谨致谢意。

关于章学诚史学批评的一点批评

章学诚的《文史通义》阐述文学与史学的一些理论问题，而以讨论史学的理论问题为多。从他的诸多论述中，可以看到他对史学的许多独到的认识，进而反映出他的史学观的某些特点。正是这些特点，引发了笔者的思考并把它发表出来，不当之处，请读者批评指正。

一 "唐宋至今"无"古人所为史学"？

章学诚认为，中国史学之源是《春秋》，而史学之流则是《春秋》家法的反映。

章学诚在讲到人们"立言有本"时说："史学本于《春秋》；专家著述本于《官礼》；辞章泛应本于《风诗》，天下之文，尽于是矣。"① 上面引的这几句话，也是指史部书、子部书和集部书而言。同时。他认为，上述三者有所本，但三者也都有末流，这就是："史乘而有稗官小说，专门著述而有语录说部，辞章泛应而有猥滥文集，皆末流之弊也。"② 这里说的"末流之弊"自亦包含了章学诚对史学在发展上的认识与评价。

关于"史学本于《春秋》"这一论点，章学诚在另一个地方这样写道：

> 世士以博稽言史，则史考也；以文笔言史，则史选也；以故实言

① 章学诚：《文史通义》外篇一《立言有本》，中华书局 1956 年版，第 202 页。
② 同上书，第 202 页。

史，则史纂也；以议论言史，则史评也；以体裁言史，则史例也。唐宋至今，积学之士，不过史纂、史考、史例；能文之士，不过史选、史评，古人所为史学，则未之闻矣。①

这段话，包含着两个相互连带着的认识和结论，一是史考、史选、史纂、史评、史例，皆非古人所致力的史学，二是"唐宋至今"的"积学之士"与"能文之士"中是否有名副其实的史家自也成了一个问题。这样一来，"唐宋至今"还有史学存在么，还有史学的发展么？是不是这都成了问题呢？

那么，章学诚所说的"古人所为史学"是什么呢？这当然还要从《春秋》和"《春秋》家学"谈起。他认为："马曰'好学深思，心知其意'，班曰'纬六经，缀道纲，函雅故，通古今'者，《春秋》家学，递相祖述，虽沈约魏收之徒，去之甚远，而别识心裁，时有得其仿佛。"② 在章学诚看来，司马迁和班固是继承了"《春秋》家学"的，他们"所为"的《史记》和《汉书》，堪称史学无疑。马、班以下，只有少数具有"别识心裁"之人，能有相似的成就。章学诚甚至认为："《通鉴》为《史节》之最粗，而《纪事本末》又为《通鉴》之纲纪奴仆；仆尝以为此不足为史学，而止可为《史纂》《史钞》者也。"同时指出："郑氏之《通志》，例有余而质不足以副耳。"③ 如此看来，即使像司马光《资治通鉴》、袁枢《通鉴纪事本末》、郑樵《通志》这样的历史著作，也都不在"别识心裁，时有得其仿佛"之列，可以想见章学诚对"史学"的界定之严、期许之高。

不过章学诚毕竟没有对司马光《资治通鉴》全部否定，对郑樵也不仅仅肯定《通志》的"例"。他在《文史通义·申郑》篇中写道："司马温公《资治通鉴》，前后一十九年，书局自随，自辟僚属，所与讨论又皆一时名流，故能裁成绝业，为世宗师。"④ 这样的评价，同把《资治通鉴》说成是"'史节'之最粗"相比，可谓大相径庭。至于郑樵，章学诚作了这样的评价：

----

① 章学诚：《文史通义》补遗《上朱大司马论文》，第 345 页。
② 同上。
③ 章学诚：《文史通义》外篇三《与邵二云论修宋史书》，第 294、295 页。
④ 章学诚：《文史通义》内篇四《申郑》，第 135 页。

> 子长孟坚氏不作，而专门之史学衰。……郑樵生千载而后，慨然有见于古人著述之源，而知作者之旨，不徒以词采为文、考据为学也，于是遂欲匡正史迁，益以博雅；贬损班固，讥其因袭；而独取三千年来遗文故册，运以别识心裁，盖承通史家风，而自为经纬，成一家言者也。……自迁固而后，史家既无别识心裁，所求者徒在其事其文；惟郑樵稍有志乎求义……①

这里说的"运以别识心裁""成一家言""有志乎求义"等，同上引"郑氏之《通志》，例有余而质不足以副之"似亦不相吻合。

从史学的继承和发展来看，即使是袁枢及其《通鉴纪事本末》，章学诚也不应轻易地贬为"《通鉴》之纲纪奴仆"。他在同友人谈到修宋史问题时，极其兴奋地设想有关体例时写道：

> 《纪事本末》本无深意，而因事命篇，不为成法，则引而伸之，扩而充之，遂觉体圆用神，《尚书》神圣制作，数千年来可仰望而不可接者，至于可以仰追。岂非穷变通久自有其会，纪传流弊至于极尽，而天诱仆衷，为从此百千年后史学开蚕丛乎！②

这段话表明：纪事本末体的发明与运用，在袁枢那里"本无深意"，而一旦章学诚借鉴过来，就成了极大的创造，这是既没有尊重前人的创造，同时又回避了史学发展中始终存在的继承关系。

综上，章学诚阐述"史学本于《春秋》"，强调《春秋》家法，赞扬司马迁、班固的贡献等等，理固宜然，但他认为"唐宋至今"，已无"古人所为史学"的结论，却是大有问题的。

第一，把"唐宋至今"史家们的历史撰述，归结为史考、史选、史纂、史评、史例等，这并不符合唐、宋、元、明至清前期史学发展的实际。即以"正史"而言，唐初所修八史，其间涉及南北朝史事的认识和编纂上的处置，民族迁移、冲突、融合等复杂情况的认识和表述，日历、起

---

① 章学诚：《文史通义》内篇四《申郑》，第133—135页。
② 章学诚：《文史通义》外篇三《与邵二云论修宋史书》，第294—295页。

居注、实录、国史的撰写和积累，其中不乏史家的功力和见识。至于元修宋、辽、金三史，涉及三个不同民族之贵族为主所建立的政权的历史，不论是最高统治者还是史家群体，都显示出宏大的魄力。元代学人能做到的，为何清代学人反而认识不到呢。再者，《通典》《通鉴》等书的问世，除史学发展的自然之理外，还有社会的要求和推动，章学诚同许多史家一样，是力倡史学的经世功能的，他说："史学所以经世，固非空言著述也。"① 而章学诚在评论"唐宋至今"的历史著作时，并未言及"史学所以经世"的问题，说明他在判断"史学"性质时，其结论是不全面的。

　　第二，章学诚把史考、史选、史纂、史评、史例等同"史学"完全割裂开来，也有可议之处，因为上述各项研究及其进展都是史学活动的产物，这些产物都是史学的一部分或一个方面；把它们同"史学"对立起来或割裂开来，"史学"反倒成了难以理喻的东西了。退一步说，上述诸领域及其成果，也并非古人不"为"，而是有些项目古人没有处在可"为"的历史条件下，故不能有所"为"，如史评、史例等，只有当史学发展到比较成熟，有了较厚重的积累时，才能使人们有所"为"。章学诚本人就是"以议论言史"见长，而他的议论带有总结性质，故百余年后受到人们的赞誉。

　　第三，章学诚认为，"史学本于《春秋》"，又指出："盖《六艺》之教，通于后世有三：《春秋》流为史学，《官礼》诸记流为诸子论议，《诗》教流为辞章辞命。"② 按照"《春秋》流为史学"的说法，这个"流"到马、班已成"绝业"，"唐宋至今"沦为种种流弊，这种把"史学"视为唐、宋、元、明时期出现断裂现象的认识，是片面的、不符合实际的。这同章学诚在《文史通义·书教中》高度评价杜佑"穷天地之际而通古今之变"③ 的历史编纂气势；同他在《书教下》中讲到袁枢《通鉴纪事本末》时说，"按本末之为体也，因事命篇，不为常格，非深知古今大体，天下经纶，不能网罗隐括，无遗无滥。文省于纪传，事豁于编年，决断去取，体圆用神，斯真《尚书》之遗也"④ 的创造；同他在《申郑》中

---

①　章学诚：《文史通义》内篇二《浙东学术》，第53页。
②　章学诚：《文史通义》补遗《上朱大司马论文》，第346页。
③　章学诚：《文史通义》内篇一《书教中》，第11页。
④　章学诚：《文史通义》内篇一《书教下》，第15页。

赞扬郑樵"承通史家风，而自为经纬，成一家言者也"①，以及称赞司马光"裁成绝业，为世宗师"的评价②，都不相吻合。

第四，尤其令人不能理解的是，章学诚在讨论修宋史问题时，一面把司马光《资治通鉴》贬为"史纂"、袁枢《通鉴纪事本末》贬为"史钞"，一面又把他自己"仍纪传之体而参本末之法，增图谱之例而删书志之名"的做法，说成是"天诱仆衷，为从此百千年后史学开蚕丛乎"，意在弥合"唐宋至今"史学断裂的缺憾。在这里，"纪传之体"且不论，但袁枢的"本末之法"的运用和郑樵"图谱略"的启发，都不是来自史学上的借鉴而是"穷变通久"之后的"天诱仆衷"所得到的。显然，这种认识和这样的表述，都不能视为客观的和真实的。

总之，章学诚的史学观及其史学批评，在上述这些方面是有明显的缺陷的。

二　"史学所以经世"的传统是否中断？

《文史通义》的《浙东学术》篇，以极言史学的经世作用而著称。

首先，章学诚认为，中国学术之重视"经世"，其源盖出于孔子及孔子所作之《春秋》，他写道：

> 天人性命之学，不可以空言讲也，故司马迁本董氏天人性命之说而为经世之书。儒者欲尊德性，而空言义理以为功，此宋学之所以见讥于大雅也。夫子曰："我欲托之空言，不如见诸行事之深切著明也"，此《春秋》之所以经世也。圣如孔子，言为天铎，犹且不以空言制胜，况他人乎！故善言天人性命，未有不切于人事者。三代学术，知有史而不知有经，切于人事；后人贵经术，以其即三代之史耳。近儒谈经，似于人事之外别有所谓义理矣。浙东之学，言性命者必究于史，此其所以卓也。③

---

① 章学诚：《文史通义》内篇四《申郑》，第 134 页。
② 同上书，第 135 页。
③ 章学诚：《文史通义》内篇二《浙东学术》，第 52 页。

章学诚的这段话是要说明：孔子倡言"见诸行事"。《春秋》是史学经世之祖，言天人性命必究于史，如同司马迁那样，而浙东学术正是继承了这一传统。

其次，章学诚进而指出，史学所以经世，是史学的根本所在，不了解这一点，就无法谈论史学。他这样写道：

> 或问：事功气节，果可与著述相提并论乎？曰：史学所以经世，固非空言著述也。且如《六经》，同出于孔子，先儒以为其功莫大于《春秋》，正以切合当时人事耳。后之言著述者，舍今而求古，舍人事而言性天，则吾不得而知之矣。学者不知斯义，不足言史学也。①

在章学诚看来，著述自然是重要的，但前提是要"切合于当时人事"，而那种空言性天的著述是不可取的，对不懂得这个道理的人，"不足以言史学"。这是进一步论证他提出的这个命题："知史学之本于《春秋》，知《春秋》之将以经世。"

此外，章学诚在讲到"不可易之师"与"可易之师"时还强调说："学问专家，文章经世，其中疾徐甘苦，可以意喻，不可言传；此亦至道所寓，必从其人而后受，不从其人即己无所受也，是不可易之师也。……至于讲习经传，旨无取于别裁；斧正文辞，义未见其独立；人所共知共能，彼偶得而教我。从甲不终，不妨去而就乙；甲不我告，乙亦可询；此则不究于道，即可易之师也……"②从文中所说"文章经世"来看，这里讲的"道"，当也是指"经世"而言。可见，对于严肃的师生关系，也是用是否有经世之旨来看待"不可易"与"可易"的合理性的。

诚然，章学诚对史学所以经世之重要性的认识再三致意，可视为他对史学本质的认识。在他看来，如无此种认识，则不可与言史学。这无疑是章学诚关于史学的卓见之一。但是，这里也存在使人感到困惑之处：中国古代史学的经世思想与传统是世代相传、未曾中断的，且不说唐初所修八史的经世致用目的、盛唐吴兢撰《贞观政要》经世致用的初衷、中唐杜佑著《通典》的经世致用思想，也不举司马光、范祖禹及宋代许多史家的忧

---

① 章学诚：《文史通义》内篇二《浙东学术》，第53页。
② 章学诚：《文史通义》内篇六《师说》，第187—188页。

患意识与多种历史撰述和明末清初顾炎武、黄宗羲、王夫之等史家的经世致用宗旨，就是元修宋、辽、金三史，同样也有明确的经世致用的目的。其先，有大臣王鹗奏请撰修金、辽二史，写道："自古帝王得失兴废，班班可考者，以有史在。我国家以威武定四方，天戈所临，罔不臣属，皆太祖庙谟雄断所致，若不乘时纪录，窃恐岁久渐至遗忘。金《实录》尚存，善政颇多；辽史散逸，尤为未备。宁可亡人之国，不可亡人之史。若史馆不立，后世亦不知有今日。"于是，"上甚重其言，命修国史，附修辽、金二史"①。其后，有《修三史诏》，指出辽、金、宋"这三国为圣朝所取制度、典章、治乱、兴亡之由，恐因岁久散失，合遴选文臣，分史置局，纂修成书，以见祖宗盛德得天下辽、金、宋三国之由，垂鉴后世，做一代盛典"②。如此明确的修史意图和修史宗旨，无疑是一种突出的经世思想的表现。据此，可以认为，自唐初至清初，中国史学的经世思想及相关著述，不绝于世，且有不断增强的趋势。从逻辑上看，这种趋势应与章学诚所论的"史学经世"的思想是一致的。然而，联系上文章学诚所说"唐宋至今"，只有史纂、史考、史例、史选、史评，"古人所为史学，则未之闻矣"，既无史学可言，那么"史学经世"是否也就"中断"了呢？从章学诚的"浙东之学"论来看，"史学经世"的脉络似并未中断。这里又提出了一个问题：人们怎样折衷于章学诚说的"唐宋至今"无"古人所为史学"与"史学所以经世，固非空言著述也"及经世致用的史学传统二者之间呢？显然，在笔者看来，这也是一个难以抉择的问题。

为了从深层的意义上说明这种抉择的困难，我们不妨以杜佑《通典》为例。依章学诚所说，《通典》应归于"史纂"之列，但实际上章学诚对《通典》自有另一番评论，他写道：

> 杜氏《通典》，为卷二百，而《礼典》乃八门之一，已占百卷，盖其书本《官礼》之遗，宜其于礼事加详也。然叙典章制度，不异诸史之文。而礼文疑似，或事变参差，博士经生，折中详议，或取裁而径行，或中格而未用，入于正文，则繁复难胜，削而去之，则事理未备；杜氏并为采辑其文，附著礼门之后，凡二十余卷，可谓穷天地之

① 苏天爵：《元朝名臣事略》卷一二《内翰王文康公》，中华书局 1996 年版，第 239 页。
② 参见《辽史》附录，中华书局 1974 年版，第 1554 页。

际而通古今之变者矣。①

　　尽管这段话不是对《通典》的全面评价，而是仅就杜佑从体例上恰当地处理了制度之文与"详议"之论的关系，章学诚即认为这是"穷天地之际，而通古今之变者"，这显然不是对所谓"史纂"的评价，而是对所谓"古人所为史学"表达的敬意了。这很像是上文所讲到的章学诚对司马光《资治通鉴》两种不同的评价。

　　章学诚评价郑樵，更是明显地突破了"唐宋至今"无"古人所为史学"的论断。章学诚写道："若郑氏《通志》，卓识名理，独见别裁，古人不能任其先声，后代不能出其规范；虽事实无殊旧录，而辨名正物，诸子之意寓于史裁，终为不朽之业矣。"②这一评价，实已不在评价杜佑《通典》之下。不仅如此，章学诚的《文史通义》中更著有《申郑》专篇，文中写道，在司马迁、班固以下，"郑樵生千载而后，慨然有见于古人著述之源，而知作者之旨，不徒以词采为文，考据为学也，于是遂欲匡正史迁，益以博雅；贬损班固，讥其因袭；而独取三千年来遗文故册，运以别识心裁。盖承通史家风，而自为经纬，成一家言者也。"又说："史家著述之道，岂可不求义意所归乎！自迁固而后，史家既无别识心裁，所求者徒在其事其文；惟郑樵稍有志乎求义……"③这些评价表明，在章学诚及其《文史通义》中，郑樵和他的《通志》占有极突出的地位。

　　综上，从章学诚对司马光的两处不同评价中，以及他对杜佑、郑樵的评价中，他的"唐宋至今"无"古人所为史学"的论断，还能够站得住吗？这确是一个有关章学诚史学观的重要问题。

三　是前行,还是回归?

　　章学诚的史学观有丰富的内涵，真知灼见屡有所出，令人钦羡。《文史通义》开卷论证"六经皆史"④，不仅扩大了史学的空间，也提高了史学的自信。他论史学有两大宗门，即"记注"与"撰述"的并存及其各自

---

① 章学诚：《文史通义》内篇一《书教中》，第 11 页。
② 章学诚：《文史通义》内篇四《释通》，第 132 页。
③ 章学诚：《文史通义》内篇四《申郑》，第 134、135 页。
④ 章学诚：《文史通义》内篇一《易教上》，第 1 页。

的特点。① 他强调"史法"与"史意"的差别，指出讨论设馆修史与探究私家撰述的不同，认为"吾于史学，盖有天授，自信发凡起例，多为后世开山"②。他以"史德"补充刘知幾的"史才三长"，强调史德的重要。③ 他倡导"闳中肆外，言以声其心之所得"的叙事准则④。他把知其人之世及其人之身处作为学术批评的基本出发点⑤，等等，都是真知灼见。他还以朴素辩证的观点看待史书体裁的变化，指出：

神奇化臭腐，臭腐复化为神奇，解庄书者，以谓天地自有变化，人则从而奇腐云耳。事屡变而复初，文饰穷而反质，天下自然之理也。《尚书》圆而神，其于史也，可谓天之至矣。非其人不行，故折入左氏，而又合流于马班。盖自刘知幾以还，莫不以谓《书》教中绝，史官不得衍其绪矣。又自《隋经籍志》著录，以纪传为正史，编年为古史，历代依之，遂分正附，莫不甲纪传而乙编年。则马班之史，以支子而嗣《春秋》，荀悦袁宏，且以左氏大宗而降为旁庶矣。司马《通鉴》，病纪传之分而合之以编年；袁枢《纪事本末》，又病《通鉴》之合而分之以事类。按本末之为体也，因事命篇，不为常格，非深知古今大体，天下经纶，不能网罗隐括，无遗无滥。文省于纪传，事豁于编年，决断去取，体圆用神，斯真《尚书》之遗也。在袁氏初无其意，且其学亦未足与此，书亦不尽合于所称，故历代著录诸家，次其书于杂史，自属纂录之家便观览耳。但即其成法，沉思冥索，加以神明变化，则古史之原，隐然可见。书有作者甚浅，而观者甚深，此类是也。故曰，神奇化臭腐而臭腐复化为神奇，本一理耳。⑥

章学诚提出问题、分析问题，多有辩证思想，此即突出一例。章学诚与刘知幾相比，前者更看重通史，故对司马迁、郑樵多有褒奖，后者更关注断代史（朝代史），故对《左传》《汉书》格外在意。章学诚在《释通》

---

① 参见章学诚《文史通义》之《书教上》《书教下》，第 7、12—13 页。
② 章学诚：《文史通义》外篇二《家书二》，第 333 页。
③ 参见章学诚《文史通义》内篇五《史德》，第 144—147 页。
④ 参见章学诚《文史通义》内篇二《文理》，第 61—64 页。
⑤ 参见章学诚《文史通义》内篇二《文德》，第 59—61 页。
⑥ 章学诚：《文史通义》内篇一《书教下》，第 14—15 页。

中写道：

> 梁武帝以迁固而下断代为书，于是上起三皇，下讫梁代，撰为《通史》一编，欲以包罗众史。史籍标通，此滥觞也。嗣是而后，源流渐别，总古今之学术，而纪传一规乎史迁，郑樵《通志》作焉；统前史之书志，而撰述取法乎《官礼》，杜佑《通典》作焉；合纪传之互文，而编次总括乎荀袁，司马光《资治通鉴》作焉；汇公私之述作，而铨录略仿乎孔萧，裴潾《太和通选》作焉。此四子者，或存正史之规，或正编年之的，或以典故为纪纲，或以词章存文献，史部之通，于斯为极盛也。①

这一段话，对"通史"的源流和发展作了精彩的概括。凡此，都受到后人的关注和重视，视为确论。然而，通观《文史通义》，细究章学诚提出的重要论断及其相互间的关联，总觉得在有些论断之间使人感到费解。对此，我们不妨作如下简要的分析。

如章学诚讲史书体裁的演变，以辩证的观点进行分析，本是极佳的阐述，但说到纪事本末体出现之时，却一再强调这是"真《尚书》之遗也"，是"神奇化臭腐，而臭腐复化为神奇"的表现。我们是否可以认为，在这里，章学诚强调的不是发展而是回归，即回归到《尚书》"因事命篇"所具有的"神奇"那里。其实，任何事物的产生、发展，都有自身的规律。若以《通鉴纪事本末》同《尚书》中以纪事为主的相关篇目作比较，则前者在内容的丰赡、叙述的细致方面，远非后者可比拟，反映了"因事命篇"叙事的发展。唐代史家刘知幾批评纪传体史书的缺点是"同为一事，分在数篇，断续相离，前后屡出"②。稍晚于刘知幾的皇甫湜著《编年纪传论》，认为编年体史书的缺点是："举其大纲而简于叙事，是以多阙载、多逸文"，故当"别为著录，以备时之语言，而尽事之本末"③。刘知幾提出了问题，并未作进一步论述；皇甫湜则认为司马迁创纪传体是"尽事之本末"的途径，与刘知幾看法完全不同。但他们都认为，应当有

---

① 章学诚：《文史通义》内篇四《释通》，第129—130页。
② 刘知幾：《史通·二体》，浦起龙通释本，上海古籍出版社2009年版，第25页。
③ 李昉等编：《文苑英华》卷七四二，中华书局1966年版，第3876页。

一种按照事件本末的历史表述形式产生出来，这是他们分别从批评纪传体史书和编年体史书中得到的共同结论。从章学诚对《通鉴纪事本末》的评论来看，认为纪事本末体史书最重要的优点正是"文省于纪传，事豁于编年"。这显然是针对纪传、编年两种史书体裁说的。如果把《通鉴纪事本末》看作是"臭腐复化为神奇"，即回归到因事命篇的《尚书》那里，则《尚书》所产生的时代，既无纪传体史书，亦无编年体史书，这在逻辑上是说不通的，至少是有缺陷的。

再如前引关于通史的演变，章学诚举出《通志》《通典》《资治通鉴》《太和通选》等书，并作出结论说："史部之通，于斯为极盛也。"然而，大家知道，这四部书中两种出于唐代，两部出于宋代，按照章学诚关于"唐宋至今"云云的观点，它们都不属于"古人所为史学"，怎么又成了"史通之通，于斯为极盛"了？这里，似也存在使人感到困惑之处。当代治中国史学史之名家杜维运指出：

　　章氏之史学，有其完整之体系，非随得随发，漫若散沙也。惟中国之史家，非若西方史家曾接受逻辑学之严格训练，于其史学体系，不能提纲挈领，为有系统有组织之叙述，理论愈深者，后人愈难明其理论之全部真相。以章氏之尊崇"学有宗旨"之一家著述，其理论体系，后人亦难骤然而窥知，甚且为后人所曲解。治其学之有得者，亦只能窥其史学之一面。①

从杜维运的这一段话来看，《文史通义》中的有些论述不失为真知灼见，但它们之间至少在"逻辑"上难免有瑕疵，本文所举数例可见一斑。这种瑕疵并非经过他人对《文史通义》之理论从体系上进行整理就能够弥合的，"治其学之有得者"知道这种"逻辑"上的缺陷的存在就是了，而不必走向"曲解"章学诚的境地。

依我的浅见，除了逻辑上的瑕疵，章学诚在学术思想上还有另一个可以讨论的地方，这就是：他提出"六经皆史"，自是一个积极的论断，多得后人赞许。但章学诚在讨论历代史学发展时，多以"六经"为准则，史学演变的结果，都以回归"六经"为至善。这样一来，章学诚关于史学的

---

① 杜维运：《清代史学与史家》，中华书局 1988 年版，第 336 页。

许多论述就不能自觉地从发展、进步的观点进一步展开，而囿于"六经"的范围。当然，我们不应苛求章学诚，但从进步的、变化的观点看待学术的演进，古代史家是有先例的。黄宗羲在《明儒学案》序中这样写道：

> 学术之不同，正以见道体之无尽也。奈何今之君子，必欲出于一途，剿其成说，以衡量古今，稍有异同，即诋之为离经畔道，时风众势，不免为黄芽白苇之归耳。夫道犹海也，江、淮、河、汉以至泾、渭蹄涔，莫不昼夜曲折以趋之，其各自为水者，至于海而为一水矣。使为海若者，沈然自喜，曰："咨尔诸水，导源而来，不有缓急平险、清浊远近之殊乎？不可谓尽吾之族类也，盍各返尔故处！"如是则不待尾闾之泄，而蓬莱有清浅之患矣。今之好同恶异者，何以异是？①

黄宗羲对学术的认识，一是包容的，二是看到"莫不昼夜曲折以趋之"的前行之势，即向前看，而不是向后看，更不是回归到某个起点。这是黄宗羲的史学观同章学诚的史学观的一个重要的区别。

白寿彝先生在讲到浙东史学时指出："章学诚是乾嘉年代的史学大家，他所著《文史通义》《校雠通义》，对历史哲学、历史文献学、历史编纂学和历史文学都有论列，并颇多新意。但他所取得的这些成就，很少为同时学者所重视。他也评论当时流行的风习，而基本上以文史方面的问题为限，比起当年黄宗羲的风范也是不能相提并论的。"②白寿彝先生所说的"风范"，包含学术本身和学术影响，而章学诚在包容性和向前看方面，都显示出他自身的局限性。

当然，章学诚因在史学理论领域有多方面"颇有新意"的论述，成为中国古代史学理论的总结者，他的这种学术地位，并不会因其学说有逻辑上的瑕疵和思想上的局限而有所改变。本文的撰写，意在表明：我们过去研读《文史通义》，比较关注他在某一具体方面的精辟论述并为之赞叹，而较少考察他在这一方面的论述同另一方面的论述是否协调，是否完全符合逻辑，也较少顾及章学诚强调史学对于"六经"的回归，等等。质而言之，我们对于章学诚及其《文史通义》的认识是否还缺乏全面的研究和深

---

① 黄宗羲：《明儒学案》之《明儒学案》序，中华书局1985年版，第7页。
② 白寿彝：《中国史学史》，上海人民出版社1986年版，1册，第88页。

入的思考，至少，笔者正是这种状况，而当我们"发现"某种瑕疵和局限的时候，或许我们会觉得认识了一个真正的和真实的章学诚，对他的《文史通义》中的许多真知灼见有了更加理性的判断和评论。

2015 年 6 月 21 日初稿
7 月 26 日改定

古代突厥汉文碑志叙录

吴玉贵

本文所说的"古代突厥",是指接受伊斯兰教之前,活动在内亚特别是欧亚大陆北方草原地区操突厥语的族群及其建立的政权,时间断限大概是在公元 6 世纪中叶至 10 世纪晚期（545—984）。古代突厥活跃在内亚历史舞台上的四百多年,构成了内亚历史的重要篇章,也对中国中古时代的历史进程产生了重大而深远的影响,五代政权中,后唐、后晋、后汉三个政权都是由突厥语族的沙陀人建立。汉文传统文献系统记载了突厥、铁勒诸部、突骑施、回鹘、黠戛斯、沙陀等众多的操突厥语的族群以及由他们建立的突厥第一汗国、铁勒汗国、西突厥汗国、薛延陀汗国、突厥第二汗国、突骑施汗国、回鹘汗国、黠戛斯汗国等游牧政权的历史,是研究古代突厥历史的最系统和最基础的史料。

以古代突厥人物为主题的汉文碑志,是古代突厥汉文史料的重要组成部分。本文讨论的碑志主要包含两部分内容,一是神道碑,一是墓志。①

中国传统金石学或碑刻学,是以碑志的刻石或拓片文字作为研究对象,举凡墓碑或墓志的形制、纹饰、字体、刻工、书法、拓本等等,都是传统金石学或碑刻学的重要研究对象,而在传统文献中留存的大量碑志篇章则被明确排除在研究范围之外。② 对于以"石刻"及相关内容为主要对象的碑

---

① 神道碑和墓志以外与古代突厥直接相关的石刻资料,如谢偃《可汗山铭》、《九姓回鹘毗伽可汗碑》、北周《京师突厥寺碑》、"昭陵十四蕃臣像衔名"、"乾陵六十一蕃臣像衔名"等纪功碑、题铭以及造像记等等,不在本文讨论范围之内。

② 根据据黄永年先生提出的"碑刻学"的概念,"碑"包括墓志、造像等,"刻"则只包括石刻,不含文集中的碑志文字。《古文献学讲义》,中西书局 2014 年版,第 188 页。

刻学来说，这种区分自然无可厚非。但是金石学或碑刻学的这种以"石"为限的畛域区隔，却在很大程度上影响了史学研究者对碑志史料的认识和利用。在学者介绍或研究碑志史料时，往往都自觉或不自觉地将保留在传统文献中的碑志史料与刻写在石质材料上的碑志文字割裂开来，甚至排除在研究对象之外。比如黄永年先生《唐史史料学》专设"金石类"，介绍了《集古录》《金石录》《金石萃编》《金石续编》《金石萃编补正》《八琼室金石补正》《唐代墓志汇编》等著录碑志的著作，但没有涉及传统文献中所见的大量碑志史料。从史料学的角度来看，见诸石质材料上的碑刻文字与留存在传统文献中的碑志篇什，属于性质完全相同的史料，并无高下轩轾之分，所以我们这里将见诸汉文传统文献的古代突厥碑志史料，与刻写在石质材料上的汉文突厥碑志，作为一个整体放在一起讨论。

20 世纪 80 年代以前出土的突厥语诸族的汉文墓志很少，汉文传统文献中的碑志史料也没有得到充分发掘，岑仲勉先生《突厥集史》收罗史料最称繁富，但在"突厥人碑志"下也只著录了《突厥人澈墓志》等 10 种碑志史料①。近 30 年来新出土了大量汉文古代突厥墓志，而且传统史料的发掘也比以前更为深入细致，以下试将作者所见传统汉文文献中的突厥碑志史料及新出汉文突厥碑志略作介绍，希望能对全面了解古代突厥汉文碑志有所帮助。

一　汉文古代突厥神道碑

神道碑和墓志都属于镌刻（或准备镌刻）在石质材料上的纪念或表彰死者的文字。前者一般都矗立在地表之上，而后者则安置在墓穴之内。神道碑主要内容记述墓主姓名籍贯、家世谱系、生平事迹、官职履历和纪念性文字，主体部分用散文写成，附在正文后的"铭文"用韵文写成。一般而言，神道碑的资料主要是以家传或行状为基础撰写而成，类似于纪传体正史中的人物传记。但正史人物传记经过史官或史家的进一步剪裁，属于著述史料，而碑志史料则属于原始史料，有较高的史料价值。

唐制规定五品以上官员才有资格立碑，碑文、碑石也分别由秘书省著

---

① "澈"应是"彻"之误字。见下文。

作局和将作监甄官署负责。① 立碑是一项带有强烈官方色彩的活动。唐初突厥第一汗国亡国后，大批突厥将领进入唐朝，在汉文文献中有许多为突厥人立碑的记载。如唐太宗贞观五年（631）和八年突厥突利可汗、颉利可汗先后去世，都曾由岑文本作文立碑纪念②；唐高宗永徽六年（655），降唐突厥将领阿史那社尔去世后陪葬唐太宗昭陵，"起冢以象葱山，仍为立碑"③；铁勒仆固部首领仆固乙突在高宗仪凤三年（678）去世后，"凡厥丧葬，并令官给，并为立碑"，等等④，不胜枚举。随着岁月的流逝，这些碑铭大多已湮没无闻，现在能见到的，只是其中很少的一部分。据我们调查，见于著录或有录文的古代突厥汉文神道碑有 21 通，其中 7 通只见于著录，内容已佚。以下试根据立碑（或下葬、卒年）年代先后，略加介绍。

《史大奈碑》⑤

撰者、行款不详，整理后正文残存 570 字。

新发现的保留在敦煌文书中的《史大奈碑》，是当时人用于习字的范本，由于是习字，所以单字或段落都有重复书写的现象，增加了辨识内容的困难。现在见到的碑文，是经过整理重新连缀而成⑥。史大奈，又称"阿史那大奈"、"特勤大奈"，东突厥阿波系首领，隋炀帝大业七年（611）与阿波系处罗可汗入降隋朝，与所属部落被安置在楼烦郡。曾参加辽东战争。隋恭帝义宁元年（617），率部追随李渊父子起兵，从太原南下，在唐初与薛举、王世充、窦建德、刘黑闼的战争中屡建殊功，是唐初著名的功臣。东突厥汗国灭亡后，史大奈曾任丰州都督，封窦国公，统领新入降的突厥部落。贞观十一年（637）卒，十二年陪葬昭陵。又，史大

---

① 《唐六典》（陈仲夫点校本）卷四《尚书省·礼部》，中华书局 1992 年版，第 120 页；卷一○《秘书省·著作局》，第 302 页；卷二三《将作监·甄官署》，第 597 页。唐人封演称："隋氏制，五品以上立碑，螭首龟趺，趺上不得过四尺"，载于《丧葬令》（《封氏闻见记校注》，赵贞信校注，中华书局 2005 年版，第 58 页），则唐代应该是继承了隋的规定。

② 《通典》卷一九七《突厥》上，中华书局点校本 1996 年版，第 5412—5413 页。

③ 《旧唐书》卷一○九《阿史那社尔传》，中华书局点校本 1975 年版，第 3290 页。

④ 参见下文《仆固乙突墓志》。

⑤ 郝春文主编：《英藏敦煌社会历史文献释录》，社会科学文献出版社 2013 年版，第 10 卷，第 348—353 页。

⑥ 游自勇、赵洋：《S. 2078 "史大奈碑" 习字之研究》，武汉大学中国三至九世纪研究所编《魏晋南北朝隋唐史资料》第 30 辑，上海古籍出版社 2014 年版，第 165—181 页。

奈其人，《新唐书》卷一一〇有传，作"史大奈"，《旧唐书》作"史大奈"①，《资治通鉴》"史大奈"与"史大奈"混称。② 传统文献未记载史大奈先辈，碑称祖父为莫贺可汗，父亲为失咄弥设。为了解突厥世系提供了新的资料。

《李思摩碑》③

撰者、行款、字数不详。

李思摩，曾祖伊利可汗土门，祖佗钵可汗，父咄陆设。隋末为俱陆可汗，统漠北铁勒诸部。贞观四年（630）突厥亡国后入唐，任化州都督、夏州都督，封怀化郡王，统领突厥降众。十三年，授乙弥泥孰可汗，率部落归于黄河之北，十八年，被薛延陀逼迫返回河曲。贞观二十一年三月壬寅卒于长安居德里，同年葬昭陵。明人赵崡曾在万历四十六年（1618）携揭工游历昭陵访碑，据他在《石墨镌华》中记载，在九嵕山"得隋碑二、隋墓志一、唐碑二十、石鼓一，尉迟公、杜淹、李思摩、顺义公、先妃陆氏、清河公主碑额六"。则昭陵《李思摩碑》的碑额在明代仍存于天壤之间。又，据《通典》载，李思摩"卒于京师，赠兵部尚书、夏州都督，陪葬昭陵，立坟以象白道山，诏立碑于化州"④。则唐廷又曾在化州特别为李思摩立碑。未知昭陵之碑，与化州碑的关系如何。

《阿史那步真碑》⑤

撰者、行款、字数不详。

此碑原载于北宋田概所撰《京兆京石录》，原题《唐大将军可汗阿史那步真碑》，《宝刻丛编》据以著录。阿史那步真是西突厥首领阿史那弥射的族兄，也是西突厥室点密可汗的后裔。贞观十三年（639）二人发生矛

① 《旧唐书》卷一九四下《突厥传》下，第 5180 页。

② 《资治通鉴》卷一九一，大业八年正月作"大奈"（中华书局点校本，1956 年版，第 5658 页）；卷一八四义宁元年七月（第 5741 页）及以下作"大奈"。

③ 《石墨镌华》卷七《附录》二《游九嵕》，《石刻史料新编》第一辑，台湾新文丰出版公司 1982 年版，第 25 册，第 18650—18651 页。

④ 《通典》卷一九七《突厥》上，第 5416 页。参见《旧唐书》卷一九四上《突厥传》上，第 5165 页。

⑤ 《宝刻丛编》卷九《京兆府》下《醴泉县》，《石刻史料新编》第一辑，第 24 册，第 18247 页。

盾，步真密谋杀害弥射弟侄20余人，弥射无法在西域立足，遂率部降唐，步真自立为咄陆叶护。在贞观十四年高昌战役期间，步真以所部可汗浮图城（今新疆吉木萨尔）降唐，授左屯卫大将军。高宗显庆二年（657）为流沙安抚大使，配合苏定方平定阿史那贺鲁，被唐朝任命为右卫大将军、濛池都护、继往绝可汗，统领西突厥五弩失毕部落。高宗龙朔二年（662），步真与弥射发西突厥兵，随唐将苏海政征讨龟兹，途中步真诬告弥射谋反，苏海政枉杀弥射，引发西突厥族众的不满。不久，阿史那步真也在高宗乾封二年（667）去世①，陪葬昭陵。

《阿史那弥射碑》②

撰者、行款、字数不详。

《金石录》原题《唐兴昔亡单于阿史那弥射碑》。《金石录》谓碑文所载事迹多与《旧唐书》合。按，阿史那弥射为西突厥室点室可汗五代孙，因与族兄阿史那步真矛盾，贞观十三年（639）入唐，授右监门大将军。二十二年以右卫大将军的身份，与阿史那步真一起参加平定阿史那贺鲁的战役，招抚西突厥部众。战后，弥射留在西突厥故地，任左卫大将军、昆陵都护、兴昔亡可汗，统领西突厥五咄陆部落。高宗龙朔二年被唐将苏海政以谋反名义杀害。据《金石录》，碑立于高宗咸亨四年（673）二月，上距弥射去世已有12年之久。弥射死后十余年始由唐朝政府出面立碑，透露了唐朝对西突厥政策转变的重要信息。又，除了碑目题名外，赵明诚明确称："碑云单于讳某，字弥射，而缺其名不书。"③ 则碑作"兴昔亡单于"，与传统文献称弥射为"兴昔亡可汗"不同。

《阿史那忠碑》④

32行，满行82字，正文存1857字。

碑额篆题《大唐故右骁卫大将军薛国贞公阿史那府君之碑》。据赵明

---

① 《册府元龟》（下文简称"《册府》"）卷九六七《外臣部·继袭》，第11373页。

② 《宋本金石录》卷四《目录》第七百《唐兴昔亡单于阿史那弥射碑》，中华书局据《古逸丛书》本影印，1991年，第86页。

③ 《宋本金石録》卷二四《跋尾》"唐兴昔亡单于阿史那弥射碑"，第567页。

④ 张沛编：《昭陵碑石》，三秦出版社1993年版，第65页（图）；第190—192页（文）。参见《突厥集史》卷七《突厥部人列传碑志校注》，中华书局1958年版，第779—786页。

诚著录原题《阿史那府君之碑》。① 阿史那忠，字义节，东突厥启民可汗同母弟苏尼失之子。《旧唐书》卷一〇九、《新唐书》卷一一〇有传。贞观四年（621）突厥汗国败亡前夕，颉利可汗逃至苏尼失处，苏尼失令阿史那忠生擒颉利献与唐军，并一起率部众降唐。入唐之后，苏尼失受封为怀德郡王，北宁州都督，阿史那忠授左屯卫将军，赐婚宗室女定襄县主。贞观八年四月阿史那苏尼失死后，阿史那忠袭封薛国公。此后率部屡立战功，先后任长州都督、左武卫大将军、右骁卫大将军等职。高宗上元二年（675）卒于洛阳尚善里私第，陪葬昭陵之安乐原。碑立于同年十月乙酉，现藏昭陵博物馆。

《新唐书》本传称阿史那忠"尚宗室女定襄县主，始诏姓独著史"，赵明诚指出此碑"题云《阿史那府君碑》"，且《元和姓纂》亦谓阿史那氏改姓史在开元年间（713—741）。怀疑《新唐书》失误。今按，《旧唐书·阿史那忠传》、《新唐书》卷二一五上《突厥传》，亦谓尚主易姓，同误。②

《安侯碑》③

李至远撰，行款不详，正文存 1524 字。

原题《唐维州刺史安侯神道碑》。安侯为突厥第一汗国境内的粟特人。祖父乌唤，在突厥任颉利吐发，"番中官品，称为第二"。贞观四年突厥汗国崩溃后，安侯与父安胐汗一起率五千余人进入唐朝，唐置维州，以胐汗为刺史，封定襄县公。安侯继任维州刺史，统领原部众。高宗调露二年（680）卒于洛阳，永隆二年（681）二月二十三日葬于雍州长安县孝悌乡。维州地望不详，但可以肯定，不是唐剑南节度使辖下之维州（治今四川理县）。据碑载，安侯之子思恭曾任唐六胡州之鲁州刺史，则维州或者也在六胡州左近之地。

《契苾明碑》④

娄师德撰，殷玄祚书，37 行，满行 77 字，正文存 2495 字。

① 《宋本金石录》卷二四《跋尾》"唐兴昔亡单于阿史那弥射碑"，第 567—568 页。
② 《新唐书》卷二一五上《突厥传》"阿史那忠"误作"阿史那泥孰"，第 6041 页。
③ 《文苑英华》卷九二〇，中华书局影印本，1956 年，第 4844—4845 页。
④ 《金石萃编》卷七〇，第 2—4 页。参见《突厥集史》卷一五，第 801—805 页；张鸿杰主编《咸阳碑石》，三秦出版社 1990 年版，第 64—65 页，图版 46、47。

　　原题《大周故镇军大将军行左鹰扬卫大将军兼贺兰州都督上柱国凉国公契苾府君碑铭并序》。碑额作《大唐故大将军凉国公契苾府君之碑》。契苾明曾祖为铁勒契苾部首领哥论易勿施莫贺可汗，祖契苾葛，父契苾何力。契苾明本人历任贺兰州都督、凉州镇守副大使、柏海道经略使、左骁卫大将军、右豹韬卫大将军、怀远军经略大使、燕然道大使、凉·甘·肃·瓜·沙五州经略使等职，武则天证圣元年（695）卒于凉州姑臧县之里第，万岁通天元年（696）葬于咸阳先茔，碑立于玄宗先天元年（712）。碑称："原夫仙窟延祉，吞霆昭庆，因白鹿而上腾，事光图牒；遇奇峰而南逝，义隆缣简。邑怛于是亡精，鲜卑由其褫魄，恤胤于前凉之境，茂族于洪源之埊，良史载焉，此可略而志也。"反映了契苾部始祖传说和早期历史，值得特别关注。

《阙特勤碑》①

　　唐玄宗御制、御书，12 行，行 36 字，正文残存 400 字。

　　原题《故阙特勤碑》。阙特勤，突厥第二汗国骨咄禄可汗之子，苾伽可汗之弟。默啜可汗去世后，阙特勤尽杀默啜诸子及亲信，立其兄默棘连为苾伽可汗（传统文献作"毗伽可汗"），阙特勤为左贤王，"专典兵马"，以"善战"著称。开元十九年（731）卒，开年二十年七月葬并立碑。此碑为汉文与古突厥鲁尼文合璧碑，由金吾将军张去逸、都官郎中吕向立。汉文内容为唐玄宗御制、御书。除了传统史料外，新发现的《张去逸墓志》也记载了唐使为阙特勤立碑事。②

《苾伽可汗碑》③

　　李融撰，唐玄宗御书。24 行，下半全泐，每行字数不详，正文残存 294 字。

　　苾伽可汗，骨咄禄可汗长子，阙特勤之兄，开元四年（716），继默啜可汗之后任突厥第二汗国可汗，传统史料中多称"毗伽可汗"。开元二十二年，苾伽可汗被大臣梅录啜毒杀，国人杀梅录啜，立苾伽可汗子为登利

　　① 《突厥集史》卷一五，第 827—840 页。
　　② 《全唐文补编》，三秦出版社 1996 年版，第 3 辑，第 402—403 页。
　　③ 《突厥集史》卷一五，第 840—850 页。

可汗。登利可汗派遣使者哥利施颉斤入唐告哀，重申双方父子关系，并请求唐朝提供治丧所需物品，玄宗命史官李融撰写碑文，由自己亲自书写，并委派李佺为吊祭使出使突厥，于开元二十三年建碑立庙。与《阙特勤碑》一样，《苾伽可汗碑》也是汉文和古突厥鲁尼文合璧碑。

《阿史那毗伽特勒碑》①

贺兰进明撰，李旻正书，行款不详。《宝刻丛编》转录自佚书《京兆金石录》。

原题《唐左贤王阿史那毗伽特勒碑》，"左贤王阿史那毗伽特勒"，应该就是《阿史那毗伽特勤墓志》之"阿史那毗伽特勤"，据《阿史那毗伽特勤墓志》载，开元五年（717），阿史那毗伽特勤受封左贤王，十二年卒，碑立于开元二十九年。立碑时间在下葬七年之后。

《浑元忠碑》②

撰者、行款、字数不详。《宝刻丛编》转录自《京兆金石录》。③

原题《唐辅国大将军浑元忠碑》。浑元忠，应与浑元庆家庭相同，出自铁勒浑氏④，开元四年（716），唐命铁勒九姓共出兵伐东突厥默啜，有"左卫大将军浑元忠"⑤，应即其人。元忠卒年、葬年及立碑时间俱不详，姑附于开元末。

《康阿义屈达干碑》⑥

颜真卿撰，行款不详。正文存 2112 字。

原题《特进行左金吾卫大将军上柱国清河郡开国公赠开府仪同三司兼夏州都督康公神道碑》。康阿义屈达干，柳城人，北蕃十二姓贵种。曾祖颉利，部落都督。祖染，可汗驸马。父颉利发，默啜衙官，知部落都督。

---

① 《宝刻丛编》卷七《京兆府》上《长安县》，《石刻史料新编》第一辑，第 24 册，第 18210 页。

② 同上书，第 18213 页。

③ 《京兆金石录》田概撰，王钦臣序。约在北宋神宗元丰五年（1082）或稍前成书。参见陈振孙《直斋书录解题》（陈小蛮、顾美华点校）卷八，上海古籍出版社 1987 年版，第 231 页。

④ 参见《新唐书》卷七五下《宰相世系表》，第 3379—3380 页。

⑤ 《唐大诏令集》卷一三〇《命薛讷等与九姓共伐默啜制》，第 706—707 页。

⑥ 《颜鲁公文集》卷六，四部丛刊本，叶 1—12。参见《突厥集史》卷一五，第 850—854 页。

康阿义屈达干曾任默啜可汗宰相。天宝元年（742）东突厥国乱，与众部落一起入唐，拜左威卫中郎将，后转为范阳节度使安禄山属将，迁右威卫将军，拜范阳经略副使。安史之乱爆发后，其子没野波任安史军先锋。肃宗至德二载（757），与四子没野波、英俊、屈须施、英正及部众降唐，拜金吾卫大将军，封清河郡开国公。四子之中，没野波、英俊以勇悍著称，没野波妻阿史那氏。康阿义屈达广德二年（764）卒于长安胜业坊私第，永泰元年（765）葬于万年县长乐原。

《浑瑊碑》①

权德舆撰，行款不详，正文存 1540 字。

原题《唐故朔方河中晋绛邠宁庆等州兵马副元帅河中绛邠节度营田观察处置等使元从奉天定难功臣开府仪同三司检校司徒兼中书令河中尹上柱国咸宁郡王赠太师忠武浑公神道碑铭并序》。浑瑊，九姓浑部酋长浑释之之子，《旧唐书》卷一三四、《新唐书》卷一五五有传。曾祖元庆，祖大寿，父释之，世代任皋兰州都督。浑瑊历玄、肃、代、德四朝，屡立战功，先后任朔方、河中节度使，封咸宁王，德宗贞元十五年（799）卒，十六年葬于长安万年县洪固原并立碑。配亨德宗庙。碑称："令弟辅国大将军、右领军卫将军、武当郡王玭与诸孤等推忞彝景钟之义，因职丧以闻，有诏词臣刻石传信，乃采其赞书侯表，作神道碑。"

《李良臣碑》②

李宗闵撰，杨正书，25 行，满行 66 字，正文存 764 字。

原题《唐故开府仪同三司鸡田州刺史御史中丞赠太保李公墓碑》。李良臣，祖贺之，父延丰，铁勒阿跌部首领，世袭鸡田州刺史。良臣为郭子仪部将，宝应二年（763）卒，贞元十一年（795）葬于"太原府城东南孝敬原"。元和年间（806—820），良臣以子李光进、李光颜有功，被唐廷追封太保，赐姓李氏；夫人史氏追封燕国太夫人。碑称李良臣"少为阿史那可汗所重，以其贵女妻之"云云，则其妻"史氏"就是突厥阿史那女。

---

① 《权德舆诗文集》（郭广伟点校）卷一三，上海古籍出版社 2008 年版，第 206—211 页。
② 《金石萃编》卷一〇七，中国书店据扫叶山房本影印，1985 年，第 10—11 页。

《李光进碑》①

令狐楚撰，嗣子李季元书，27 行，行 68 字，正文存 1455 字。

原题《唐故朔方灵盐等州节度副大使知节度事左仆射李公碑铭》。李光进，李良臣子，出自铁勒阿跌部。历任单于大都护、振武节度使、灵武节度使等职，封安定王。元和十年（815）卒，十一年葬于"太原府东四十里孝敬原"。十三年，李光颜平淮西立功，上疏朝廷，请为李光进立碑。碑称"公之先本阿跌氏，出于南单于左厢十二姓"，为研究铁勒诸部起源提供了重要线索。

《李光颜碑》②

李程撰，郭虔书，翟文剜刻字，29 行，行 60 字，正文存 1362 字。

原题《唐故河东节度观察处置等使开府仪同三司守司徒兼侍中太原尹北都留守赠太尉李公神道碑并序》。李光颜，李光进弟，出自铁勒阿跌部。在唐屡立战功，受名将马燧器重。历任代、洺州刺史，邠宁节度使、凤翔节度使等职。敬宗宝历二年（826）去世，三年葬于太原府太原县孝敬原。碑称"夫人陇西县太君阿史那氏祔焉"，则光颜与其父李良臣一样，也娶阿史那氏女为妻。

《史孝章碑》③

刘禹锡撰并书，行款不详，正文存 1470 字。

原题《唐故邠宁庆等州节度观察处置使朝散大夫检校户部尚书兼御史大夫赐紫金鱼袋赠右仆射史公神道碑》。孝章为魏博节度使史宪诚之子，《旧唐书》卷一八一、《新唐书》卷一四八有传。碑称"本北方之强，世雄朔野，其后因仕中国，遂为灵武建康人"。未明言为突厥语诸族。唯《史孝章墓志》称"蕃中人呼阿史那氏，即其苗蔓也"，则可以肯定为突厥人。孝章累官至鄜坊丹延节度使，文宗开成三年（838）卒于靖恭里私

---

① 《山右石刻丛编》卷八，山西人民出版社据光绪二十七年刊本影印，1988 年，第 32—40 页。

② 《山右石刻丛编》卷九，第 16—25 页。

③ 《刘禹锡全集编年校注》（陶敏、陶红雨校注）卷一九，岳麓书社 2003 年版，第 1255—1263 页。

第，次年葬于洛阳。

《浑侃碑》①

路岩撰，行款不详。正文存 2040 字。

原题《义昌军节度使浑公神道碑》。侃，浑瑊孙。出自铁勒浑部。以将门子，历任右龙武军仓曹参军，历太常寺主簿、太府寺丞、左赞善大夫、左金吾卫大将军、司农卿、检校工部尚书、金吾大将军等职。宣宗咸通二年（861），任武昌军节度。六年三月，卒于长安大宁里，同年葬于万年县。

《阿史那德昌碑》②

有目无文。③《宝刻丛编》题作"唐辅国大将军阿史那德昌碑"。据《唐会要》，昭陵陪葬大臣有"大将军阿史那德昌"④，应即此人。

《哥舒曜碑》⑤

原题《唐云麾将军哥舒曜碑》。有目无文。《宝刻丛编》转录自《京兆金石录》。舒曜，突骑施哥舒部酋领，唐名将哥舒翰子。

《哥舒赞碑》⑥

原题《唐诸道兵马副元帅哥舒赞碑》。有目无文。《宝刻丛编》转录自《京兆金石录》。哥舒赞无考，应即突骑施哥舒部人。

二　汉文古代突厥墓志

墓志与神道碑的体裁和内容大体相同。据我们不完全调查，古代突厥

①《文苑英华》卷九一六，第 4823—4825 页。

②《宝刻丛编》卷九《京兆府》下《醴泉县》，《石刻史料新编》第一辑，第 24 册，第 18247 页。

③《宝刻丛编》在《阿史那德昌碑》与《阿史那步真碑》上还著录《唐辅国大将军史奕碑》、《唐驸马都尉史仁表碑》两通，不详是否突厥人。

④《唐会要》卷二〇《陪陵名位》，上海古籍出版社 1991 年版，第 480—481 页。

⑤《宝刻丛编》卷七《京兆府》上《长安县》，《石刻史料新编》第一辑，第 24 册，第 18213 页。

⑥ 同上书，第 18213 页。

汉文墓志有 40 方，远远超出神道碑的数量。而且除了《史继先墓志》是
出自宋人赵明诚《金石录》节引外，39 方墓志的内容大体完整，为研究
古代突厥历史提供了重要的史料。这些墓志的主人中，有些在正史中有
传，有些见于正史记载，有些同时还有神道碑传世，为比较研究提供了必
要的条件。

唐朝政府对墓志没有具体的身份限制，从理论上讲，墓志资料涵盖的
人群要比神道碑广泛得多。但从实际发现和留存的突厥墓志来看，绝大多
数还是可汗或酋领的墓志，很少有普通民众的墓志存世。而且与唐朝一般
墓志不同的是，有相当比例的突厥汉文墓志是由唐朝官方修撰的，如《契
苾李中郎墓志》明确称"鸿胪护葬，庶事官给，著作司铭"。这些墓志不
可避免带有强烈的唐朝官方立场，但即便如此，汉文突厥墓志仍然可以为
研究古代突厥历史提供不同的视角，丰富了突厥历史的内容。以下试按照
下葬（或去世）年代先后，作简略介绍。

《北周武帝皇后阿史那氏墓志》①

7 行，满行 7 字，正文 48 字。1993 年出土于陕西省咸阳市。

志盖题《周武德皇后志铭》。皇后为突厥木杆可汗之女，天和三年
（568）嫁与周武帝为皇后。宣政元年（578）武帝去世后，被尊奉为皇太
后。周静帝即位后（大象元年，579）尊为天元皇太后。隋开皇二年
（582）卒，祔葬于周武帝孝陵。阿史那皇后，《周书》卷九、《北史》卷
一四有传。《北史》称"武成皇后阿史那氏"，墓志称"谥曰武德皇后"，
可知《北史》"武成"应是"武德"之误。

《突厥人彻墓志》②

15 行，满行 15 字，正文存 220 字。河南洛阳出土。

墓志称彻为"塞北突厥人"。又称为"侠侄之苗胄，波斯之别族"，应
该是居住在突厥汗国的波斯人。彻入隋任右屯卫、通议大夫。大业十二年
卒，同年葬于洛阳城北老子之乡大翟村。《突厥集史》辑录此墓志，可能
因为拓本不精，误"彻"为"澈"。又，北京图书馆藏拓本一字不缺，赵

① 《隋代墓志铭汇考》004，线装书局 2007 年版，第 1 册，第 16—17 页。
② 《北京图书馆藏历代石刻拓本汇编》，中州古籍出版社 1989 年版，第 10 册，第 144 页。

万里先生题作"□彻墓志"①，亦不妥。又，赵万里先生说："波斯为大月氏之别种，与突厥无涉，志文混为一谭，何耶？"今按，突厥汗国境内有粟特人，有隋人、唐人等来自不同地区或政权的人群，彻作为入居突厥汗国的波斯人，并非"与突厥无涉"。

《史善应墓志》②

27 行，满行 27 字，正文存 664 字。陕西西安长安区出土。

原题《大唐故左卫将军弓高侯史公墓志铭》。史善应，曾祖缬杰娑那（即传统史料突厥第一汗国之乙息记可汗），祖乙史波罗（即传统史料突厥第一汗国之沙钵略可汗），父褥檀特勤（即传统史料之褥但特勤）。史善应大概在文帝开皇十九年（599）随父入隋，值漠北战乱，留在了隋朝。大业五年（609），从炀帝征辽东。唐高祖武德元年（618），与兄达漫（即传统史料阿波系突厥处罗可汗）一起归唐，封弓高县开国侯。贞观四年（630）突厥第一汗国亡国后，任北抚州刺史，统领东突厥降众。十二年，"追为左卫将军"，十六年卒于长安隆庆里，十七年葬于雍州万年县洪原乡少陵原。《资治通鉴》也记载了史善应任北抚州刺史事③，可与墓志相参证。

《李思摩墓志》④

34 行，满行 35 字，正文 1109 字。1992 年与妻《统毗伽可贺敦延陀墓志》一起出土于陕西省礼泉县昭陵乡。

原题《大唐故右武卫大将军赠兵部尚书谥曰顺李君墓志铭并序》。思摩曾祖伊利可汗，志作"伊力可汗"；祖佗钵可汗，志作"达拔可汗"。父咄六设，志作"咄陆设"。志称"以可汗之孙，授波斯特勒，俄迁俱陆可汗，统薛延陀、回纥、暴骨（即传统文献之"仆骨"或"仆固"）、同罗等部。后为启民所破，拘于隋室，炀帝亲释其缚，赐物五百段，仍放还蕃。"可以补充隋文帝仁寿三年（603）至四年期间在隋朝扶植的启民可汗

①《汉魏南北朝墓志集释》，科学出版社 1956 年版，第 106 页。
② 汤燕：《新出土唐史善应、史崇礼父子墓志及突厥早期世系》，《唐研究》第 19 卷，北京大学出版社 2013 年版，第 569—588 页。
③《资治通鉴》卷一九三，贞观四年六月，第 6079 页。
④《昭陵碑石》，第 12 页（图），第 112 页（录文）。

的打击下，突厥汗国全面溃败的状况。又，传统史料记载，李思摩是在突厥汗国亡国后，与颉利可汗同时被唐军擒获①，即在贞观四年（630）三月，但是志称"贞观三年，匈奴尽灭，公因而入朝。主上嘉其乃诚，赐姓李氏，封怀化郡王、右武卫大将军"。将此事系于三年。而且下文《统毗伽可贺敦延陀墓志》也记载，"逮贞观三年，匈奴中乱，思摩率众，因而归朝。预识去就之机，抑亦夫人之助"。既称"预识去就之机"，则李思摩降唐应在贞观三年突厥亡国前夕，而不是在之后。入唐之后，李思摩历任化州都督、夏州都督，封怀化郡王，统领突厥降众。十三年，授乙弥泥孰可汗，率部落归于黄河之北，十八年，被薛延陀逼迫返回河曲。二十一年卒于长安居德里，同年葬昭陵。

又，志称"须卜挹其谟猷，类轻尘之栖嵩岳；呼衍钦其令望，如涓流之会谷王。以可汗之孙"云云，《昭陵碑石》《全唐文补遗》《唐代墓志汇编续集》录文俱以"王"字属下句，误②。

《统毗伽可贺敦延陀墓志》③

25 行，满行 25 字，正文 563 字，1992 年与《李思摩墓志》一起出土于陕西省礼泉县昭陵乡。

原题《大唐故右武卫大将军赠兵部尚书李思摩妻统毗伽可贺敦延陀墓志并序》。统毗伽可贺敦为李思摩妻，曾祖莫贺啜颉筋，祖莫汗达官，父区利支达官。贞观三年（629）随阿史那思摩入唐，十二年受封为统毗伽可贺敦。二十一年八月卒于"夏州濡鹿辉"之所，与思摩合葬于昭陵。

《阿史那摸末墓志》④

21 行，满行 21 字，正文 372 字。陕西省西安市出土。

原题《故右屯卫将军阿史那公墓志之铭》。阿史那摸末，曾祖阿波设

---

① 《通典》卷一九七《突厥》上，第 5416 页；《旧唐书》卷一九四上《突厥传》上，第 5163 页；《新唐书》卷二一五上《突厥传》，第 6039 页。

② 语出《老子》"江海能为百谷王，以其善下之，故能为百谷王。"见朱谦之《老子校释》，中华书局 1984 年版，第 267 页。见《昭陵碑石》，第 112 页；《全唐文补遗》，第 3 辑，第 338—339 页；《唐代墓志汇编续集》贞观第 050，第 38—39 页。

③ 《昭陵碑石》，第 13 页（图），第 113—114 页（录文）。

④ 《隋唐五代墓志汇编》，陕西卷，天津古籍出版社 1991 年版，第 3 册，第 29 页；《全唐文补遗》，第 3 辑，第 345 页。

（即传统史料处罗侯），祖启民可汗，父啜罗可汗（即传统史料处罗可汗），突厥第一汗国末期，摸末因受颉利可汗猜忌，在贞观三年（629）入唐，后历任上大将军、右屯卫将军，贞观二十三年卒于长安宣阳里，同年葬于长安万年县龙首乡。

《阿史那婆罗门墓志》①

15 行，满行 15 字，正文 175 字。2005 年陕西省西安市碑林博物馆征集。

原题《大唐故右屯卫郎将阿史那婆罗门墓志铭并序》，志盖题《大唐故屯卫郎将赠那州刺史阿史那婆罗门志铭》。阿史那婆罗门为突厥第一汗国末代颉利可汗之子，入唐任右屯卫郎将，高宗永徽二年（651）卒，葬于灞原。

《执失奉节墓志》②

30 行，满行 31 字，正文 904 字。1957 年出土于陕西省长安县。

原题《大唐故右领军常乐府果毅执失府君墓志之铭》。执失奉节，唐朝名将执失思力之子，执失武之孙。起家千牛备身，贞观二十一年（647）参加昆丘道行军，随阿史那社尔出征西域，破处月、处密部立奇功，加上骑都尉。高宗显庆元年（656）卒，三年葬于雍州长安县高阳原。墓志原文未记载执失奉节祖、父名字，仅称"大父皇朝上柱国、安国公、食邑三千户"，"父左骁卫大将军、定襄都督、驸马都尉、上柱国，袭爵安国公"，与执失思力及其父执失武的历官完全一致，而且称奉节父"降匹王姬"，又称"丑徒背义，包藏乐祸。潜拟忠良，奄罹刑宪"，"在法难违，遂甘遏裔"云云，也与执失思力尚九江公主，因交通房遗爱配流巂州诸事一一相契。可以肯定，执失奉节的父、祖就是执失思力与执失武，《执失奉节墓志》作于显庆三年，此时执失思力尚配流岭南，还没有得到平反，墓志不提执失思力与执失武的姓名，当与此有关。

---

① 《西安碑林博物馆新藏墓志汇编》，线装书局 2007 年版，上册，第 75—77 页。
② 《新中国出土墓志》，《陕西卷》贰，文物出版社 2003 年版，上册，第 30 页（图）；下册，第 22 页（录文）。参见《全唐文补遗》，第 3 辑，第 362—363 页。

《史崇礼墓志》①

30 行，满行 30 字，正文存 853 字。陕西西安长安区出土。

原题《大唐故广济府左果毅都尉弓高侯史君墓志铭》，盖题《大唐故史君墓志之铭》。史崇礼为史善应之子，袭父弓高县开国侯封爵，高宗麟德二年（665）授泾阳县广济里广济府果毅都尉。总章二年（669）卒于任。三年葬于明堂县（高宗乾封元年，分万年县置明堂县）洪源乡（即洪原乡）少陵原。

《阿史那伽那墓志》②

20 行，满行 20 字，正文存 304 字。

原题《大唐故忠武将军行左武卫中郎将阿史那伽那墓志铭并序》。阿史那伽那，突厥末代颉利可汗孙，武则天所封归义可汗阿史那感德之父。墓志未记载伽那历官，题称曾任"行左武卫郎将"。咸亨二年（671），伽那卒于洛阳道术里，同年葬于长安城西昆明池北马祖原。

《阿史那忠墓志》③

崔行功撰，44 行，满行 44 字，正文存 1719 字。1972 年出土于陕西省礼泉县阿史那忠墓。

原题《唐故右骁卫大将军兼检校羽林军赠镇军大将军荆州大都督上柱国薛国公阿史那贞公墓志铭并序》。阿史那忠，曾祖大原（突厥第一汗国乙息记可汗？），祖邕周（突厥第一汗国沙钵略可汗？），父苏（即传统史料之苏尼失）。阿史那忠，《旧唐书》卷一〇九、《新唐书》卷一一〇有传。贞观四年（630），阿史那忠与父苏尼失擒突厥颉利可汗降唐。阿史那忠袭父薛国公爵，任检校长州都督，在唐初屡立战功，尚唐宗室女定襄县主。高宗上元二年（675）卒于洛阳尚善里，同年葬于昭陵。《新唐书》本传称阿史那忠因为娶唐室公主，"始诏姓独著史"。赵明诚《金石录》考证说，《阿史那忠碑》题"阿史那府君之碑"，可知并没有改姓，怀疑

---

① 汤燕：《新出土唐史善应、史崇礼父子墓志及突厥早期世系》，第 569—588 页。
② 《长安新出墓志》，文物出版社 2011 年版，第 98—99 页。
③ 《昭陵碑石》，第 63 页（图）；第 187—188 页（文）。

《新唐书》有误。今按，墓志原题也作"阿史那贞公"，赵说是。

附《阿史那忠墓镇墓石》①

24 行，行 11—13 字。675 年葬，1972 年与《阿史那忠墓志》同时出土。

镇墓石文字分四面刻写，每面 5—7 行不等，各行开头用干支及八卦名，如"甲，甲神王葬后保佑存亡安稳"，"巳，墓录金匮在巳，保佑存亡安稳"，"艮，艮山神王保佑葬后存亡安稳"等。四神排列方位与传统认识不同，如朱雀应在南而镇墓石刻写在东面，玄武应在北而刻石在西，青龙应在东而刻石在北，白虎应在西而刻石在南。各方鬼神名目与已知镇墓石有所不同。

《仆固乙突墓志》②

28 行，满行 31 字，正文存 605 字。2009 年出土于蒙古国中央省扎马尔县。

原题《大唐故右骁卫大将军金微州都督上柱国林中县开国公仆固府君墓志铭并序》。仆固乙突，出自铁勒仆固部首领家族，祖歌滥拔延、父思蔔，相继担任金微州都督，仆固乙突应即见于高宗乾陵蕃酋题铭之"仆固乞突"③，在父亲去世后继任金微州都督，曾参加过唐朝对西突厥阿史那贺鲁的战争，授左武卫大将军、右骁卫大将军，封林中县开国公。仪凤三年（678）卒，葬于缬碯原（在今蒙古国中央省扎马尔县）。

《阿史那感德墓志》④

45 行，满行 45 字，正文 1603 字。2000 年出土于河南洛阳。

原题《大周故冠军大将军行右鹰扬卫将军归义可汗阿史那府君墓志铭并序》。阿史那感德，曾祖颉利可汗，祖特勤，父伽那。据志，感德在垂

---

① 《昭陵碑石》，第 64 页（图），第 189—190 页（文）。

② 罗新：《蒙古国出土的唐代仆固乙突墓志》，台湾政治大学编《中原与域外》，2011 年版。

③ 李好文：《长安志图》中《昭陵图说（诸陵附）》，《长安志·长安志图》（辛德勇、郎洁点校），三秦出版社 2013 年版，第 48—50 页。

④ 《全唐文补遗》，第 8 辑，三秦出版社 2000 年版，第 302—304 页。参见赵振华《唐阿史那感德墓志考释》，《史林》2004 年第 5 期，第 82—87 页。

拱三年（687）被武则天册命为归义可汗，"嗣守蕃叶"。历任右豹韬卫将军、冠军大将军、行右鹰扬卫大将军等职。天授二年（691）卒于洛阳从政里私第。三年，葬于洛阳城南毕圭乡。志称"夫人阿史德，即镇军大将军、行右武卫大将军、兼定襄都督五州诸军事、右羽林军上下、五原郡开国公之第二女也"，此女应该出自定襄都督阿史德枢宾家族。①

《安菩墓志》②

22 行，满行 22 字，正文 446 字。1981 年出土于洛阳龙门。

原题《唐故陆胡州大首领安君墓志》。安菩家族为世代居住突厥汗国的安国人，贞观四年（630）突厥汗国崩后率部众降唐，封定远将军。安菩之子安金藏，是唐朝历史上非常有名的人物，《旧唐书》卷一八七《忠义传》上、《新唐书》卷一九一《忠义传》上有传。安金藏原是武则天朝太常寺太医署的工人，睿宗为太子时，金藏任太子侍从。当时有人诬告太子谋反，安金藏不惜剖胸证明太子清白，最终感动武则天，使睿宗幸免于难。志载安菩母卒于长安四年（704），与两《唐书》本传"神龙（705—707 年）初"略有差歧。《旧唐书》本传称母亲去世后，安金藏"庐于墓侧，躬造石坟石塔，昼夜不息。原上旧无水，忽有涌泉自出。又自李树盛冬开花，犬鹿相狎。本道使卢怀慎上闻，敕旌表其门"。与墓志"天玄地厚，感动明祇，敕赐'孝门'，以标今古"，可相互发明。睿宗继位后，以安金藏为右武卫中郎将，玄宗更"下制褒美，擢拜右骁卫将军，乃令史官编次其事"。开元二十年（732），"特封为代国王，仍于东岳、西岳等镌碑勒其名"③。安菩死后，配飨睿宗庙廷，备极哀荣。在入唐突厥汗国诸首领的后代中是仅见的一例。德宗建中四年（783），赠兵部尚书，"授其子承恩银青光禄大夫、试殿中监、兼庐州长史"（《新唐书》本传作"大历中"），直到唐宣宗大中年间（847—859），仍以安菩远房孙敬则为太子右谕德（《新唐书》本传），余荫延绵不绝。安菩在高宗麟德元年（664）十一月七日卒于长安金城坊，同年十二月十一日窆于龙首原南平郊，中宗景

---

① 阿史德枢宾，见《资治通鉴》卷二〇〇高宗显庆五年，第 6320 页。

② 《唐代墓志铭汇编附考》1463，史语所，第 15 册，1993 年，第 341—342 页。参见《全唐文补编》第 4 辑，三秦出版社 1997 年版，第 402—403 页。

③ 《册府》卷一三九《帝王部·旌表》，第 1679—1680 页。《旧唐书》、《新唐书》本传"代国王"作"代国公"。

龙三年（709）十月廿六日葬于洛阳市龙门东山北麓。

《契苾夫人墓志》（一）①

行款不详，正文存 505 字。

原题《大唐左屯卫将军皋兰州都督浑公夫人契苾氏墓志铭并序》。此契苾夫人为贺兰州都督契苾明（契苾何力子）之女。中宗神龙二年（706）卒于皋兰州官舍，睿宗景云二年（711）迁窆于贺兰山南原，祔先茔。

《阿史那氏墓志》（一）②

20 行，满行 19 字，正文 313 字。出土于陕西省西安市。

原题《大唐银青光禄大夫金满州都督贺兰军大使沙陀公故夫人金城县君阿史那氏墓志铭》。夫人为西突厥可汗阿史那步真曾孙，阿史那斛瑟罗之孙，阿史那怀道长女，17 岁嫁金满州都督、贺兰军大使沙陀府君，封金城县君。开元七年（719）卒于军舍，八年迁祔于长安县居德乡龙首原。

《契苾夫人墓志》（二）③

22 行，满行 22 字，正文共 430 字。1973 年出土于陕西省礼泉县。

原题《唐故契苾夫人墓志并序》。此契苾夫人为唐初名将契苾何力第六女，嫁与右金吾将军、常山县开国公"史氏"。从突厥语诸族碑志判断，汉文所称突厥语诸族之"史氏"，大多为阿史那氏。夫人开元八年（720）终于长安居德里，九年"陪于昭陵旧茔"。

《阿史那勿施墓志》④

22 行，满行 22 字，正文存 437 字。1956 年出土于西安市东郊。

原题《大唐故右屯卫翊府中郎将阿史那勿施墓志并序》。阿史那勿施，阿史那摸末之子，起家任郎将，神功元年（697）卒于河南府新安里官舍，

---

① 《全唐文补遗》，第 7 辑，三秦出版社 2000 年版，第 350 页。
② 《唐代墓志铭汇编附考》1628，史语所，1994 年，第 17 册，第 129—131 页。
③ 《昭陵碑石》，第 84 页（图），第 214—215 页（录文）。
④ 《新中国出土墓志》，《陕西卷》贰，上册，第 82 页（图）；下册，第 66 页（录文）。参见《全唐文补遗》，第 2 辑，三秦出版社 1995 年版，第 455 页。

开元十一年（723）与夫人赵氏合葬于长安龙首原。

《阿史那哲墓志》①

25 行，满行 26 字，正文 485 字。1955 年出土于西安市东郊。

原题《大唐故□武将军行左骁卫翊府中郎将阿史那哲墓志并序》。阿史那哲，阿史那勿施之子，起家授郎将，历任左骁卫翊府中郎将、上柱国、幽州北道经略军副使。开元十年（722）卒于河南府当上宿卫，十一年葬于长安"延兴门外五里龙首之原"。

《毗伽公主墓志》②

23 行，满行 22 字，正文 422 字。出土于陕西省西安市。

原题《唐故三十姓可汗贵女贤力毗伽公主云中郡夫人阿那氏之墓志并序》。毗伽公主为突厥默啜可汗之女，嫁踏没施达干阿史德觅觅，开元初，因突厥内乱入唐，阿史德觅觅封云中郡开国公，公主封云中郡夫人。阿史德觅觅犯法，公主没入宫廷。后被放免，寄住在默啜可汗之子默特勤（志称公主"亲兄"）长安私宅。开元十一年（723），公主卒于默特勤位于长安怀德坊之宅，同年葬于长安县龙首原。志谓默啜可汗为"天上得果报天男突厥圣天骨咄禄默啜大可汗"，谓毗伽可汗默棘连（志称公主"家兄"）为"三十姓天上得毗伽煞可汗"。

《阿史那毗伽特勤墓志》③

著作佐郎徐峻撰，秘书省楷书手李九皋书，30 行，满行 31 字，正文存 810 字。出土于陕西省西安市西郊。

原题《唐赠左骁卫大将军左贤王阿史那毗伽特勤墓志铭并序》。阿史那毗伽特勤为颉利突利可汗（即唐初之突利可汗？）曾孙，开元三年（715）率部落南下降唐，拜云麾将军、右威卫中郎将，帮助唐朝与九姓一

---

① 《新中国出土墓志》，《陕西卷》贰，上册，第 30 页（图）；下册，第 66—67 页（录文）。参见《全唐文补遗》，第 5 辑，三秦出版社 1998 年版，第 338 页。

② 《唐代墓志铭汇编附考》1628，第 17 册，第 129—131 页。参见《突厥集史》卷 15，第 809—825 页。

③ 《隋唐五代墓志汇编》，《陕西卷》，第 1 册，第 104 页；《全唐文补遗》，第 3 辑，第 59—60 页。

起击杀突厥第二汗国默啜可汗。五年受封左贤王，"兼检校新旧降户，假牙帐及六纛"，七年入朝。八年，转任陇右、朔方二军游奕使。十二年卒，葬于长安县龙首乡。

《执失善光墓志》①

34 行，满行 34 字，正文存 1100 字。1976 年出土于陕西省礼泉县。

原题《大唐故右监门卫将军上柱国朔方郡开国公兼尚食内供奉执失府君墓志铭并序》。执失善光曾祖淹，东突厥颉利发，隋末从唐高祖李渊自太原南下立功。祖武，突厥颉利发，唐授大将军、安国公。祖思力，唐初功臣，尚高祖女九江公主。父莫诃支（原录文作"莫诃友"），任执失州刺史。善光任右监门卫将军、上柱国、朔方郡开国公，兼尚食内供奉。开元十年（722）卒于洛阳，十二年陪葬昭陵。

《契苾嵩墓志》②

28 行，满行 29 字，正文存 770 字。出土于陕西省咸阳市。

原题《大唐故特进凉国公行道州别驾契苾公墓志铭并序》。契苾嵩，契苾何力之孙，契苾明之子。继父、兄之后为贺兰州都督，任右领军卫大将军、赤水军副使。因"为子娇逸，言误侍臣"，开元十五年（727）贬连州别驾，后迁道州别驾。十八年卒于道州任所，同年，葬于咸阳洪渎原先茔之侧。墓志称"先祖海女之子，出于漠北乌德建山焉"，是研究突厥起源传说的重要史料。又，《旧唐书》卷一〇三《王君㚟传》谓契苾嵩因与回纥结姻而贬，与墓志所载不同。

《契苾尚宾墓志》③

堂兄契苾梁宾撰并书，19 行，行 19 字，正文 286 字。1999 年自陕西省咸阳市渭城区征集。

原题《大唐故三品孙吏部常选契苾府君墓志并序》。契苾尚宾，契苾何力曾孙，祖光，父嶔。尚宾，开元二十一年（733）卒于长安，同年葬

---

① 《昭陵碑石》，第 85 页（图），第 215—216 页（录文）。

② 《隋唐五代墓志汇编》《北京卷》，第 1 册，第 159 页。参见《突厥集史》卷一五，第 825—827 页。

③ 《全唐文补遗》，第 8 辑，第 27—28 页。

于咸阳北原。

《炽俟弘福墓志》①

陆芷书，29 行，满行 29 字，正文 748 字。出土于陕西省西安市。

原题《□唐故云麾将军左威卫将军上柱国天兵行军副大使兼招慰三姓葛逻禄使炽俟府君墓志铭并序》。炽俟弘福家族世代为葛逻禄部炽俟部酋领。曾祖娑匐颉利发，祖步失，父力，世袭大漠州都督。弘福历云麾将军、左威卫将军。曾任天兵行军副大使兼招慰三姓葛逻禄使，因处置突骑施事不当，被贬为蕲州蕲川府折冲。中宗神龙二年（706）贬官途中死于剑门县。夫人沙陀氏，开元二十四年（736）祔葬于长安高阳原。

《俾失十囊墓志》②

25 行，满行 26 字，正文 574 字，陕西省西安市郊出土。

原题《大唐故特进右卫大将军雁门郡开国公俾失公墓志铭并序》。志称俾失十囊，字自牧，阴山人。父裴罗支阙俟斤。据墓志，突厥可汗以女嫁十囊，"兼绾衙务"，属于可汗近臣。开元初，俾失十囊来朝，拜特进，加授右武卫大将军，封雁门郡开国公。开元二十六年（738）卒于长安礼泉里私第，二十七年葬于长安县龙首原。墓志称"汉南风景，将徙谷而陵迁；辽东城堞，恐人非而物是"。可能是从辽东入朝的突厥首领。十囊其人又见于《册府元龟》，称开元四年"四月辛亥，突厥俾失州大首领伊罗（友）〔支〕阙颉斤十囊来降，封其妻阿史那氏为雁门郡夫人，以向化宠之也"③。传统史料与墓志可相互补充。

《契苾李中郎墓志》④

13 行，满行 16 字，正文 168 字。陕西省西安市东郊出土。

原题《故九姓突厥契苾李中郎赠右领军卫大将军墓志文》。志称李中

---

① 《隋唐五代墓志汇编》，《陕西卷》，第 3 册，第 161 页。参见《全唐文补遗》，第 2 辑，第 22 页。

② 《新中国出土墓志》，《陕西卷》贰，上册，第 100 页（图），下册，第 82 页（录文）。参见《全唐文补遗》，第 5 辑，第 368—369 页。

③ 《册府》卷九七四《外臣部·褒异》，第 11445 页。

④ 《隋唐五代墓志汇编》，《陕西卷》，第 1 册，第 127 页。参见《全唐文补遗》，第 5 辑，第 374—375 页。

郎为"西北蕃突厥渠帅之子","身奉朝宗之礼""解其左衽，万里入臣"。显然是入朝为质的突厥侍子。李中郎天宝三载（744）"遘疾终于蒿街"，厝于安乐原，"鸿胪护葬，庶事官给，著作司铭"，一应丧事都由唐朝官方操办。

《阿史那氏墓志》（二）①

王晦撰，23 行，满行 25 字，正文 168 字，陕西省西安市东郊出土。

原题《故羽林军大将军张公故夫人天山郡何史那氏墓志铭并序》，志盖题《故天山郡夫人阿史那氏墓志》。原题"何史那氏"，即志盖及墓志正文之"阿史那氏"。"何史那"，或是译写不同，或是原刻笔误。志称"夫人姓阿史那，本部落左厢第二纛官、双河郡都督慑舍提暾啜第二女"。慑舍提暾又作摄舍提暾，原为西突厥五咄陆部之一，显庆三年（658），唐灭西突厥，以摄舍提暾部设双河都督府。夫人祖先世袭摄舍提暾部首领。墓志称夫人为"慑舍提暾啜第二女"，而摄舍提暾啜则是西突厥摄舍提暾部首领的官称，墓志以官称代指人名。又，志载，夫人嫁与唐朝西域将领张羲之，后随夫回到长安。据传统文献记载，张羲之参加了开元二十二年至二十四年（734—736）唐朝与突骑施的战争②，墓志称张羲之"万人之敌，慈河作副，蒲海专征，战摧雄渠，威振胡国"，应该就是指张羲之参加突骑施之役的情况。入唐之后，夫人因张羲之之功封天山郡夫人，天宝五载（746）终于长安万年县胜业里私第，六载迁于洛交郡安昌乡张羲之祖茔。

《史瓘墓志》③

贾彦璋撰，23 行，满行 24 字，正文 502 字。2005 年出土于河南省洛阳市。

原题《唐故朝议郎相州成安县令京兆史府君墓志铭并序》。史瓘为阿

---

①　郭茂育、赵振华：《唐张羲之夫人阿史那氏墓志与胡汉联姻》，《西域研究》2006 年第 2 期，第 90—94 页。

②　《张九龄集》卷八《敕安西副大都护王斛斯书》，第 541—543 页；卷一〇《敕瀚海军使北庭都护盖嘉运书》，第 612—614 页；同卷《敕安西节度副大使王斛斯及将士等书》，第 599—601 页。

③　毛阳光：《两方唐代史氏墓志考略》，《文博》2006 年第 2 期，第 82—85 页。

史那忠的曾孙，祖元暕（或单称暕），父思贞。瑾，天宝六载（747）卒
于洛阳兴敬里私第，七载与夫人薛氏合葬于洛阳伊汭乡西原。志称"门无
嗣子""室绝执丧"，阿史那忠一支及此而绝。又，据《阿史那忠墓志》，
阿史那忠谥"贞"，史瑾的父亲名"思贞"，应该有纪念阿史那忠的含义。

《炽俟泚墓志》①

米士炎撰，27 行，满行 27 字，正文存 401 字，出土于陕西省西安市。

原题《□故游击将军右武卫中郎将炽俟公墓志铭并序》。炽俟泚，炽
俟弘福长子，武则天圣历年间（698—700），曾在成均馆读书。开元年间
（713—741）任左骁卫中郎将、右武卫中郎将。天宝十一载（752）卒于
长安义宁里，十三载葬于长安高阳原。夫人康氏。炽俟部为葛逻禄三部之
一，与《炽俟弘福墓志》一样，《炽俟泚墓志》也自称"阴山人"，但在
铭文中又称"乌丸苗裔"，可供研究漠北诸族族群认同参考。

《回纥琼墓志》②

姨弟杨仲举撰并书，20 行，满行 20 字，正文存 339 字，1987 年出土
于陕西省西安市西郊。

原题《大唐故翰海都督右领军卫大将军经略军使回纥府君墓志铭并
序》。志盖题《大唐故回纥府君墓志》。回纥琼，曾祖卑栗，右卫大将军；
祖支，左卫大将军；父右金吾将军。志称回纥琼"家有可汗之贵"，又称
"堂弟可汗兵雄勇壮。收两都之捷，功成未受，旋至上京"，应该是回纥登
里可汗的堂兄。回纥琼参加收复两京战役，肃宗上元元年（760）遇疾，
终于长安群贤里私第，同年迁厝于龙首乡。

《薛突利施匐阿施夫人墓志》③

14 行，满行 15 字，正文 165 字。1955 年出土于西安市东郊。

① 《长安新出墓志》，第 188 页。
② 《西安碑林博物馆新藏墓志汇编》中，第 502—504 页。参见《唐代墓志汇编续集》乾元
010，第 681 页。
③ 《隋唐五代墓志汇编》《陕西卷》，第 1 册，第 90 页。参见《唐代墓志汇编续集》上元
002，第 683 页。墓志称"元年建辰月五日建"，周晓薇认定为肃宗宝应元年（《〈唐薛突利施匐阿
施夫人墓志〉卒葬年份考》，《文博》1997 年第 4 期，第 57—58 页），是。

原题《唐故薛突利施匐阿施夫人墓志铭并序》。夫人为"十二姓阿史那叶护可寒"阿史那从政（番名药贺特勤）之妻。志称阿史那从政为"十二姓叶护可寒、顺化王男"。顺化王就是见于传统文献记载的安史旧将阿史那从礼。安史军队攻克两京后，阿史那从礼率军驻长安。德宗至德元年（756），阿史那从礼率同罗、突厥逃往朔方，同年十一月，被郭子仪与回纥联军击败，旋又归附安史军①，并在乾元元年（758）三月或稍后，以顺化王的身份降唐，受封为怀德郡王。② 墓志称阿史那从政为"顺化王男"，则仍然沿用了安史政权对阿史那从礼的封号。薛突利施匐阿施夫人在肃宗宝应元年（762）卒于布政里私第，同年迁厝于万年县长乐乡。

《阿史那氏墓志》（三）③

13 行，满行 15 字，正文 161 字。出土于陕西省西安市。

原题《阿史那氏金河郡夫人墓志并序》。阿史那氏为节度副使、太常卿公曳鹘祧妻。代宗广德二年（764）卒于长安布政坊里第，同年葬于长安县石井原。

《光绪墓志》④

15 行，满行 17 字，正文存 188 字。2011 年出土于陕西省西安市西郊。

原题《大唐故交河公主孙突骑施奉德可汗王子光绪墓志铭并序》。志盖题《唐故突骑施王子志铭》志称光绪为交河公主之孙，突骑施奉德可汗王子，在唐朝充质子。代宗永泰元年（765）卒，二年葬于长安县承平原。交河公主为西突厥十姓可汗阿史那怀道之女，玄宗开元十年（722）受封交河公主，嫁与突骑施可汗苏禄。二十七年，突骑施战乱，碛西节度使盖嘉运迎取公主归唐。次年，又册封阿史那怀道之子阿史那昕为十姓可汗，并将其妻凉国夫人李氏封为交河公主，派兵送阿史那昕前往西域，接替突

---

① 《通鉴》卷二一八肃宗至德元载，第 6997—6998 页；《册府》卷三五八《将帅部·立功》，第 4548 页。

② 《册府》卷一六四《帝王部·招怀》，第 1983 页。

③ 《隋唐五代墓志汇编》，《陕西卷》，第 4 册，第 32 页。参见《唐代墓志续集》广德 002，第 687—688 页。

④ 西安市文物保护考古研究所《西安西郊唐突骑施奉德可汗王子墓发掘简报》，《文物》2013 年第 8 期，第 4—18 页。参见葛承雍《新出土地〈唐故突骑施王子志铭〉考释》，《文物》2013 年第 8 期，第 79—83 页。

骑施对十姓故地的统治。阿史那昕被突骑施首领所杀，李氏与其子孝忠逃回唐朝。因为阿史那怀道的女儿与儿媳封号相同，而且其女儿的封号又有"交河公主"与"金河公主"两种不同记载，因而岑仲勉先生认为阿史那怀道女儿的封号应该是"金河公主"，史书误作"交河公主"①。《光绪墓志》的发现廓清了这个问题，即阿史那怀道之女、苏禄之妻的封号确实是交河公主，与阿史那昕妻子的封号相同。

《史继先墓志》②

原文佚。宋赵明诚《金石录》节引部分内容。史继先曾祖牟雨可汗，祖墨啜可汗。父墨特勒，为突厥第二汗国右贤王，开元初年入唐，复被册封右贤王。继先在玄宗时任左金吾卫大将军、酒泉太守、河西节副度使，德宗建中元年（780）卒，葬年葬地不详。

《舍利石铁墓志》③

16 行，满行 26 字，正文存 307 字。1985 年出土于山西省太原市北郊。

原题《唐故河东节度先锋马军兵马副使开府仪同三司试殿中监上柱国食邑三千户狄道郡王舍利公墓志铭并序》。志称舍利石铁"北方人"，其父葛逻旃，"因九姓离散，投化皇朝，授蕃州刺史"，我们认为应该是开元三年（715）入降唐朝的铁勒九姓首领。④ 舍利石铁本人为马燧属将，因征讨田悦功，任河东节度使下马军兵马副使，封狄道郡王。贞元六年（790）卒于太原临汾里第，同年葬于城北义井村北平原。

《葛啜墓志》⑤

崔述撰，16 行，满行 18 字，正文 187 字。

原题《故回鹘葛啜王子守左领军卫将军墓志并序》，志盖题《故回鹘葛啜王子墓志》。葛啜为回鹘可汗后裔，父为车毗尸特勤，德宗贞元十年

① 《唐史徐沛》卷二《金河公主或交河公主》，中华书局 2004 年版，第 90—92 页。
② 《宋本金石录》卷二八《跋尾》，第 658—659 页。
③ 《隋唐五代墓志汇编》，《山西卷》，第 1 册，第 143 页。参见《全唐文补遗》，第 6 辑，第 467—468 页。
④ 参见《册府》卷九七四《外臣部·褒异》，第 11444 页。
⑤ 罗新等：《葛啜墓志研究专栏》，《唐研究》第 19 卷，第 423—497 页。

（636）与其兄"王子"阿波啜及部属入唐，十一年卒，同年葬于长安张杜原。《葛啜墓志》在原石预留的空白处，刻写了19行突厥鲁尼文，与汉文内容相关。鲁尼文的发现，对突厥古文字和历史研究有重要的意义。汉文内容反映了碛跌氏骨咄禄取得回鹘政权后，将回鹘汗族药罗葛子孙流放到唐朝境内的历史，同时还纠正了《资治通鉴》年代记载的错误。

《史孝章墓志》①

李景先撰，孙继书，44行，满行44字，正文1699字。2006年出土于河南省洛阳市孟津县。

原题《唐故邠宁庆等州观察处置等使朝散大夫检校户部尚书兼御史大夫赐紫金鱼袋赠尚书右仆射北海史公墓志并序》。史孝章曾祖道德，祖周洛，父宪诚。《新唐书》卷二一○《史宪诚传》谓"史宪诚，其先奚也，内徙灵武，为建康人"。志称"史氏枝派，或华或裔，在房庭为贵种，在中夏为著姓"。"獯鬻以十氏为鼎甲，蕃中人呼阿史那氏，即其苗蔓也"。又称"公之出也，实系天枝，其本葛氏"，虽然不知"葛氏"确指，但可肯定孝章家族出自突厥语诸族群。孝章历任相·卫·澶三州节度使、鄜·坊·丹·延节度使，文宗开成三年（838）卒于长安靖恭里私第，次年葬于洛阳河南县张阳村。孝章妻王氏，是镇州节度使王庭凑的女儿，出自回纥阿布思族。②

《契苾通墓志》③

柳喜撰，李衮书，33行，满行36字，正文存963字。1979年在陕西咸阳征集。

原题《唐故银青光禄大夫检校左散骑常侍兼安北都护御史大夫充振武麟胜等军州节度观察处置蕃落兼权充度支河东振武营田等使上柱国北海县开国侯食邑五百户契苾府君墓志铭并序》。契苾通，契苾何力五世孙。父漪，曾任持节都督胜州诸军事、胜州刺史。通以将门子历任贺兰都督府都督，东受降城使，胜、蔚、仪、丹四郡太守，左金吾卫大将军，振武·

---

① 郭茂育、赵振华：《唐史孝章墓志研究》，《中国边疆史地研究》2007年第4期，第115—121页。

② 参见《旧唐书》卷一四二《王庭凑传》，第3884页。

③ 《全唐文补遗》，第1辑，第358—359页；《咸阳碑石》，第96—99页（图版63、64）。

麟·胜等州节度、观察、处置等使。宣宗大中元年（847）至八年间，曾两次出使突厥。大中八年卒于官舍，葬于陕西咸阳。

《李克用墓志》①

卢汝弼撰，王道源书，39 行，满行 42 字，正文 1303 字，1989 年山西省代县出土。

原题《唐故河东节度观察处置等使开府仪同三司守太师兼中书令晋王墓志并序》。志称李克用四代祖益度、曾祖思葛，祖执仪，父国昌。"益度"应是"拔野古"之异译，与《旧五代史》卷二五《武皇纪》、《新五代史》卷四《庄宗纪》，沙陀以拔野古为始祖合。曾祖"思葛"不详，从"祖执仪"（即传统文献之"朱邪执宜"）判断，则"思葛"其人应即朱邪尽忠。"尽忠"疑是入唐后改名，"思葛"应是原名。志称李克用四代祖、曾祖俱为"薛延陀国君"，与传统史料差歧较大，盖出自附会。克用后梁开平二年（908）卒，次年归葬于代州雁门县里仁县常山里先茔。天祐四年（907）四月，朱全忠代唐，改元开平，墓志仍奉唐朝正朔，称卒于天祐五年。

---

① 《隋唐五代墓志汇编》，《山西卷》，第 1 册，第 177 页。参见《全唐文补遗》，第 7 辑，第 165—166 页。

"移隶葱岭"与唐代的西域经营

李锦绣

  "移隶葱岭"四个字，见诸现藏英国国家图书馆的 Or. 8212/520 文书。这是斯坦因第三次（1913—1916 年）中亚考古所获的一件汉文文书，[1] 出土于吐鲁番。文书图版录文最早发表在马伯乐《斯坦因第三次中亚探险所获汉文文书》中。[2] 其后，日本学者池田温在《中国古代籍帐研究》中刊布更为准确录文。[3] 我国学者陈国灿对这件文书也有细致研究。[4] 2005 年，沙知、吴芳思全面刊布了斯坦因第三次中亚考古所获汉文文献（非佛经部分）图版，并附有录文，是斯坦因第三次中亚考察所获汉文文献整理的集大成之作。本文正是根据中外学者整理成果及沙知、吴芳思书所附图版。[5]

---

  ① 斯坦因第三次中亚考察报告见奥雷尔·斯坦因著《亚洲腹地考古图记》（巫新华等译），广西师范大学出版社 2004 年版。

  ② Maspero H. , *Les Documents Chinois de la Troisième Expédition de Sir Aurel Stein en Asie Centrale*, Vol. 1, London, 1953, pp. 93 – 95, pl. XIV.

  ③ 池田温：《中国古代籍帐研究》，东京大学东洋文化研究所 1979 年版，第 362 页。

  ④ 陈国灿：《唐西州诸曹符帖目年代及相关问题》，《斯坦因所获吐鲁番文书研究》，武汉大学出版社 1994 年版，第 80—89 页。

  ⑤ 沙知、吴芳思：《斯坦因第三次中亚考古所获汉文文献》（非佛经部分），上海辞书出版社 2005 年版，第 54—55 页。

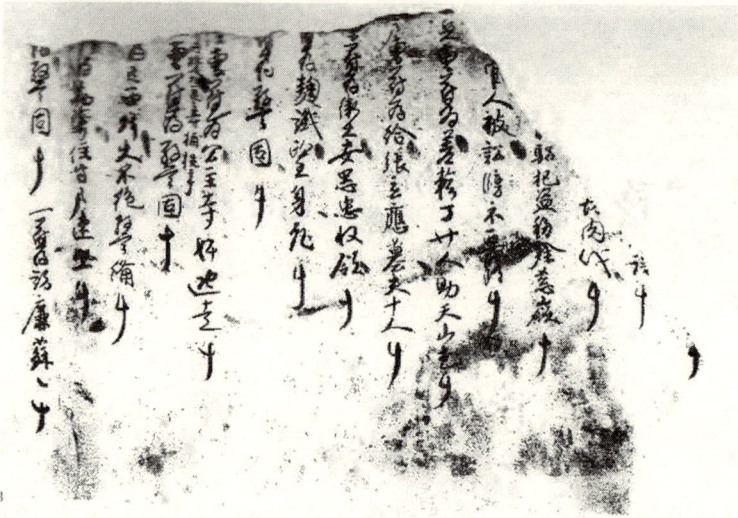

Or. 8212/520 文书有关"移隶葱岭"的部分

文书录文如下：

1. ▢事

2. ▢▢课事。

3. ▢坊肉钱事。

4. ▢驱犯盗移隶葱岭事。

5. ▢官人被讼牓示要路事。

6. 兵曹符为差输丁廿人助天山屯事。

7. 户曹符为给张玄应墓夫十人事。

8. ▢曹符为卫士安思忠收领事。

9. ▢符为麹识望身死事。

10. ［兵曹］符为警固事。

11. 法曹符为公主寺婢逃走事。

12. ▢符为流人赵长寿捕捉事。

13. ［兵］曹符为警固事。

14. ［兵曹符］为已西烽火不绝警备事。

15. ［户曹］帖为勘寄住等户速上事。

16. ［兵曹符］为警固事。　　一符为访廉苏苏事。

17.　◻为访王李绚事。一符为访流人韩张什事。

18.　◻符为张师子受勋出事。

19.　◻曹符为西夷僻被围警备事。

20.　◻符为征车坊牛分付龙申事。

21.　◻秃子举车坊麦事。

22.　◻均摊诸亲物库藏所由上事。

23.　◻为征北馆车坊牛事。

24.　◻为警固排比队伍事。

25.　◻警固收拾羊马事。

26.　◻符为访令史寇瑒事。

27.　◻贼事。

28.　◻囚使争缳事。

　　这件文书，池田温定名为"唐开元年代（c.731）西州诸曹符帖目"，沙知、吴芳思定名"唐开元年间西州都督府诸曹符帖事目历"。根据英藏敦煌S.11459G文书记载的"兵曹司开元十五年十二月印历"，可确定类似的"符帖目"、"事目历"文书，均可定名为"印历"[①]。由于文书中的"廉苏苏"又见于大谷3475"开元十九年（731）正月西州印历"文书，池田温将文书年代定为开元十九年左右。陈国灿则考定该文书应为开元十六年，并探讨了文书反映的唐开元十六年前后西州乃至安西官府在政治、经济、军事上的许多重要部署和活动[②]，启迪良多。本文根据陈先生论考，将文书定名为唐开元十六年西州都督府印历。

　　这件文书虽多有残缺，但内容极为丰富，关涉唐代西域经营史事颇多，本文不详考，只论第4行保留的"骃犯盗移隶葱岭事"8字。

　　某骃因犯盗罪而被"移隶葱岭"。这里的"葱岭"，指葱岭守捉，即《新唐书·地理志》所记载的"自疏勒西南入剑末谷、青山岭、青岭、不忍岭，六百里至葱岭守捉，故羯盘陀国，开元中置守捉，安西极边之

　　① 详见王永兴《王永兴学述》，浙江人民出版社1999年版，第216—220页；孙继民《敦煌所出瀚海军两组文书试释》，《敦煌吐鲁番所出唐代军事文书初探》，中国社会科学出版社2000年版，第214—264页。

　　② 见上引陈国灿《唐西州诸曹符帖目年代及相关问题》。

戍"①。葱岭守捉是安西都护府的最西界，也是唐代实际控制的天山以南的最西境。

Or. 8212/520 文书第4行的8个字，是对葱岭军事设置的重要记载，也补充了葱岭守捉的设置和管理细节。也是笔者撰写本文的引线。本文围绕葱岭守捉与唐代西域经营，将探讨四个问题。

一　葱岭守捉的前身

正像上引《新唐书·地理志》记载的，葱岭守捉是在故渴盘陀国基址上建立的。关于渴盘陀国，中文史籍中记载纷纭，有喝盘陀②、汉陀③、汉陀④、漢盤陀⑤、渴槃陁⑥、渴盘陁⑦、渴盘陀⑧、羅槃⑨、呵羅槃⑩、訶盘陁⑪、槃陁⑫、渴羅陁⑬、渴羅陀⑭、渴羅槃陁⑮、盘盘⑯、竭盘陁⑰、渴馆檀⑱、羯盘陀⑲、渴饭檀⑳等译写。一般认为渴盘陀 [khat – buan – dai] 是

① 《新唐书》卷四三下《地理志》，中华书局点校本1986年版，第1150页。

② 《新唐书》卷二二一上《西域传·喝盘陀传》，第6234页。

③ 《通典》卷一九三《边防九·西戎五》，中华书局1988年版，第5273页。

④ 《新唐书》卷二二一上《西域传·喝盘陀传》，第6234页。

⑤ 《洛阳伽蓝记》卷五《城北》，范祥雍校注，上海古籍出版社1978年版，第278页。

⑥ 《魏书》卷一〇二《西域传》，中华书局点校本1984年版，第2259、2280页；卷四上《世祖纪》太延三年（437）三月癸巳条，第88页，卷八《世宗纪》正始四年（507）十月辛未条，第205页。《梁书》卷三《武帝纪下》中大同元年（546）八月甲午条，中华书局点校本，1983年，第91页。《北史》卷九七《西域传》，中华书局点校本，1983年版，第3232页。《通典》卷一九三《边防九·西戎五》，第5273页。

⑦ 《梁书》卷五四《诸夷传·渴盘陀国传》，第814页。《南史》卷七九《夷貊下·西域诸国传》，中华书局点校本，1983年版，第1985页。

⑧ 《南史》卷七九《夷貊下·西域诸国传》，第1984页。

⑨ 《魏书》卷八《世宗纪》，景明三年（502）条，第195页。

⑩ 《魏书》卷八《世宗纪》正始四年（507）十一月己酉条，第205页。

⑪ 《魏书》卷八《世宗纪》景明三年（502）条，第195页。

⑫ 《魏书》卷八《世宗纪》延昌二年（513）八月庚戌条，第213页。

⑬ 《通典》卷一九三《边防九·西戎五》，第5273页。

⑭ 《新唐书》卷二二一上《西域传·喝盘陀传》，第6234页。

⑮ 《续高僧传》卷二《阇那崛多传》，中华书局2014年版，第38页。

⑯ 《梁书》卷五四《诸夷传·滑国传》，第813页。

⑰ 《大唐西域记》卷一二《竭盘陁国》，季羡林等校注，中华书局1985年版，第983页。

⑱ 《新唐书》卷二二一上《西域传·喝盘陀传》，第6234页。

⑲ 《新唐书》卷四三下《地理志》，第1150页。

⑳ 慧超：《往五天竺国传》，张毅笺释，中华书局2000年版，第146页。

Garband 或 Karband 的对译，即今天的新疆维吾尔自治区的塔什库尔干①。本文简写为渴盘陀。

　　由于本文涉及内容是唐代的，这里引用一下《新唐书·西域传》对渴盘陀国的描述，其文云：

> 渴盘陀，或曰汉陀，曰渴馆檀，亦谓渴罗陀。由疏勒西南入剑末谷、不忍领（岭）六百里，其国也。距瓜州四千五百里。直朱俱波西，南距悬度山，北抵疏勒，西护密，西北判汗国也。治葱岭中，都城负徙多河。胜兵千人。其王本疏勒人，世相承为之。西南即头痛山也。葱岭俗号极巉山，环其国。人劲悍，貌、言如于阗。其法：杀人剽劫者死，余得赎。赋必输服饰。王坐人床。后魏太延中，始通中国。贞观九年，遣使者来朝。开元中，破平其国，置葱岭守捉。安西极边戍也。②

　　《新唐书》这里记载的并不全是唐代的内容。《新唐书》的编纂原则是"文省事增"，尽力搜集较多史料，汇编在一起，因而在事增的同时，也有将不同时期、不同性质史料汇集，不加甄别的弊端。关于渴盘陀国的记载就非常典型。本文试追溯《新唐书》关于渴盘陀波记载的史料来源。

　　1. "或曰汉陀"。

　　《通典》卷一九三《边防九·西戎五》渴盘陀条云："渴盘陀，后魏时通焉。亦名汉陁国，亦名渴罗陁国。"则"或曰汉陀"句，抄录《通典》。

　　2. "曰渴馆檀"。

　　慧超《往五天竺国传》"葱岭镇"条云："外国人呼云渴饭檀国，汉名葱岭。"则"曰渴馆檀"抄自《往五天竺国传》，"馆"为"饭"之误。

　　3. "亦谓渴罗陀"。

　　《通典》卷一九三《边防九·西戎五》渴盘陀条云："渴盘陀……亦名渴罗陁国。"则"亦谓渴罗陀"亦抄自《通典》。

---

　　① 白鸟库吉：《西域史上の新研究·大月氏考》，《白鸟库吉全集·西域史研究（上）》（卷六），东京：岩波书店 1970 年版，第 97—227 页。

　　② 《新唐书》卷二二一上《西域传》，第 6234 页。

4. "由疏勒西南入剑末谷、不忍领（岭）六百里，其国也"。

《新唐书》卷四三下《地理志》云："自疏勒西南入剑末谷、青山岭、青岭、不忍岭，六百里至葱岭守捉，故羯盘陀国。"《新志》所记从边州入四夷道路，抄录贾耽《皇华四达记》①。故"由疏勒西南入剑末谷、不忍岭六百里，其国也"一句，抄录《皇华四达记》，但有省略。

5. "距瓜州四千五百里"。

里程以瓜州为基准，应是裴矩《西域图记》的内容。② 则"距瓜州四千五百里"抄录隋裴矩《西域图记》。

6. "直朱俱波西，南距悬度山，北抵疏勒，西护密，西北判汗国也"。

《通典》卷一九三《边防九·西戎五》渴盘陀条云："在朱俱波国西，西至护密国，其南至悬度山，无定界，北至疏勒国界，西北至判汗国。"则"直朱俱波西，南距悬度山，北抵疏勒，西护密，西北判汗国也"一段，抄录《通典》。

7. "治葱岭中"。

《通典》卷一九三《边防九·西戎五》渴盘陀条云："理葱岭中。"这是《新传》"治葱岭中"的史料来源。

8. "都城负徙多河"。

玄奘《大唐西域记》卷一二《朅盘陀国》云："朅盘陀国周二千余里。国大都城基大石岭，背徙多河，周二十余里。"则"都城负徙多河"句抄自《大唐西域记》。

9. "胜兵千人。其王本疏勒人，世相承为之"。

《通典》卷一九三《边防九·西戎五》渴盘陀条云："其王本疏勒人，累代相承，以居此国。有户二千余。"从文字看，《新传》抄录《通典》。但《通典》此段记载抄录《西域图记》③，《新传》更可能直接抄录裴矩《西域图记》。

10. "西南即头痛山也。葱岭俗号极嶷山，环其国。人劲悍，貌、言

① 《新唐书》卷五八《艺文志》：贾耽"《皇华四达记》十卷"，第1506页。
② 详见拙著《试论〈西域图记〉的计程系统》，廖肇羽、曹伏明主编：《千年西域，百年新疆》，中国文化出版社2011年版，第59—70页。
③ 详见拙著《试论〈西域图记〉的编纂原则和主要内容》，中国人民大学国学院主编《国学的传承与创新：冯其庸先生从事教学与科研六十周年庆贺学术文集》，上海古籍出版社2013年版，第1223—1233页。

如于阗。其法：杀人剽劫者死，余得赎。赋必输服饰。王坐人床。后魏太延中，始通中国"。

《通典》卷一九三《边防九·西戎五》渴盘陀条云："又有头痛山，在国西南，向罽宾，历大头痛、小头痛之山，赤土、身热之阪。其葱岭俗号极嶷山。今按葱岭，周环其国。衣服、人貌、语音与于阗相似，其间多有异者。书与婆罗门同。国中咸事佛。人山居，劲健。杂人多而胡少。有音乐、兵器，有甲、矟、弓、刀。国法：杀人劫贼者死，余征罚。其税杂输之。服饰、婚姻同疏勒。王坐人床。死者埋殡七日为孝。太武帝太延三年朝献，于后不绝。"将《新传》与《通典》原文对照，此段更清晰体现了《新唐书》"文省"的特点。而"今按葱岭，周环其国"，本是杜佑按语，《新传》亦用"环其国"三字，直接抄录。

11. "贞观九年，遣使者来朝"。

《册府元龟》卷九七〇《外臣部·朝贡三》记载："（贞观九年）四月，薛延陀、真腊、唱（喝）盘陀国……并遣使来朝贡方物。"[①]《册府》与《新传》当皆据唐实录编写，故"贞观九年，遣使者来朝"句，抄录《太宗实录》。

12. "开元中，破平其国，置葱岭守捉。安西极边戍也"。

《新唐书·地理志》略云："六百里至葱岭守捉，故羯盘陀国，开元中置守捉，安西极边之戍。"则《新传》与《新志》一样，均抄录贾耽《皇华四达记》。

以上我们考证了《新唐书·西域传》"渴盘陀"条的史料来源。据此可知，《新传》截取《西域图记》《大唐西域记》《太宗实录》、慧超《往五天竺国传》、贾耽《皇华四达记》的记载，进行汇集、排比、抄录，构成了《新传》渴盘陀国的内容，但"文省事增"的同时，忽略了文献的系统性和年代性。而在抄录诸书时，因语言简略又匆忙成文，也有抄错者。如《新传》的"赋必输服饰"，令人不解。而《通典》原作："其税杂输之。服饰、婚姻同疏勒"。《新唐书》抄录时将赋税与服饰连抄，造成错误。我们当然不能据《新传》字面含义理解为渴盘陀国用服饰交赋税。

《新唐书·渴盘陀传》虽抄录诸书，无发明创造，也不是完全没有意

---

① 《册府元龟》卷九七〇《外臣部·朝贡三》，周勋初等校订，凤凰出版社 2006 年版，第11229 页。

义的。《新唐书·渴盘陀传》所记"距瓜州四千五百里",就颇有价值。因为裴矩《西域图记》已经佚失,《新传》中渴盘陀国到瓜州的里程,是现存的唯一记载,十分宝贵。

众所周知,《汉书·西域传》以来,正史《西域传》中的里程记载,都是根据从一国到另一国的路程叠加而成。《西域图记》也是如此。《西域图记序》列举南道路线云:"其南道从鄯善,于阗,朱俱波、喝盘陀,度葱岭,又经护密,吐火罗,挹怛,帆延,漕国,至北婆罗门,达于西海。"①鄯善,于阗,朱俱波、喝盘陀的里程是相互关联的。根据《隋书·西域传》记载,鄯善至瓜州1300里,于阗至鄯善里数1500里,则于阗至瓜州2800里。于阗至朱俱波1000里,则朱俱波去瓜州3800里。②喝盘陀在朱俱波西,则喝盘陀与朱俱波之间的距离是700（4500—3800）里。关于朱俱波、渴盘陀的今址,学界仍有争论,而朱俱波和渴盘陀之间的里程差距,也可以成为一个比勘的参照数据。《新唐书·渴盘陀传》"距瓜州四千五百里"句,成为我们判断渴盘陀和朱俱波位置的重要资料。

二　葱岭镇与葱岭守捉

开元十一至十五年去中亚巡礼的慧超,对葱岭镇有较为详细记载,今引之如下:

> 又从胡蜜国（瓦罕）东行十五日,过播蜜川,即至葱岭镇。此即属汉。兵马见今镇押。此即旧日王裴星国境。为王背叛,走投土蕃。然今国界无有百姓。外国人呼云渴饭檀国。汉名葱岭。③

虽然只有寥寥数语,但这是有关葱岭镇的唯一记载。十分重要。据此可知,葱岭镇至少在开元十五年前已经存在了,这较上引《新唐书·地理志》"开元中置（葱岭）守捉"是相符合的,而且确定了葱岭镇出现的下限。

---

① 《隋书》卷六七《裴矩传》,中华书局点校本1982年版,第1579—1580页。
② 详见上引拙著《试论〈西域图记〉的计程系统》。
③ 慧超:《往五天竺国传》,第146页。

但慧超的记载也有一些疑团。最大的疑团是葱岭镇的位置。从"过播蜜川，即至葱岭镇"看，葱岭镇应离播蜜川很近，似应在大帕米尔（Pamir Kulun），与"自疏勒西南入剑末谷、青山岭、青岭、不忍岭，六百里至葱岭守捉"的葱岭守捉位置不符。天宝年间，高仙芝出兵征勃律，行程路线为："又十余日至疏勒，又二十余日至葱岭守捉。又行二十余日至播蜜川，又二十余日至特勒满川（瓦罕河），即五识匿国也。"① 可见从葱岭守捉到播蜜川有 20 日行程。据此看，葱岭镇与葱岭守捉似乎不在一地。

藤田丰八②、岑仲勉③和张毅④都就葱岭镇的位置提出疑问。藤田丰八、张毅认为慧超所记的渴饭檀国在大帕米尔，岑仲勉认为应在喀喇喷赤，总之都在葱岭守捉之西。如何解决葱岭镇和葱岭守捉位置的矛盾问题呢？

笔者认为，可能葱岭镇和葱岭守捉的位置不同。《新唐书》卷五〇《兵志》记载："唐初，兵之戍边者，大曰军，小曰守捉、曰城、曰镇，而总之者曰道。"⑤ 镇和守捉名称不同，都是比军小一级的建制，但史籍中有将守捉统称为镇的现象。因而仅从名称看，不能确定二者不是一个军事单位。但开元时期，作为"军镇"的镇，与守捉、城、镇一个级别的镇是不同的。如《新唐书》卷四〇《地理志》记载：

　　西州交河郡，中都督府。贞观十四年平高昌，以其地置。开元中曰金山都督府。天宝元年为郡……户万九千一十六，口四万九千四百七十六。县五。（有天山军，开元二年置。自州西南有南平、安昌两城，百二十里至天山西南入谷，经礴石碛，二百二十里至银山碛，又四十里至焉耆界吕光馆。又经盘石百里，有张三城守捉。又西南百四十五里经新城馆，渡淡河，至焉耆镇城。）⑥

　　① 《旧唐书》卷一〇四《高仙芝传》，第 3203 页。参见《新唐书》卷一三五《高仙芝传》，第 4576 页。

　　② 藤田丰八：《慧超往五天竺国传笺释》，北平，1931 年版，第 83 页。

　　③ 岑仲勉：《佛游天竺记考释》，《中外史地考证（外一种）》，中华书局 2004 年版，第 767—777 页。

　　④ 慧超：《往五天竺国传笺释》，第 148—153 页。

　　⑤ 《新唐书》，第 1328 页。

　　⑥ 《新唐书》，第 1046—1047 页。

这里，张三城守捉和焉耆镇是不同的。开元时，安西设的四镇，显然是军镇，地位高于守捉。

开元中灭渴盘陀设镇，可能是比照四镇行事，规模较大。这个镇应在渴盘陀的都城，其目的更倾向于割断大食和吐蕃的联系。但随着吐蕃对西域进攻的增强，唐放弃了葱岭镇，而在帕米尔之东，又设置了较小的葱岭守捉。从葱岭镇到葱岭守捉，有唐防线有东移的趋势。这可能和 Or. 8212/520 文书中记载的多次"警固"有关。葱岭守捉东移，更侧重于与疏勒、于阗配合，从而有效防遏吐蕃。

三　唐代经营西域的大背景

汉武帝建元二年（前 139）遣张骞出使西域，为西汉王朝正式经营西域之始。其后，起亭障，营屯田、设校尉、都护，奠定了西域经营的规模，也奠定了中国西部疆域的基础。唐代平东突厥之后，更拓展至西域，设四镇，置军府，分别与突厥、吐蕃、大食在西域进行了激烈的争夺，其范围之广、规模之大，更胜于汉代。《新唐书·地理志》在描述唐代全盛时期疆域时说："盖南北如汉之盛，东不及而西过之。"① 其中"西过之"，即欧阳修对汉唐西域经营疆域比较后的概括之语。

汉与唐是中国古代史上西域经营的两个最重要朝代，其强大的政治军事势力，扩展到以前的中原王朝未曾影响的区域。汉与唐经营西域经营过程，也具有一定的可比性。唐之所以在西部疆域范围超过汉代，很大程度上是在西北疆的开疆拓土，富有开拓进取的力度和气魄。

唐代倾全力经营西域的主要原因，是因为唐代实行"关中本位政策"，使唐代的西域地位与汉代不同。

陈寅恪先生指出：

> 李唐承袭宇文泰"关中本位政策"，全国重心本在西北一隅，而吐蕃盛强延及二百年之久。故当唐代中国极盛之时，已不能不于东北方面采维持现状之消极政略，而竭全国之武力财力积极进取，以开拓西方边境，统治中央亚细亚，藉保关陇之安全为国策也。

① 《新唐书》卷三七《地理志》，第 960 页。

唐关中乃王畿，故安西四镇为防护国家重心之要地，而小勃律所以成唐之西门也。玄宗之世，华夏、吐蕃、大食三大民族皆称盛强，中国欲保其腹心之关陇，不能不固守四镇。欲固守四镇，又不能不扼据小勃律，以制吐蕃，而断绝其与大食通援之道。当时国际之大势如此，则唐代之所以开拓西北，远征葱岭，实亦有其不容已之故，未可专咎时主之黩武开边也。①

"关中本位政策"使唐重心在西北，保有西域，是唐之国策。因而唐倾全力经营西北，固守四镇，开拓西北。这与前朝视西域为手足、枝叶的认识截然不同，对唐而言，西域是防护国家安全重中之重，为腹心、根本，因而唐势必将西域纳入版图，开拓进取，将疆域推向更西，以确保实行"关中本位政策"的大唐帝国的长治久安。

唐代经营西域不是一蹴而就的，而是经历了曲折艰辛的历程，其间可分为六个阶段，即武德二年（619）至贞观四年（630），贞观四年平突厥后至贞观十二年（638），贞观十三年（639）至龙朔元年（661），龙朔三年（663）至神龙元年（705），神龙初至天宝十四载（755）及安史乱（755）后。②

武德二年至贞观四年，唐刚建立不久，统一战争迫在眉睫，经营西域并不构成唐战略的主要部分。唐将对西域的招徕交付河西地方，主要通过外交手段，加强联系，保持与西域诸国往来；而对控制西域的西突厥，则许以和亲，以达到牵制东突厥的目的。这一阶段的西域经营，基本是消极的，是隋分化瓦解突厥"远交近攻"政策的延续。虽然高昌诸国来献异物，拂菻狗第一次来到中原，但唐与西域的关系并无实质性进展。这一时期可以成为唐经营西域的等待期。

贞观四年唐败颉利可汗，灭东突厥，为西域经营提供了新的机遇。东突厥的灭亡威慑西域，促使伊吾归附，唐在丝路开发中取得初步进展。唐在伊吾设置州县，百姓"同于编户"，这背后贯穿着战略规划，即绝不仅仅是为得伊吾一地，而是要建立经营西域的前沿根据地，将唐国界向西部

---

① 陈寅恪：《唐代政治史述论稿》，上海古籍出版社1982年版，第133、137页。
② 参见拙著《试论唐代西域经营史的分期》，待刊于《内陆欧亚历史文化国际学术研讨会论文集》。

推进。但初平颉利可汗后的国力，并不能使唐太宗全面铺开经营西域的计划。户口未复，仓廪空虚，是经营西域进程受阻的主要原因。贞观四年至十二年是唐经营西域的积极准备期。这期间唐一边休养生息，励精图治；一边利用东突厥破灭后的机会，逐步向西域推进。同时，唐扫平了经营西域的外围障碍，紧锣密鼓地筹备进军西域的计划。贞观八年（634），唐大举发兵，远征吐谷浑，九年，唐大获全胜，李靖并"至且末，穷其西境"①，进军至西域边缘。讨平吐谷浑，为唐经营西域扫除障碍。贞观十二年九月，"败吐蕃于松州城下，斩首千余级。弄赞惧，引兵退，遣使谢罪，因复请婚，上许之"②。唐与吐蕃和亲，解除了经营西域的后顾之忧。贞观十二年末西突厥分裂，自相攻战，为唐进军西域提供可乘之机。经过十余年的筹划和准备，唐终于开始实施全面经营西域计划了。

贞观十三年到龙朔二年，是唐全面铺开经营西域时期，也是唐代经营西域的高峰期。贞观十三年唐出兵高昌，高昌平定后，唐太宗力排众议，进一步在高昌和可汗浮图城设立了正式州县，并成立安西都护府，将中原地区的州县制度进一步从伊州向西域的纵深推进。在州县之下，还在伊、西、庭三州推行了与内地相同的乡里制度。贞观末，唐太宗经营西域达到顶峰，成为四夷尊奉的"天可汗"。其后即位的唐高宗利用平阿史那贺鲁叛乱之机，在西域各地设立羁縻府州，迎来了西域历史发展的新时代。这一时期，唐通过几次大规模的军事行动，全面控制了西域，并向天山南北发展。唐对西域经营每前进一步，都是对北方边境开拓成功的结果。击败突厥、薛延陀，招慰铁勒，一方面使唐专心在西域用兵，无后顾之忧；另一方面也为唐经营西域补充兵源，大量游牧兵随唐进军西域，使唐在西域的战争取得摧枯拉朽之效。

龙朔三年至神龙元年，吐蕃参与到西域的角逐中，唐代经营西域进入了持久战时期，这是唐代西域经营的巩固期。

《通典》卷一九一《边防七·西戎总序》略云：

> 大唐贞观四年，以颉利破灭，（伊吾）遂举其属七城来降，因列其地为西伊州，同于编户。至武太后如意初，武威军总管王孝杰大破

----

① 《资治通鉴》卷一九四贞观九年五月条，中华书局 1956 年版，第 6112 页。
② 《资治通鉴》卷一九五贞观十二年八月条，第 6139—6140 页。

吐番，复龟兹、于阗、疏勒、碎叶四镇，自是诸国朝贡，侔于前代矣。神龙以后，黑衣大食强盛，渐并诸国，至于西海，分兵镇守焉。①

对唐代前期的西域历史，杜佑截取记载了三件大事，即伊吾归附、王孝杰败吐蕃及大食扩张。其中伊吾归附是突厥颉利可汗败亡的直接结果，也体现了唐与突厥的关系。伊吾归附，是唐经营西域之始，伊吾也成为唐迈向西域的门户，贞观武功因此而确立。王孝杰败吐蕃，恢复四镇，是唐与吐蕃西域争夺中关键一战，唐因之在西域再次站稳脚跟。此后，吐蕃并未放弃对西域的争夺，直至安史之乱后最终占领了河陇。

唐代四镇的设置，历经曲折。《旧唐书·西戎传·龟兹国传》载：

> 先是，太宗既破龟兹，移置安西都护府于其国城，以郭孝恪为都护，兼统于阗、疏勒、碎叶，谓之"四镇"。高宗嗣位，不欲广地劳人，复命有司弃龟兹等四镇，移安西依旧于西州。其后吐蕃大入，焉耆已西四镇城堡，并为贼所陷。则天临朝，长寿元年，武威军总管王孝杰、阿史那忠节大破吐蕃，克复龟兹、于阗等四镇，自此复于龟兹置安西都护府，用汉兵三万人以镇之。既征发内地精兵，远逾沙碛，并资遣衣粮等，甚为百姓所苦。言事者多请弃之，则天竟不许。其安西都护，则天时有田扬名，中宗时有郭元振，开元初则张孝嵩、杜暹，皆有政绩，为夷人所伏。②

四镇置废及四镇名称，因时代及西北政治军事形势而有变化。显庆三年（658）唐将安西都护府移至龟兹，统焉耆、于阗、疏勒四镇，至咸亨元年（670）被吐蕃攻陷。调露元年（679），唐筑碎叶城，碎叶代替焉耆成为四镇之一。长寿元年，王孝杰收复龟兹、于阗、疏勒、碎叶四镇。开元七年十姓可汗阿史那献移驻碎叶，唐四镇又演变为龟兹、于阗、疏勒、焉耆。③唐与吐蕃争夺四镇分咸亨、上元年间（670—676）弃置，仪凤、调露间（677—679）争夺，垂拱二年（686）吐蕃拔四镇和长寿元年（692）

唐复四镇等多个阶段。①

　　神龙初至天宝十四载，是唐代经营西域的发展期。这一时期的最大特点是大食在吐蕃之后，加入了对西域的争夺。大食扩张是七、八世纪欧亚历史上最重要的事件。实际上，终天宝之世，大食势力一直未达到葱岭以东，对唐并不构成致命威胁。但大食向中亚的扩张和与吐蕃的联兵，对唐代的西域形势产生重大影响。这一时期，唐经营西域的重点是隔断吐蕃与大食的联合。天宝十载（751）唐与大食直接交战。怛逻斯之战，一方面使唐势力退出葱岭以西，一方面由于一些兵士及工匠被俘，导致了中国造纸术的西传。但怛逻斯之战对唐在葱岭以东的政治并无影响。

　　安史乱后，唐西北边军撤出西域，安西、北庭都护府成为孤岛。面对吐蕃的进攻，安西、北庭孤军奋战，为唐坚守，自筹经费，苦苦支撑，至贞元十九年（803）于阗仍用唐纪年。这是唐经营西域的坚守期。

　　葱岭守捉出现在第四阶段，这也是唐经营西域最为艰苦卓绝的时期。葱岭守捉在唐与大食、吐蕃的西域争夺中出现，扩展了天山以南的实际控制范围，保证了丝绸之路南道的畅通。高仙芝征勃律就经过葱岭守捉，葱岭守捉的军事、国防地位于此可见。

　　安史乱后，葱岭守捉何时陷蕃，史籍无载。但和阗东北巴拉瓦斯特（Balaw）遗址出土"唐贞元五年（789）百姓某状"第3—4行有"比闻□疏勒行回，便□□钱五百文，讫今未还"句②，似贞元五年疏勒、于阗之间的交通仍未阻绝，则疏勒贞元五年仍为唐守。这也为判定葱岭守捉持续存在的时间提供了一个参考标准。

四　流移人与唐西域经营

　　再回到开头所引文书中的"移隶葱岭"上来。某驵因为犯了盗窃罪，被从西州西移隶属葱岭。移民西北，是唐经营西域的措施之一。而被移之民主要是流移人。如大谷3472文书"唐开元十九年（731）正月西州都督府印历"第16行有"为配流人等，并诸县流移人等，帖到当日申事"

　　① 王小甫：《唐、吐蕃、大食政治关系史》，北京大学出版社1992年版，第68—88页。
　　② 陈国灿：《斯坦因所获吐鲁番文书研究》，武汉大学出版社1994年版，第480—482页。

句①，记载的就是西州的流移人。不难推测，符文体现出开元中西州配流人、流移人仍广泛存在。而上引 Or. 8212/520 文书第 12 行"符为流人赵长寿捕捉事"、第 17 行"一符为访流人韩张什事"，也暗示了流人逃亡也成为西州一社会问题。

关于流移人的发遣、安置，唐代法律中有严格规定。《狱官令》卷第二十七有 9 条涉及流移人。记载如下：

13. 诸流人科断已定，及移乡人，皆不得弃放妻妾。至配所，如有妄作逗留、私还及逃亡者，随即申省。

14. 诸流人应配者，各依所配里数，无要重城镇之处，仍逐要配之，唯得就远，不得就近。

15. 诸流移人，州断讫，应申请配者，皆令专使送省司。令量配讫，还附专使报州，符至，季别一遣。（若符在季末至者，听与后季人同遣。）具录所随家口、及被符告若发遣日月，便移配处，递差防援。（其援人皆取壮者充，余应防援者，皆准此。）专使部领，送达配所。若配西州、伊州者，并送凉州都督府。江北人配岭以南者，送付桂、广二都督府。其非剑南诸州人而配南宁以南及嶲州界者，皆送付益州大都督府，取领即还。其凉州都督府等，各差专使，准式送配所。付领讫，速报元送处，并申省知。（其使人，差部内散官充，仍申省以为使劳。若无散官，兼取勋官强干者充。又无勋官，则参军事充。其使并给传乘。）若妻、子在远，又无路便，豫为追唤，使得同发。其妻、子未至间，囚身合役者，且于随近公役，仍录已役日月下配所，即于限内听折。

16. 诸递送囚者，皆令道次州县量罪轻重、强弱，遣人防援，明相付领。

17. 诸流移人在路，皆递给程粮。每请粮，停留不得过二日，其传马给不，临时处分。

18. 诸流移人至配所，付领讫，仍勘本所发遣日月及到日，准计行程。若领送使人在路稽留，不依程限，领处官司随事推断，仍以状申省。

---

① 池田温：《中国古代籍帐研究》，第 357 页。

19. 诸流移人（移人，谓本犯除名者。）至配所，六载以后听仕。（其犯反逆缘坐流，及因反逆免死配流，不在此例。）即本犯不应流而特配流者，三载以后听仕。有资荫者，各依本犯收叙法。其解见任及非除名移乡者，年限、叙法准考解例。

23. 诸流移人在路，有妇人产者，并家口给假二十日。（客女及婢，给假七日。）若身及家口遇患，或逢贼难、津济水涨不得行者，并经随近官司申牒请记，每日检行，堪进即遣。（若患者伴多不可停待者，所送使人分明付属随近州县，依法将养，待损，即遣递送。）若祖父母、父母丧者，给假十五日；家口有死者，七日。部曲、奴婢死者，一日。

61. 诸流人至配所居作者，并给官粮。（加役流准此。）若去家悬远绝饷及家人未知者，官给衣粮，家人至日，依数征纳。（其见囚绝饷者，亦准此。）①

　　唐令中关于流移人配隶、递送有详细、严格规定。流移人移隶西北等，均按《狱官令》处理，保证流移人及家口递送至配所，成为配所的劳动力。

　　由于移隶葱岭史料少，我们以西州为例说明。② 贞观十四年（640）唐灭高昌，设置西州，之后又设庭州，西州、庭州成为唐经营西域的前沿阵地，“每岁调内地更发千人镇遏焉”③。除派兵驻防之外，还大量徙天下犯罪之人配防西州。贞观十六年（642）正月乙丑（九日），唐“遣使安抚西州。戊辰（十二日），募戍西州者，前犯流死亡匿，听自首以应募”④。辛未（十五日），“诏在京及诸州死罪囚徒，配西州为户；流人未达前所者，徙防西州”⑤；“其犯流徒则充戍，各以罪轻重为年限”⑥。贞观中，盖

　　① 天一阁博物馆、中国社会科学院历史研究所天圣令整理课题组：《天一阁藏明钞本天圣令校证：附唐令复原研究》，中华书局 2006 年版，第 645—649 页。

　　② 刘安志：《唐初西州的人口迁移》（初刊《中华文史论丛》2007 年第 3 辑，收入其著《敦煌吐鲁番文书与唐代西域史研究》，商务印书馆 2011 年版，第 24—43 页）一文，对唐初征发罪犯配西州为户与徙中原民户入西州有详细论证，请参看。

　　③ 《通典》卷一九一《边防七·西戎三》“车师”条，第 5206 页。

　　④ 《新唐书》卷二《太宗纪》，第 40 页。

　　⑤ 《旧唐书》卷三《太宗纪》，第 54 页。参见《新唐书》卷二《太宗纪》，第 40 页。

　　⑥ 《资治通鉴》卷一九六贞观十六年正月辛未条，第 6175 页。

蕃"兄伯文任洋州洋源县令，坐事幽絷，将置严刑"，后"得减死配流高昌。此国初平，碛途险涩，距长安七千余里"①。盖伯文即移隶西州的死罪囚徒之一例。这样，死因犯与犯流徒者大量移隶至西州，西州的人口构成为"高昌旧民与镇兵及谪徙者杂居"②。

流移人和镇兵构成西域汉户主体。《元和郡县图志》卷四〇《庭州》记载庭州人口时说："开元户二千六百七十六，乡五"。而"其汉户，皆龙朔以后流移人也"③。如果每户五人，庭州户口超过万人。这万人皆为流移人，可见流移人不但充实了庭州人口，而唐流移人至西北边境的政策也取得了实效。

初置西州时，唐以减刑、免死的方式，一度大量向西州移民。随着西州、庭州日益稳固，唐移隶西州、伊州制度，也固定下来，并写入《狱官令》条文中。正如《狱官令》第15条所示，移隶西州、伊州，成为流移人的主要去处，与岭以南、南宁以南及嶲州界的移隶鼎足而三。《天圣令》中引的唐令，一般认为是开元二十五年（737）令，复原的《狱官令》第15条只提到"若配西州、伊州者"，体现了唐令编纂的滞后性，实际上，随着唐在天山南北的开疆拓土，昂然西进，移隶西北的范围不只是西州、伊州两州，而包括了西州、伊州以西的广大地区。而正由于有大量移民，从西州至葱岭，唐建立了坚固堡垒，在西域全面行使了主权。而汉户的进入，也加强了汉文化输入，促进西域对汉文化和唐国家的文化认同。而正因为随着汉文化在西域的逐渐深入，唐在西域建立四镇，直接管理塔里木盆地南缘，将驻防扩展到葱岭，也就水到渠成了。

《唐会要》卷四〇《君上慎恤》开元十二年四月敕云：

> 比来犯盗，先决一百，虽非死刑，大半殒毙。言念于此，良用恻然。今后抵罪人，合杖敕杖，并从宽，决杖六十，一房家口，移隶碛西。其岭南人移隶安南，江淮人移隶广府，剑南人移隶姚、嶲州。其碛西、姚、嶲、安南人，各依常式。④

---

① 周绍良主编：《唐代墓志汇编》咸亨 015 盖蕃墓志，上海古籍出版社 1992 年版，第519 页。
② 《资治通鉴》卷一九六，贞观十六年九月癸酉条，第 6177 页。
③ 《元和郡县图志》，中华书局 1983 年版，第 1033 页。
④ 《唐会要》，中华书局 1955 年版，第 718 页。

某骁移隶葱岭正与此诏令有关。犯盗罪中原人"一房家口,移隶碛西",而碛西人"各依常式"。某骁从西州移隶葱岭,正是犯盗后免决杖一百而向西移徙的"常式"。某骁移隶葱岭文书,与开元十二年（724）敕令相距不远,正体现了开元十二年四月敕的实施。而碛西人犯盗移隶葱岭的事例,也提供了一种可能性,即葱岭镇在开元十二年似已设立。

移隶葱岭之人,主要是充当防人,加强军事力量。《贞观政要》卷九《议安边第三十六》略云:

> 贞观十四年,平高昌之后褚遂良上疏曰:"……陛下每岁遣千余人而远事屯戍……兼遣罪人,增其防遏。所遣之内,复有逃亡,官司捕捉,为国生事。高昌涂路,沙碛千里,冬风冰冽,夏风如焚,行人去来,遇之多死。"①

移隶葱岭的某骁,也是为"增其防遏"的。除流移人外,葱岭守捉尚有从内地发遣的镇兵。

从中原到高昌,如褚遂良所云,"沙碛千里,冬风冰冽,夏风如焚,行人去来,遇之多死"。移隶至葱岭,某骁的路途更为艰难。《隋书·西域传》记载:"高昌国者,则汉车师前王庭也,去敦煌十三日行。"② 即高昌去瓜州 1300 里。而渴盘陀去瓜州 4500 里,这样算起来,西州去葱岭守捉的里数超过 3000 里。实际上,某骁从西州到葱岭的行程更遥远,更艰巨。某骁移隶葱岭的路线应是先走中道,再从疏勒至葱岭,即:西州—焉耆—龟兹—疏勒—葱岭。其具体里程为:焉耆国,东去高昌九百里;龟兹国,东去焉耆九百里;疏勒国,东去龟兹一千五百里。③ 从西州至疏勒,要走3300〔900（西州至焉耆）＋900（焉耆至龟兹）＋1500（龟兹至疏勒）〕里。至疏勒后,某骁的行程是"自疏勒西南入剑末谷、青山岭、青岭、不忍岭,六百里至葱岭守捉"。某骁从西州至葱岭的总行程为 3900 里,这中间经历"冬风冰冽,夏风如焚",更是不在话下。

---

① 《贞观政要集校》,谢保成集校,中华书局 2003 年版,第 506—508 页,参见《唐会要》卷九五《高昌》,第 1702—1704 页。
② 《隋书》卷八三《西域传》,第 1846 页。
③ 详见上引拙著《试论〈西域图记〉的计程系统》。

　　从西州到葱岭，不但路途遥远，而且沙碛艰险，备尝艰辛。唐经营西域的艰辛，也于此可见一斑。而正因为唐代具有视华夷如一，不限华夷的开放思想，唐治理下的西域才空前繁荣，真正成为唐之土宇，国之藩屏，达到了唐代倾全国之力艰苦卓绝经营西域的目的。

　　岑参的边塞诗脍炙人口。其中一首《过碛》诗云："黄沙碛里客行迷，四望云天直下低。为言地尽天还尽，行到安西更向西。"①"行到安西更向西"，正是葱岭守捉地位的写照。葱岭守捉的设置，也体现了唐代勇于开拓进取的精神风貌。

---

　　① 《岑参诗集编年笺注》，巴蜀书社 1995 年版，第 176 页；《全唐诗》卷二〇一，中华书局 1960 年版，第 6 册，第 2106 页。

小说的史料价值及其局限

——以《老残游记》为文本分析刘鹗的为官理念

史料是过往的人类社会遗留下来的各种痕迹，我们只有依据史料才能认识、解释和建构历史。朗格诺瓦、瑟诺博司指出："历史由史料构成，史料乃往时人类思想与行为所留遗之陈迹。……无史料斯无历史矣。"① 梁启超也说："史料为史之组织细胞，史料不具或不确，则无复史之可言。"② 既然历史是过往的一切，那么，从逻辑意义上说，一切痕迹皆可作为史料。胡适将"一切的书籍"都看成是历史的材料。③ 宁可先生说："凡是过去的或涉及过去的东西，能够经过它们认识过去历史的，都是史料。"④ 小说自然可以作为研究历史的史料。"小说"古已有之，利用小说史料进行历史研究与书写的传统也源远流长，20 世纪"新史学"以来的许多史家，对此更是给予了高度关注，他们不但从认识上更加深入，留下了大量的相关言说，而且从实践上亦有较多的学术成就。本文在前人研究的基础上，意欲通过《老残游记》这部晚清小说，分析作者刘鹗的为官理念，从而对小说史料的价值及其局限进行初步探索，以期推进小说证史问题的研究。

---

① ［法］朗格诺瓦、瑟诺博司：《历史研究导论》（李思纯译），中国人民大学出版社 2011 年版，第 3 页。

② 梁启超：《中国历史研究法》（汤志钧导读），上海古籍出版社 1998 年版，第 40 页。

③ 胡适：《中国书的收集法》，欧阳哲生编《胡适文集》，北京大学出版社 1998 年版，12 册，第 464 页。

④ 宁可：《史学理论研讨讲义》，鹭江出版社 2005 年版，第 111 页。

一　小说的特点及其作为史料的可能

　　小说与史书不同，所以才有小说能否证史、如何证史的问题，这是谈论小说史料价值的前提。在中国古代，二者之间的区分比较模糊，故有文史不分的说法，当然随着文学和史学的发展，人们对二者的异同慢慢地也有了一些认识，并留下了不少说法。今天，作为文体的"小说"概念，则是在传统小说观念的基础上，汲取了西方小说观念的成分，结合小说创作的实际，经梁启超、吕思勉、鲁迅等人的探索，于20世纪上半期逐步确立起来的。

　　"小说"一词的早期涵义并非指一种文体，与现代意义上的小说概念差异较大。"小说"一词最早见于《庄子·外物》："饰小说以干县令，其于大达亦远矣。"① 其涵义是指琐屑的言辞，小道理。在刘向、刘歆父子《七略》的基础上形成的《汉书·艺文志》，将诸子分为十家，其中之一为小说家："小说家者流，盖出于稗官。街谈巷语、道听途说之所造也。孔子曰：'虽小道，必有可观者焉。致远恐泥，是以君子弗为也。'然亦弗灭也。闾里小知者之所及，亦使缀而不忘。如或一言可采，此亦刍荛狂夫之议也。"② 即小说是街谈巷语、道听途说的东西，多为"其语浅薄""迂诞依托"之作③，但汉志并没有完全否定其价值，指出虽小道亦有可观。这一观点对后世影响很大，代表了中国古代"小说"的主流观念。东汉桓谭的说法是："若其小说家，合丛残之语，近取譬论，以作短书，治身理家，有可观之辞。"④南朝刘勰《文心雕龙·谐隐》云："然文辞之有谐隐，譬九流之有小说，盖稗官所采，以广视听。"⑤ 初唐所修《隋书·经籍志》亦云："小说者，街说巷语之说也。……以知风俗……道听途说，靡不毕记。"⑥ 他们对"小说"的可观之词、广视听、知风俗等都给予了肯定。唐代刘知幾对"小说"有较多的谈论。他站在史学家的立场上，从"实

---

　　① 王先谦：《庄子集解》卷二十六《外物》，中华书局1987年版，第239页。

　　② 《汉书》卷三〇《艺文志》，中华书局1962年版，第1745页。

　　③ 同上书，第1744页。

　　④ 《文选》卷三一江文通杂体诗《李都尉从军》"袖中有短书"，李善注引《新论》，上海古籍出版社1986年版，第1453页。

　　⑤ 刘勰著，周振甫译：《文心雕龙今译》，中华书局1986年版，第136页。

　　⑥ 《隋书》卷三四《经籍志》，中华书局1973年版，第1012页。

录"出发,批评这类文字"道听途说之违理,街谈巷议之损实"①。但在史料采择上又主张博采:"子曰:'吾犹及史之阙文',是知史文有阙,其来尚矣。自非博雅君子,何以补其遗逸者哉?盖珍裘以众腋成温,广厦以群材合构。自古探穴藏山之士,怀铅握椠之客,何尝不征求异说,采摭群言,然后能成一家,传诸不朽。"② 所以,也没有完全排斥"小说",指出"刍荛之言,明王必择,葑菲之体,诗人不弃,故学者有博旧闻,多识其物","是知偏记、小说,自成一家,而能与正史参行,其所由来尚矣"。③ 指陈了"小说"与"正史参行"的事实,及博闻旧物、明王必择的价值。由此,刘知幾进一步对文史之异同作了初步的辨析,提出在惩恶劝善的功能方面"文之将史,其流一焉"④,而在写作主体和形式上二者"皎然异辙":"昔尼父有言:'文胜质则史',盖史者当时之文也。然朴散淳销,时移世异,文之与史,皎然异辙。故以张衡之文,而不闲于史;以陈寿之史,而不习于文。"⑤

到了清代官方主持修纂的《四库全书总目·小说家序》亦云:"小说九百,本自《虞初》……迹其流别,凡有三派:其一叙述杂事;其一记录异闻;其一缀辑琐语也。唐宋而后,作者弥繁,中间诬谩失真、妖妄荧听者,固为不少;然富劝戒、广见闻、资考证者,亦错出其中。"⑥ 批评了小说的"诬谩失真、妖妄荧听",肯定了其"富劝戒、广见闻、资考证"的社会政治功用。但是,《四库全书总目》没有将当时蓬勃发展的白话通俗小说纳入到"小说"类,所以,与我们今天意义上的小说有很大差距。

而民间学者章学诚,则对这类著述给予了高度重视,将志怪、传奇、演义等纳入到"小说"的范畴,与近代"小说"的概念已比较接近:

> 小说出于稗官,委巷传闻琐屑,虽古人亦所不废。然俚野多不足凭,大约事杂鬼神,报兼恩怨,《洞冥》《拾遗》之篇,《搜神》《灵异》之部,六代以降,家自为书。唐人乃有单篇,别为传奇一类。专

---

① 张振珮笺注:《史通笺注》卷五《采撰》,贵州人民出版社 1985 年,第 150 页。
② 《史通笺注》卷五《采撰》,第 141 页。
③ 《史通笺注》卷一〇《杂述》,第 353 页。
④ 《史通笺注》卷五《载文》,第 153 页。
⑤ 《史通笺注》卷九《核才》,第 331 页。
⑥ 《四库全书总目》卷一四〇《子部·小说家类》,中华书局 1965 年版,第 1182 页。

书一事始末，不复比类为书。大抵情钟男女，不外离合悲欢。红绋辞
杨，绣襦报郑，韩、李缘通落叶，崔、张情导琴心，以及明珠生还，
小玉死报，凡如此类，或附会疑似，或竟托子虚，虽情态万殊而大致
略似。其始不过淫思古意，辞客寄怀，犹诗家之乐府、古艳诸篇也。
宋元以降，则广为演义，谱为词曲，遂使瞽史弦诵，优伶登场，无分
雅俗男女，莫不声色耳目。盖自稗官见于《汉志》，历三变而尽失古
人之源流也。①

在这里，章学诚将"小说"的源头、特点、功能、流变等，通过举例
的方式进行了总结式论述，将六朝志怪、唐代传奇、元明演义作为"小
说"发展的三个阶段，在中国古代小说观念史上还是第一次。但是，对于
"小说"功能的认识还是停留在了"不废"的认识层面，基本态度还是
"多不足凭"。

综观上述古代学者的主要观点，可以将古人对"小说"的认识归纳为
以下几点："小说"的源头是"稗官"，作者多为私家而非官方，形式上
主要是街谈巷议、道听途说，内容特点是虚妄不实，功能是博识惩劝。这
些观念与近代小说观念有不少相通之处，但今天文体意义上的小说观念直
到 20 世纪才最终确立起来。

自梁启超呼吁"小说界革命"，倡导写"新小说"以启迪民智以来，
小说进入了活跃期。梁启超于 1902 年写下了《论小说与群治之关系》，提
倡"欲改良群治，必自小说界革命始；欲新民，必自新小说始"②。他创办
《新小说》杂志，并开辟"论说"专栏，讨论小说问题，使得新小说观念
得到广泛传播。梁启超特别强调的是小说的社会政治作用。之后，经王国
维、曼殊、吕思勉、鲁迅等人的努力，逐渐确定了现代小说的概念。

曼殊说："小说者'今社会'之见本也。无论何种小说，其思想总不
能出当时社会之范围，此殆如形之于模，影之于物矣。虽证诸他邦，亦罔
不如是。"又说："盖小说者，乃民族最精确、最公平之调查录也。"③ 这
是较早对小说反映的思想真实性问题提出的看法。1914 年，吕思勉在《中

① 章学诚著，叶瑛校注：《文史通义校注》卷五《诗话》，中华书局 1985 年版，第 560—
561 页。
② 《新小说》，第 1 号，1902 年。
③ 《新小说》，第 13 号，1905 年。

华小说界》杂志第 3—8 期，连续发表了长文《小说丛话》，以近代西方文学观念为参照，详细论述了小说的性质及其相关问题，尤其强调了包括小说在内的文学的突出特征——虚构性、创造性和想象性，是对小说文体的特点进行了界定。而对于小说中所载之事实，他说："小说所载之事实，谓为真亦可，谓为伪亦可。何也？以其虽为事实，而无一不经作者之想象变化；虽经作者想象变化，而仍无一不以事实为之基也"，"小说者，社会之产物也"。是对小说记事真实性进行的思考。这些言论对于我们认识小说的特点及运用小说史料都有启发意义。到了鲁迅《中国小说史略》的问世，现代"小说"的基本观念便已奠定。

今天意义上的小说，指的是一种文学体裁，它以散体文的形式表现叙事性的内容，通过一定的故事情节对人物的关系、命运、性格、行为、思想、情感、心理状态以及人物活动的环境进行具体的艺术描写，其构成要素有三：故事情节、人物性格刻画、人物的生活环境①。与其它著述相比，人们普遍认为，小说具有叙事性、虚构性、形象性的特点。齐世荣先生在《谈小说的史料价值》中指出，小说"主要指以散文形式表现的叙事性虚构文类"②，指明了这类文体的叙事性和虚构性，从小说内容和创作手法两个方面，对小说进行了界定，应该说代表了史家对小说的基本认识。

那么，小说能否作为历史研究的资料呢？简言之，小说证史是否可能？

我们知道，史学最根本的特点是追求历史的真实——人物、事件、环境、名物、制度、思想等等的真实，这是史学最悠久最稳固的传统。历史真实的含义指的是文本所写符合实际历史发生的原貌，与当时的时空完全吻合，记述中的任何时空错位都是历史的失真。这尚是历史真相之真，在此基础上，再进一步探寻隐藏在历史真相背后的道理之真，是为真理。以叙事性和虚构性为特点的小说，能够反映历史的真相和真理吗？回答当然是肯定的。我们可以从小说素材来源于生活、小说史料多为无意史料、小说证史的学术实践及其成就等三个方面，加以阐述。

首先，从小说素材的来源看。小说中的人与事，虽然通过虚构和夸张等手法，进行了典型化的塑造，但并不妨害其背后隐藏的素材中的真实。

---

① 参见《中国大百科全书·中国文学》"小说"条，中国大百科全书出版社 1986 年版。

② 齐世荣：《史料五讲》，首都师范大学出版社 2014 年版，第 156 页。

小说中的人和事往往来源于实际的生活，小说的取材不可能完全脱离现实生活，哪怕是神魔科幻小说也不例外。

马克思曾对小说揭示政治和社会真理的价值给予了充分肯定："现代英国的一批杰出的小说家，他们在自己的卓越的、描写生动的书籍中，向世界揭示的政治和社会真理，比一切职业政客、政论家和道德家加在一起所揭示的还要多，他们对资产阶级的各个阶层，从'最高尚'的食利者和认为从事任何工作都庸俗不堪的资本家到小商贩和律师事务所的小职员，都进行了剖析。"① 普列汉诺夫"任何文学作品都是它的时代的表现"一语则道出了小说证史的基本依据。② 梁启超对小说中想象与真实的关系发表过看法："须知作小说者无论骋其冥想至何程度，而一涉笔叙事，总不能脱离其所处之环境，不知不觉遂将当时社会背景写出一部分以供后世史家之取材。"③ 鲁迅先生则认为，《儒林外史》和《红楼梦》的取材多是小说家所亲自闻见、亲身经历，故属写实，皆存本真：《儒林外史》"既多据自所闻见，而笔又足以达之，故能烛幽索隐，物无遁形，凡官师……皆现身纸上，声态并作，使彼世相，如在目前。"《红楼梦》"盖叙述皆存本真，闻见悉所亲历，正因写实，转成新鲜"④。孙毓棠在强调小说是时代与社会的产物的同时，指出了小说对于研究历史上的时代精神和社会生活的重要价值："治史的人必须读文学，因为文学是时代精神之最重要的表现。……因为文学是时代与社会的嫡亲血液的产物。……而且它保留给我们以最有价值的生活记载。历史家要知道一个往古的时代，他不但需要知道那时代的政治、社会、经济、法律等典制的实况及变迁，而且必须得知那个时代人的生活的一切——衣、食、居处、舟、车、娱乐。因为了解一个时代的生活，才能了解其社会；能了解其社会，才能了解其文化。而生活的史料，史籍中记载殊少，率皆依赖文学作品得以保存。"⑤ 红学家周汝昌直接将研究小说作为"研究历史文化的一大重要途径"，认为小说就是"活历史"，阐明了小说对研究历史的细部有着史著不可替代的作用："然

① 《马克思恩格斯论艺术》，人民出版社 1978 年版，第 2 卷，第 402 页。

② 普列汉诺夫：《论西欧文学》，人民文学出版社 1957 年版，第 121 页。

③ 梁启超：《中国历史研究法》，第 53 页。

④ 鲁迅：《中国小说史略》，上海古籍出版社 2006 年版，第 143、154 页。

⑤ 孙毓棠：《历史与文学》，见蒋大椿主编《史学探渊》，吉林教育出版社 1991 年版，第 985—986 页。

则史者是记载从政者的功名勋业、名言嘉行、治乱兴衰……皆大事也；而小说者，乃是对其'大'而言，市井家庭、细事闲情、新闻异态……以至个人性情、时代风尚……咸在其间。此二者相对而观之，则虽系一巨一细，却又一'死'一'活'——历史社会一切情状，在'正史'中是不及也不屑写的。于是'小说'承担了此一职责。我称之为'活历史'，缘有此义。""是以研究小说，并非消闲解闷之俗义，实乃研求历史文化的一大重要途径。"①

其次，从小说史料的性质看。小说史料多为无意史料，这几乎是史家的共识。无意史料是人们无意间留下来的历史资料，是与有意史料相对应的一类史料。人们一般将历史著作看作是有意史料，因为是史家为了留存历史，有意所为。对于小说，人们一般将其视为无意史料，并对其存史的真实性给予了高度评价。这只是从留存历史的有意与无意方面看，但并不是说小说的制作没有小说家之"意"②。事实上，不但有，而且非常强烈、鲜明。本文以《老残游记》分析刘鹗的为官理念，正是基于这一理论前提。

胡适非常注重小说的史料价值，曾经对中国古代多部章回小说进行过考证，并指陈了它们对历史研究的意义。他对杂记小说有一个基本的认识，即它们是无意的史料。在他 1924 年的《中国教育史料——与陈世棻书》中，他举周密的《齐东野语》《醒世姻缘传》《儒林外史》等例子，认为："明代小说的情形，最详细的描写莫如《醒世姻缘》小说。此书第三十三回与三十五回真是长篇大幅的绝好教育史料！……《九通》《二十四史》里那有这样好材料？""又如《儒林外史》里也有许多关于十八世纪上半的教育史料"，"以上略举数例，略说教育制度史的性质与史料的来源。来源不拘一格，搜采要博，辨别要精，大要以'无意于伪造史料'一语为标准。杂记与小说皆无意于造史料，故其言最有史料的价值，远胜于官书"③。即小说不但可以作为史料来证史，而且其史料价值比官方的史学著作还要高。小说不但是有价值的教育史料，也是研究社会信仰和文化史的好材料。他在《〈醒世姻缘传〉考证》中说，"《醒世姻缘》真是一部最

---

① 周汝昌：《聊斋志异资料汇编·序言》，南开大学出版社 2002 年版，第 1—2 页。
② 参见笔者《论无意史料与历史研究》，《四川师范大学学报》2014 年第 5 期。
③ 胡适：《中国教育史料》，《胡适文集》，第 4 册，第 541 页。

有价值的社会史料。他的最不近情理处，他的最没有办法处，他的最可笑处，也正是最可注意的社会史实"，诸如信仙、信鬼、信业报等，"这些都是那个时代的最普遍的信仰，都是最可信的历史"，《醒世姻缘传》"是一部最丰富最详细的文化史料"①。不仅如此，他还预言，将来研究 17 世纪中国社会风俗史、教育史、经济史以及当时的政治腐败、民生苦痛、宗教生活的学者，"必定要研究这部书"②。漆侠也有类似的看法，认为"包括《三言二拍》在内的一切文学艺术作品，都可以算作不经意的史料"，并分析了小说史料价值之高的原因："由于作者们不像史官那样有意识承担编辑史料、纂修史籍的任务，所以对社会政治经济生活的各种记录，并没有抱着作为史料的目的。即使号称诗史的杜甫的诗作，也丝毫没有作为史料撰写的。正是由于不经意这一特点，作者们在政治上受到束缚和限制较小，信笔写来，不做作，不粉饰，较史官记录的东西更加真实可靠，这是第一。其次，《三言二拍》许多篇目来自宋人话本和宋人记载，唯其如此，宋代说书人和作者们生活在当时城市中，耳濡目染，亲所闻见，有关城市生活的多方面，各阶级阶层的群相，是他们最为熟悉的对象，从而详实地记录下来，成为研究宋史的重要史料。"③ 他从无意之作和亲所闻见两方面论证了小说史料的价值，并申明了小说证史层面的广泛性——社会政治经济生活。

再次，从小说证史的学术实践及其成就看。古来以小说证史者不乏其例，取得的史学成就值得我们关注与总结。宋代司马光是一位非常严谨的史学家，在历史考证方面成就卓越，他不但主持编纂了《资治通鉴》，而且撰写了《通鉴考异》。在编纂《资治通鉴》时，他不但关注史学著作，而且不废稗官野史，"研精竭虑，穷竭所有，日力不足，继之以夜。遍阅旧史，旁采小说，简牍盈积，浩如烟海，抉摘幽隐，校计毫厘"（《进资治通鉴表》）。钱锺书曾评述道："司马光《传家集》卷六三《答范梦得》谓'实录正史未必皆可据，野史小说未必皆无凭'，故其撰《通鉴》，采及'野史小说'。"④ 在马克思恩格斯的著作中，我们会看到他们用巴尔扎克《人间喜剧》和英国小说证史的例子。中国资本主义萌芽问题大讨论时，

① 胡适：《〈醒世姻缘传〉考证》，《胡适文集》，第 5 册，第 310 页。
② 同上书，第 310—311 页。
③ 漆侠：《历史研究法》，河北大学出版社 2003 年版，第 189 页。
④ 钱锺书：《管锥编》，中华书局 1996 年版，第 1 册，第 271 页。

不少史家就使用了《三言二拍》《金瓶梅》《红楼梦》中的资料。上文提及的漆侠先生就曾写过《〈三言二拍〉与宋史研究》等文章，使用小说史料研究宋代的社会经济。黄仁宇《放宽历史的视界》之《从〈三言〉看晚明商人》，也是以小说史料研究商品经济的文章。用小说证史的方法研究历史的史家，当然还有陈寅恪，虽然陈寅恪最引人注目的是"以诗证史"。陈寅恪小说证史的代表作是《顺宗实录与续玄怪录》和《李德裕贬死年月及归葬传说辩证》等。将陈寅恪小说证史方法发扬光大者有卞孝萱，其著作《唐传奇新探》中①，小说证史之处颇多。总之，小说证史作为历史学的一种现象和研究方法，由来已久，不少史家在这方面也取得了重要学术成就。所以说，从史学实践上看，小说证史不但可能，而且必须。

那么，如何认识小说的虚构性与历史真实之间的关系呢？王国维和陈寅恪的看法值得注意。王国维说："自我朝考证之学盛行而读小说者，亦以考证之眼读之。于是评《红楼梦》者，纷然索此书之主人公之为谁，此又甚不可解者也。夫美术之所写者，非个人之性质，而人类全体之性质也。惟美术之特质，贵具体而不贵抽象。于是举人类全体之性质，置诸个人之名字之下……善于观物者，能就个人之事实，而发见人类全体之性质；今对人类之全体而必归归焉求个人以实之。人之知力相越，岂不远哉。"② 意即作为小说中所写，"个人之性质"往往是虚置的，但反映的"全体人类之性质"是真实的，只是因为小说等艺术崇尚具体而不喜欢抽象，所以作者往往将真实的时代共性置于某一小说人物的身上。陈寅恪有相似的看法，提出了小说"通性的真实"与"个性的真实"的观点。据石泉等回忆，陈寅恪主张治史要以小说作参考："小说亦可作参考，因其虽非个性的真实，但有通性的真实。"③ 康骈的《剧谈录》记载了元稹见李贺一事，陈寅恪认为不实，但却反映了当时社会风气："《剧谈录》所记多所疏误，自不待论。但据此故事之造成，可推见当时社会重进士轻明经之

---

① 卞孝萱：《唐传奇新探》，江苏教育出版社 2001 年版。
② 王国维：《红楼梦评论》，洪治纲主编《王国维经典文存》，上海大学出版社 2003 年版，第 149 页。
③ 石泉、李涵：《听寅恪师唐史课笔记一则》，《纪念陈寅恪先生诞辰百年学术论文集》，北京大学出版社 1989 年版，第 33 页。

情状，故以通性之真实言之，仍不失为珍贵之社会史料也。"① 亦论及 "通性之真实"。"个人" "全体"、"个性" "通性" 之说，对于小说反映历史真实的情况，作了恰切的说明，固为精到之论，但并不能涵盖小说证史的全部方面。王国维和陈寅恪的观点，针对的是小说中的人和事，而其中对制度、名物、环境的描写似可作为证明历史的直接材料，这些记载可能有时空的错位，却没有虚构的必要，所以也无所谓个性真实和通性真实之说。如漆侠谈及《红楼梦》中所写的器物对研究中西交通史的价值："由于 18 世纪中国和外国的交往，很多的外国物品传到中国，诸如大玻璃镜、俄罗斯绒大毡、自鸣钟、小蛮靴之类，应有尽有，因而上世纪三四十年代就有人利用这当中的材料说明这一时期的中西交通。"② 对于这些物品，曹雪芹显然没有虚构的必要。

二　以《老残游记》为文本分析刘鹗的为官理念

小说证史，就是将小说作为研究历史的资料，来证明历史真相和真理。就其所证历史的方面而言，大体可分为二：一是小说多为作者的有意创制，大都经过作者的精心构思，其立题命意都是作者着意所为，因此，是研究作者思想观念和生平事迹的直接材料和有效证据；二是作品中所写社会生活各个方面的内容，包括物质的、制度的和精神的等等，有的是作者有意写出，有的则是无意留存，都可以作为证明历史的材料。就第二方面来说，因为生活本身的丰富多彩，小说的反映也往往包罗万象，所以小说史料自然可以作为研究过往社会历史各方面的材料。杜维运说："小说虽属虚构，但背景颇多可取，如《红楼梦》的记繁华世家，《儒林外史》的记士子生活，《儿女英雄传》的记闹场情形，《彭公案》的记秘密社会，都是绝好的社会史材料。"③ 这是就不同小说的主题而说的。齐世荣先生则从五个方面，具体说明了小说是如何反映历史情况的：反映一个历史时期的全貌或一部分（道德标准或风气习惯等）、典型环境中的典型人物、折射出真实的历史事件、觇人情而征人心、提供具体细节。④ 这是就所证历

① 陈寅恪：《唐代政治史述论稿》，上海古籍出版社 1980 年版，第 84 页。
② 漆侠：《历史研究法》，第 34 页。
③ 杜维运：《史学方法论》，三民书局 1992 年版，第 136 页。
④ 齐世荣：《谈小说的史料价值》，《史料五讲》，第 159—180 页。

史的具体方面来说的。从理论上来说，历史的每一个方面、每一个层次都可以用小说史料进行探讨：生产方式、工具器物、政治制度、婚姻家庭、思想观念、情感风尚、宗教信仰、生态环境等；一部小说，特别是长篇小说，也大都能够涉及环境、物质、制度、精神这社会文化的四大层面。所以，小说史料具有广泛性的特点。

本文以《老残游记》证史，不属于第二大方面，而属于以小说证明作者思想观念的方面。那么，对于主观色彩极为强烈的小说，它的史料价值与史书相比又如何呢？翦伯赞提出了一个独特的看法："就史料的价值而论，则史部以外之群书上的史料，其可靠性高于史部诸史上的史料。"① 这一观点看起来似乎令人不解，实际上他是从作者的主观性对著作的影响这个角度提出的。他认为，作者主观性介入文学作品和史学著作的效果不同："史部诸史，是有意当作史料而写的，其写作的动机，则抱着一种主观的目的。……这种主观意识之渗入，当然要使史实受到程度不同的歪曲，乃至涂改，以致减少了史料的真实性。至于史部以外的群书，则并非有意为了保存某种史料而写的，而是无意中保留了或反映出若干的史料，这样无意中保留着或反映出的史实，当然要比较真切。固然，在史部以外的群书中，其行文记事，也夹杂着主观的意识，特别是各种文艺作品，如诗词、歌赋、小说之类，甚至还具有比史部诸书更多的主观意识。但是在这一类书籍中所表现的主观意识之本身，就是客观现实之反映；因而他不但不破坏史料的真实，反而可以从侧面反映出更真实的史料。"② 这一看法不但道出了小说作为无意史料的价值，也指明了灌注于文学作品中的主观意识的客观真实性。这是我们以《老残游记》分析刘鹗为官理念的理论依据。当然，对于史部书和史部以外群书之史料价值的高低，我们要辩证地看，史料价值的高低应该针对研究的问题来判断，笼统地评判二者价值的高低是不合理的。另外，史部诸史的作者，他们的写作动机和主观目的也是一种客观真实的存在，也反映了他们所处时代的精神特质。

学界对刘鹗（1857—1909）及《老残游记》的研究，从文学艺术的角度，已经取得了可观的学术成就。然而，以《老残游记》证史者尚不多

---

① 翦伯赞：《略论中国文献学上的史料》，见王学典编《史学理念》，重庆出版社 2001 年版，第 25—26 页。

② 同上书，第 26 页。

见。即使有一些以《老残游记》研究刘鹗思想观念者，也大都只涉及刘鹗对所谓"清官"的批判①，因为这一点在小说中表现得非常突出。惜学者并未将此问题扩展开来，进而对刘鹗的为官理念作全面深入的考察。实际上，刘鹗不仅批判"清官"，而且，对为什么做官、如何做官以及理想官员的素质等问题，有着多方面的思考，这蕴含在《老残游记》一书中，也散见于其另外的著述里，还体现在他本人的行为中。本文即力图以《老残游记》为资料，较为全面地研究刘鹗的为官理念，意在以此为个案，阐述小说证史的诸般问题，力图总结出小说证史的基本理路。

那么，刘鹗对为官问题有怎样的认识和思考呢？我们将以《老残游记》为主要依据，辅之以其他文献材料，从"清官"问题、为官的道德与精神、为官的识见与能力三个方面对刘鹗的为官理念进行探讨。

1. 对"清官"认识的深入

刘鹗在《老残游记》第十六回原评中自言："历来小说皆揭赃官之恶，有揭清官之恶者，自《老残游记》始。"② 虽然这一说法并不准确，此前已有揭清官之恶的小说，但却表明了作者重点描写和关注的是"清官"。这一题材特点经过鲁迅的推扬，得到了广泛的认可。鲁迅评价《老残游记》为"摘发所谓清官者之可恨，或尤甚于赃官，言人所未尝言"③。另外，胡适在亚东图书馆本《老残游记》序中也说"《游记》写官吏的罪恶，始终认定一个中心的主张，就是要指出所谓'清官'之可怕"④。赵苕狂在《老残游记考》中更明确地指出："本书共有三个中心主张，第一是揭出所谓清官的罪恶。"⑤

的确，揭清官之恶是《老残游记》中着墨较多的地方，也是小说的精彩之笔。在传统中国人的心目中，理想的官员显然是清官，是包拯、海瑞一类的忧国爱民、清正廉明、为民做主、敢于挑战权势而不畏贬谪的官吏，这一点刘鹗显然未置否定之词，应该说他心目中理想官员的形象也是这一类人。但他接触了形形色色的官吏后，发现有一类官吏，窃取"清

---

① 如杜贵晨《评〈老残游记〉"揭清官之恶"》，《齐鲁学刊》1992年第6期；田同旭《〈老残游记〉清官批判思想之探源》，《山西大学学报》2003年第1期。

② 刘鹗著，严薇青注：《老残游记》，齐鲁书社1985年版，第203页。

③ 鲁迅：《中国小说史略》，上海古籍出版社2006年版，第192—193页。

④ 刘德隆、朱禧、刘德平编：《刘鹗及老残游记资料》，四川人民出版社1985年版，第375页。

⑤ 同上书，第424页。

廉"之名，为了自己的升迁和名声，不但不爱民，反而肆无忌惮地迫害和虐杀百姓，以之邀功，刘鹗认为这些人比赃官更可怕，也更可恨，他所批判的清官，严格地讲正是这样的酷吏。

小说塑造了两位"清官"的典型：一是曹州知府玉贤，二是齐河县抚台派员刚弼，其中以写前者为详。他们都"不要钱"。小说描写了他们的种种劣迹，揭示了所谓"清官"的三大特点：阳清阴酷、杀民邀官、缺德无能。

"清官"的特点之一是阳清阴酷。小说第四回描写玉贤："玉大人官却是个清官，办案也实在麻力"，是出了名的"办盗案好的很"的官员，有"路不拾遗"的声望，"只是手太辣些"。所谓"手太辣"，即全靠酷刑严逼，几乎不问实情。其"清"在哪里，小说未具体描写，作者重点对其残酷进行了淋漓尽致的揭露。玉贤在衙门前设了十二个站笼，专门对付抓来的所谓犯人，"未到一年，站笼站死二千多人"（第三回），玉贤"赛过活阎王，碰着了，就是个死！"以至于被害家属敢恨而不敢直言，只得违心曲折地说："是个清官！是个好官！衙门口有十二架站笼，天天不得空。"（第五回）小说主要通过三个冤案写玉贤之酷：一是于学礼一家四口，因强盗栽赃陷害，玉贤不辨，反定于家为强盗，致使他们蒙冤而死（第四回至第五回）；二是王家老汉的儿子，因为随口说了玉大人怎样糊涂好冤枉人，而被玉贤抓起，以谣言惑众用站笼站死（第五回）；三是曹州府马队什长王三想占有一家闺女，于是污蔑女子的父亲为盗，将其用站笼站死，并诬陷一知情的老实布贩子，也将其站死（第五回至第六回）。

小说中的玉贤即现实中的毓贤，《清史稿·毓贤传》写毓贤"署曹州，善治盗，不惮斩戮，以巡抚张曜奏荐，得实授"①。而《老残游记》第四回刘鹗自评："玉贤抚山西，其虐待教士，并令兵丁强奸女教士，种种恶状，人多知之。至其守曹州，大得贤声，当时所为，人多不知，幸赖此书传出，将来可资正史采用。"② 在《邻女语》第九回刘鹗评曰："毓贤在山西诛教士。此篇用渡笔，惜未畅写其残忍无人之状。"③ 均指明了"大得贤声"的毓贤，明为"清官"，实则是"不惮斩戮"的残暴官吏，揭露了其

① 《清史稿》卷四六五，中华书局点校缩印本 1998 年版，第 3269 页。
② 《老残游记》，齐鲁书社 1985 年版，第 50 页。
③ 《刘鹗及老残游记资料》，第 84 页。

阳清阴酷的官吏特征。在描写玉贤之酷时，刘鹗写到了玉贤的属下申东造，虽然着墨不太多，但却通过申东造，表达了为官要化盗为民、办实事的理念（第六回、第七回）。

刚弼也是一个"清廉得格登登的"的官（第十五回），可是在办理"惊天动地"的贾家十三条命案时，刚愎自用，蛮横武断，致使魏氏父女屈打成招。故事写的是贾家女儿贾探春不安分，与吃喝嫖赌的吴二浪子通奸，因此前与大嫂魏氏有隙，贾吴二人便将毒药放入魏家送来的月饼里，诬陷魏氏父女是害人凶手。刚弼审案，"一跑得来，就把那魏老儿上了一夹棍，贾魏氏上了一拶子。两个人都晕绝过去，却无口供"（第十五回）。魏家管事的愚忠老实，为救魏氏父女，托人求情，送给刚弼一千两银票。刚弼便仅凭送银一事，就断定魏家父女必是害人者。其办案逻辑是："倘若人命不是你谋害的，你家为什么肯拿几千两银子出来打点呢？"（第十六回）小说以对比的手法写了办案求实的王子谨和白子寿。特别是白子寿，在纠正魏家冤案中，注重调查，强调证据，细心推究，终使真相大白，冤情昭雪。

"清官"的第二个特点是杀民邀官。玉贤和刚弼的所为，目的何在？刘鹗传达的基本思想是：他们杀民邀官。第六回老残向申东造说，玉贤之流"只为过于要做官，且急于做大官，所以伤天害理的做到这样。而且政声又如此其好，怕不数年之间就要方面兼圻的吗。官愈大，害愈甚：守一府则一府伤，抚一省则一省残，宰天下则天下死！"（第六回）这正如第六回回目所言："万家流血顶染猩红"！老残墙壁题诗咏玉贤亦云："得失沦肌髓，因之急事功。冤埋城阙暗，血染顶珠红。处处鹈鹕雨，山山虎豹风。杀民如杀贼，太守是元戎！"（第六回）而第五回于学礼的妻子吴氏自刎后，差役请求玉贤放了于学礼，玉贤的回答是："若放下他，一定不能甘心，将来连我前程都保不住。"他考虑的是自己的前程，而哪管百姓的死活！

"清官"的第三个特点是缺德无能。为官首先要有爱民之心，至少要慈悲为怀，可是玉贤却连强盗都不如。玉贤残酷的治理使得百姓生命朝不保夕，在其酷政之下，百姓连严冬中饥寒的鸟雀都不如（第六回）。小说第五回有一段描写，典型地反映了玉贤毫无同情心：于家老头站笼站死后，于学礼的妻子吴氏跪倒在府衙门口，对于学礼大哭一场，拔刀自刎。这件事感动了差役，请求玉贤放了她的丈夫，玉大人笑道："你们倒好，忽然的慈悲起来了！你会慈悲于学礼，你就不会慈悲你主人吗，这人无论冤枉不冤枉，若放下他，一定不能甘心，将来连我前程都保不住。俗语说的好，'斩草要除根'，就是这个道理。况这吴氏尤其可恨，他一肚子觉得我冤枉了他一家子。若不是个女人，他虽死了，我还要打他二千板子出出气呢！"可以说，简直没有人性！连强盗还不如："那移赃的强盗，听见这样，都后悔的了不得，说：'我当初恨他报案，毁了我两个弟兄，所以用个借刀杀人的法子，……谁知道就闹的这么利害，连伤了他四条人命！委实我同他家也没有这大的仇隙。'"（第五回）相比之下，玉贤作为署理百姓的父母官，还不如一个强盗。其所谓治盗，分明是以治盗为名，行一己之私、一己之快："听说他随便见着什么人，只要不顺他的眼，他就把他用站笼站死；或者说话说的不得法，犯到他手里，也是一个死。"（第五回）

那么，玉贤他们真的治住盗贼了吗？"玉太尊所办的人，大约十分中九分半是良民，半分是这些小盗。若论那些大盗，无论头目人物，就是他们的羽翼，也不作兴有一个被玉太尊捉着的。"（第七回）形式上路不拾遗，实际上"强盗摸着他的脾气，这玉大人倒反做了强盗的兵器了。"（第四回）所治的盗贼，"不是忠实乡民，就是被强盗胁了去看守骡马的人"，或者是强盗栽赃陷害的人，"至于真强盗，一百个里也没有几个"（第三回）。于家一案，明为强盗栽赃，他却毫无觉察，反被强盗利用。小说这样的描写，又突出反映了玉贤之流的愚蠢无能。刚弼办理贾家命案也是认定自己正确，对人动辄严刑拷打，既无恤民之心，又无办案之能。老残怒斥刚弼："这是制强盗的刑具，你就随便施于良民，天理何存？良心安在？"（第十七回）而刚弼办案时，既不查明原委，也不仔细勘验证据，只以猜测为凭，妄断魏氏父女为害人者，其无能也暴露无遗。

在晚清这一特殊的历史时代，"清官"也是异化的"清官"，刘鹗对玉贤和刚弼所谓"清官"的揭露和批判，较之李伯元和吴趼人等对贪官的谴责更为深刻。李伯元的《官场现形记》及吴趼人的《二十年目睹之怪现状》，所揭露和谴责的是一般意义上贪财的官吏，呼唤的是清廉的官吏，而刘鹗所揭露批判的恰恰是所谓清廉的官吏，当"清官"都如此可恨可怕时，说明当时的官场已经到了怎样的地步！刘鹗对"清官"的本质有了深刻的认识：

首先，"清官"不"清"。刘鹗所写的"清官"并非不贪，只是与一般意义上的贪官所贪的"东西"不同。贪官贪财而用于买官或腐化；"清官"贪名而做更大的官。虽然他们手段不同，目的却无二致，其本质都是自私自利，而杀民邀官是一种危害性更大的贪婪。其次，"清官"的贪比贪官更隐蔽，更疯狂。小说第十六回原评："赃官可恨，人人知之；清官尤可恨，人多不知。盖赃官自知有病，不敢公然为非；清官则自以为不要钱，何所不可，刚愎自用，小则杀人，大则误国。吾人亲目所睹，不知凡几矣。试观徐桐、李秉衡，其显然者也。《二十四史》中指不胜屈。作者苦心愿天下清官勿以不要钱便可任性妄为也。"① 贪官还有所顾及，而"清官"自以为"不要钱"而肆无忌惮，为所欲为。清廉是他们高尚的借口，故而反成了害天下的最大祸根，"清廉人原是最令人佩服的，只有一个脾气不好，他总觉得天下都是小人，只他一个人是君子。这个念头最害事的，把天下大事不知害了多少！"（第十八回）上述两条资料，都深刻地揭示了"清官"危害的隐蔽和疯狂。再次，真正的好官应该是清而有德，清而有能。不论贪官还是"清官"都无爱民官德，只为一己之利，但"清官"又自高自大，将他人视为小人，故而以严刑甚至杀戮对待百姓。"清官"除了剩下虚假的清廉之名外，又根本没有治政能力，与真正的清官完全不同。胡适曾说："古来的'清官'如包拯之流，所以能永久传诵人口，并不是因为他们清廉不要钱，乃是因为他们的头脑子清楚明白，能细心考查事实，能判断狱讼，替百姓伸冤理枉。如果'清官'只靠清廉，国家何不塑几个泥像，雕几个木偶，岂不更能绝对不要钱吗？一班迂腐的官吏自信不要钱便可以对上帝，质鬼神了，完全不讲求那些搜求证据，研究事实，判断是非的法子与手段，完全信任他们自己的意见，武断事情，固执成见，所以'小则杀人，大则误国'。"② 玉贤受强盗迷惑，成了强盗杀民的武器，刚弼昏庸，根本抓不到真正的凶手，他们的无能被刘鹗暴露无遗。

刘鹗对"清官"的隐蔽性、疯狂性和危害性的揭露与批判，显现出他对晚清为官现实的细致观察和对为官理念复杂性的深刻认识，从反面表达了他对理想官员的追寻。正如日本樽本照雄在《试论老残游记》中所说，"刘铁云理想中的官僚恰好是与玉贤相反的'化盗为民'的'父母官'

---

① 《老残游记》，第 203 页。
② 《刘鹗及老残游记资料》，第 376 页。

（第七回）。恰如老残说的'救民即所以报君'（第十九回）那样，刘铁云认为做官不可无'救民'的目标。具体些说，理想的官僚形象，就是同玉贤相对的申东造、与刚弼相对的白子寿。"①

2. 为官的道德与精神

为官首先要有官德，为官也要有基本的精神品格。刘鹗不但继承了传统的忧国爱民的官德理念，在官吏好名贪财、残害百姓的清末，仍然强烈呼吁官吏忧国爱民，甚至饱含深情地为国为民而哭泣，而且他感时代之风气，主张改良，强调了为官的求实精神。忧国爱民和求实精神，在上述他对"清官"的批判中已经有所展现，此处我们具体论述。

首先，为官要有忧国意识。

刘鹗认为，具有忧国意识是官德的基本要求。小说第一回所写风浪中的破旧大船，"无一处没有伤痕"，"这一船人，实在可危的极"，"这船眼睁睁就要沉覆"，正是当时中国的象征：

船身长有二十三四丈，原是只很大的船。船主坐在舵楼之上，楼下四人专管转舵的事。前后六枝桅杆，挂着六扇旧帆，又有两枝新桅，挂着一扇簇新的帆，一扇半新不旧的帆，算来这船便有八枝桅了。

船主象征着中国的最高统治者，转舵的四人影射军机四大臣，六枝桅杆和六扇旧帆是吏、户、礼、兵、刑、工六旧部，两枝新桅寓指新设的商部和外务部。

这船虽有二十三四丈长，却是破坏的地方不少：东边有一块，约有三丈长短，已经破坏，浪花直灌进去；那旁，仍在东边，又有一块，约长一丈，水波亦渐渐侵入；其余的地方，无一处没有伤痕。

这里寓指东北三省和山东一省已成了外国人的势力范围，其余各省，也是被外国人的势力所渗透，满目疮痍。

船面上坐的人口，男男女女，不计其数，却无篷窗等件遮盖风日……面上有北风吹着，身上有浪花溅着，又湿又寒，又饥又怕。看这船上的人都有民不聊生的气象。

而这一段描写，正是当时中国普通百姓饥寒交迫的真实展现。

在这样一艘大船上，除了船主、转舵的四人和不计其数的男男女女即普通百姓外，小说还写到了抢剥百姓的"水手"，指的是众多官员；被杀

---

① 《刘鹗及老残游记资料》，第 509 页。

掉后抛进海里的人，寓指戊戌变法人士；高谈阔论的"英雄豪杰"，则是革命者；再加上给大船送罗盘以指明航向的老残等改良派，可谓将当时社会上各个阶层及派别的形象概括了出来。对于他们，刘鹗的基本认识和态度是："驾驶的人并未曾错"，只是因为他们"只会过太平日子"，又"未曾预备方针"，所以才在这阴天大浪的险恶环境中，将这艘祖宗的大船弄得狼狈不堪。对于普通老百姓，刘鹗寄予了深深的同情。对于抢剥百姓的"水手"，刘鹗痛恨至极。而对于革命者，刘鹗则持否定态度，认为他们只会高谈阔论，蛊惑群众，打掌舵，骂船主，杀管船的，而自己"敛了许多钱去，找了一块众人伤害不着的地方"，"只管自己敛钱，叫别人流血"，"这等人恐怕不是办事的人"，"倘若这样做去，胜负未分，船先覆了！万万没有这个办法！"那么，真正正确的法子就是如老残他们所为，给船上送去罗盘和纪限仪，指明在风浪中前进的方向，即借助西方的科技，对中国进行改良。于是，老残他们三人"带了一个最准的向盘，一个纪限仪"，去追赶大船，结果，那下等的水手骂他们是"洋鬼子差遣来的汉奸"，咆哮着要求船主杀掉他们，那些英雄豪杰也在那里喊道："这是卖船的汉奸！快杀，快杀！"

　　这一破陋大船的描述，集中反映了刘鹗对国家的深深忧虑，对百姓的深切同情，以及救助大船及船上人性命的迫切愿望，是刘鹗忧国意识的集中体现。其中，对于清政府的众多官员，刘鹗描写道："那水手只管在那坐船的男男女女队里乱窜，不知所做何事。用远镜仔细看去，方知道他在那里搜他们男男女女所带的干粮，并剥那些人身上穿的衣服。章伯看得亲切，不禁狂叫道：'这些该死的奴才！你看，这船眼睁睁就要沉覆，他们不知想法敷衍着早点泊岸，反在那里蹂躏好人，气死我了！'"这就是刘鹗对当时众多官员的鲜明写照，他们只知道盘剥欺压百姓，哪管国家的生死存亡，毫无半点忧国之心！

　　正如刘鹗借尼姑逸云所说，当时的官场，"官幕两途，牛鬼蛇神，无所不有！"[1]"那州县老爷们比娼妓还要下贱！遇见驯良百姓，他治死了还要抽筋剥皮，锉骨扬灰。遇见有权势的人，他装王八给人家踹在脚底下，还要昂起头来叫两声，说我唱个曲儿伫听听罢。"[2]趋炎附势，毫无德行！

① 《老残游记》，第272页。
② 同上书，第273页。

而在国家危难之时，他们就会出卖国家利益。连梦青《邻女语》第八回写道，守卫张家口的都统，因怕死而送给德军大量财物金钱，还怕送少了不能使德军统帅满意，就要把府库中的财物全部送出。对都统的这种可耻行径，刘鹗评论道："都统嫌送礼不够，再送一座中国江山何如?!"① 可见刘鹗对这等官员是何等的愤慨。《邻女语》第十二回评曰："想做开国元勋，岂仅徐桐、徐承煜父子两个!""徐相父子诟谇之词，绝妙一篇官场行述。"② 此评针对的是徐桐和徐承煜父子，这大清的两位高官，在洋人攻打京城时，毫无气节，插旗投降，还梦想投降后将来做个开国元勋。事情迫不得已时，儿子劝老子自尽，以便将罪恶推到老子身上以自保，并美其名曰"殉国"，父亲则痛骂儿子"怎么你不想做忠臣，倒要我做忠臣!"这就是清朝的大官要员，其对骂正揭示出他们各自真实的丑陋心态。全是自私，哪里有一点国家忧患意识？难怪刘鹗有上述辛辣讽刺的评论。

举世皆病，棋局已残，大船将沉，刘鹗认为，在这样的时代，出仕为官尤其应当具备忧国意识。刘鹗通过自己的言行和呼吁表达出了这样的追求。

小说第七回，刘鹗借老残之口道出了自己年轻时的抱负："我二十几岁的时候，看天下将来一定有大乱，所以极力留心将才，谈兵的朋友颇多……其时讲舆地、讲阵图、讲制造、讲武功的，各样朋友都有。"面对国是日非的局面，青年刘鹗就具有强烈的拯救愿望。在《矿事启》奏稿中，刘鹗更深切地表达了自己的忧国之情："抚念时局，蚤夜彷徨。捧土塞河，诚自知其不量；竭愚尽萃，要无非忠君爱国之忱，知我罪我，惟诸君裁之。"③ 所以，面对国家的衰落，刘鹗呼吁改良，并寻求改良之方，"仆自甲午以来，痛国家之衰落，虑列强之瓜分，未可听其自然，思亟防御之方，非种种改良不可"④。可是，在为国效力的道路上，他处处受阻，深感困难重重，而问题的关键，在他看来，就是人们没有觉醒，所以，他要唤醒众人，并盼望同志相助。第一回自评云："举世皆病，又举世皆睡。真正无下手处，摇串铃先醒其睡。无论何等病症，非先无治法。具菩萨婆

---

① 《刘鹗及老残游记资料》，第 84 页。
② 同上书，第 86 页。
③ 同上书，第 133 页。
④ 同上书，第 132 页。

心，得异人口诀，铃而曰串，则盼望同志相助，心苦情切。"① 这正是刘鹗在小说中设置老残这一江湖郎中作为主人公，以医人寓医国的深刻用意，而在唤醒和求助的背后则是刘鹗深深的忧国意识。

小说第十二回写老残冬日滞留齐河的夜晚，冷雪明月里，心中无限的感慨和悲伤："'现在国家正当多事之秋，那王公大臣只是恐怕耽处分，多一事不如少一事，弄的百事俱废，将来又是怎样个了局？国是如此，丈夫何以家为！'想到此地，不觉滴下泪来。"在这样的时局之下，与朋友会面，也只能"涕洟谈国事，漂泊诉游踪"② 了。

其次，为官要有爱民情怀。

忧国与爱民是紧紧相连的，在强调为官要具有忧国意识的同时，刘鹗指出，为官还要有爱民情怀。

小说第七回写申东造向老残请教为官之策，老残答道："若求在上官面上讨好，做得烈烈轰轰，有声有色，则只有依玉公办法，所谓逼民为盗也；若要顾念'父母官'三字，求为民除害，亦有化盗为民之法。"刘鹗强调的是做百姓的"父母官"，爱民惜民，对于已经为盗的百姓，也要化盗为民。而对于玉贤的逼民为盗，刘鹗极力痛斥。小说第六回写到，老残看见寒雪中的鸟雀，在瑟缩发抖，顿时想到曹州府的百姓，不由触动忧民之情，进而对害民的玉贤痛彻骨髓，恨不能将这毫无爱民之德的酷吏杀掉：

> 这些鸟雀虽然冻饿，却没有人放枪伤害他，又没有什么网罗来捉他，不过暂时饥寒，撑到明年开春，便快活不尽了。若像这曹州府的百姓呢，近几年的年岁，也就很不好。又有这么一个酷虐的父母官，动不动就捉了去当强盗待，用站笼站杀，吓的连一句话也说不出来，于饥寒之外，又多一层惧怕，岂不比这鸟雀还要苦吗！想到这里，不觉落下泪来。……恨不得立刻将玉贤杀掉，方出心头之恨。

酷吏害民固然可恨，百姓的穷困则是更为重要也更为基本的问题。在《风潮论》，刘鹗指出，当时最让人忧虑的是普通百姓的穷困。他说："风

---

① 《老残游记》，第9页。
② 刘鹗著，刘蕙孙标注《铁云诗存》，齐鲁书社1983年版，第6页。

潮不足畏，革命党不足畏，而天下之民不聊生为大可畏也。"① "而四百兆之民日就穷困为大可虑也。"② 刘鹗的这种爱民情怀，有时还化作动人的诗篇："北风吹地裂，萧瑟送残年。仆告无储米，人来索赁钱。饥鸟啼暮雪，孤雁破寒烟。念我尚如此，群生更可怜！"③ 读之让人感叹唏嘘。

酷政、穷困，若再加上水患，百姓更是凄苦悲惨。在《上郑工局总办禀》中，刘鹗对黄河大汛造成的百姓惨状深表忧虑和同情："黄之大汛之际，一千余庄沦没水中，其举家被难者，不知凡几。目击心伤，惨不忍言。"④《邻女语》第五回刘鹗评语道："水退之后，便卖儿鬻女，偿还米款。可知山东连年灾患，家无盖藏矣！"⑤

国家的危难，百姓的惨状，不能不让刘鹗落泪。在《老残游记·自叙》中，刘鹗写道："棋局已残，吾人将老，欲不哭泣也得乎？" "吾人生今之时，有身世之感情，有家国之感情，有社会之感情，有种教之感情。其感情愈深者，其哭泣愈痛：此鸿都百炼生所以有《老残游记》之作也。"⑥《老残游记》正是一部哭泣的书，是刘鹗对国家内外交困、百姓民不聊生深深关切与无限感慨的书。哭泣是他忧国爱民之情的最强烈的表达。

再次，为官要有求实精神。

面对时局，刘鹗并不仅局限于唤醒与哭泣，他还主张从实际出发，做实事，以解决现实问题。这是他所追求的做人品格，也是他对为官者的要求。

在刘鹗看来，玉贤和刚弼除了无德无能之外，在具体办案时，还缺乏求实精神。玉贤相信强盗对于家的栽赃，不问实情；刚弼凭借一己猜度，不究实据，作为官员，他们有着共同的缺陷，故而造成冤案。第一回他说革命党"高谈阔论""自己敛钱叫别人流血"，固然有认识上的错误，但却折射出他救国救民强调求实的思想倾向。第九回谈论儒佛道的问题时，刘鹗借黄龙子之口说："儒、释、道三教，譬如三个铺面挂了三个招牌，

① 《刘鹗及老残游记资料》，第 139 页。
② 《刘鹗及老残游记资料》，第 140 页。
③ 《铁云诗存》，第 11 页。
④ 《刘鹗及老残游记资料》，第 106 页。
⑤ 同上书，第 82 页。
⑥ 罗振玉：《清代学术源流考》，江苏文艺出版社 2011 年版，第 91 页。

其实都是卖的杂货，柴米油盐都是有的。不过儒家的铺子大些，佛、道的铺子小些，皆是无所不包的。"意指三者都是为了日常之用的。该回还批评宋儒的空谈不讲实际，"宋儒之种种欺人，口难罄述"。这些都反映出刘鹗所倡导的求实精神。当时中国的实际问题在哪里？刘鹗认为在民困，百姓饥寒交迫则生乱："老子曰：'民不畏死，奈何以死惧之！'民岂不畏死哉？饥寒迫之则不畏死矣"，"当民不聊生之日，有孙文亦乱，无孙文亦乱"，所以，当务之急是尽快解决人民的穷困问题，如何解决呢？"救之之法安在？仍不越修路、开矿、兴工、劝农四项而已。而最重者在核实二字。"① 亦即实实在在地"整顿工农商务"②，罗振玉在《五十日梦痕录》中也说，刘鹗"征试于京师，以知府用。君于是慨然欲有所树立。留都门者二年，谓扶衰振敝当从造铁路始，路成则实业可兴，实业兴而国富，国富然后庶政可得而理也"③。在今天所见的刘鹗留下的著述中，我们会看到许多"实"字，也表明他对求实精神的反复强调。

刘鹗一生所为，也在践履着求实精神，他的报效河工，北平赈济，以及开办路矿，创办实业，都体现了他的这一努力方向。年青时的刘鹗曾雄心勃勃，结纳朋友，相约报国。他们在一起讲舆地、阵图、制造、武功等，注重的都是实学。（第七回）其从实际出发救国拯民的意愿，应该说早已埋藏胸中。赴河南治河时，作为属吏，他提出切合实际的建议，并且亲临河决现场，不畏艰难，与徒役一起劳作。罗振玉《五十日梦痕录》中写道："光绪戊子（1888），河决郑州。君慨然欲有以自试，以同知投效于吴恒轩中丞。中丞与语，奇之，颇用其说。君则短衣匹马，与徒役杂作，凡同僚所畏惮不能为之事，悉任之。声誉乃大起。"④ 后刘鹗为提调官，实地测量黄河，"测绘河图，终日管窥蠡测，奔骤河干，与波涛相出没者，五月于兹矣"⑤，都反映了刘鹗的实干精神。其目的无非是使"九重永除宵旰之忧，万姓老于衽席之上"⑥，表达了自己为朝廷和百姓出力的愿望。后刘鹗建议张之洞利用外资修芦汉铁路，但因与盛宣怀意见不合而罢。他还

---

① 《刘鹗及老残游记资料》，第140页。
② 同上书，第133页。
③ 《清代学术源流考》，第90页。
④ 同上书，第89页。
⑤ 《刘鹗及老残游记资料》，第106页。
⑥ 同上书，第105页。

应英商福公司山西煤矿的聘请，担任华人经理。他自己开办过织布厂、盐业公司，还开过商场。可惜，由于时代的原因，他所办实业大都以失败而告终。但他一直没有放弃为百姓办实事的信念，最突出的表现是 1900 年庚子事变时，刘鹗自己出资金买下被俄军控制的清朝太仓粟，赈济百姓，并设会筹资，掩埋死者。这正是刘鹗爱民情怀的实际表现。不料此事竟成了他后来获罪流放的借口。从刘鹗一生所为，我们发现，求实精神是他一以贯之的为官和做人的品格。他认为"高谈阔论"无用，只有注重实学、兴办实业、真正实干，才能有助于国家和苍生。

3. 为官的识见与能力

对于为官者的识见和能力，刘鹗也给予了深切关注。他认为，为官者不但要认清形势，找准方向，具有对外开放并利用外国资本的眼界，而且要有实际的治政能力。

首先，为官要有时局危机意识和明确的为政方向。

为官者对时局要有清醒的认识，但在刘鹗看来，当时的官吏多糊涂昏聩，正是所谓"举世皆睡"，没有几个人能意识到"举世皆病"的危机，也找不到前进的方向。在小说第一回，刘鹗写到，时局危难是因为"他们未曾预备方针。平常晴天的时候照着老法子去走，又有日月星辰可看，所以南北东西尚还不大很错。这就叫做'靠天吃饭'。那知遇了这阴天，日月星辰都被云气遮了，所以他们就没了依傍。心里不是不想望好处去做。只是不知东南西北，所以越来越错。"即在各种矛盾错综复杂并日益激化的社会环境下，他们茫然不知所往，更不知采取什么样的办法来化解危机。

刘鹗"是一个很有见识的学者，同时又是一个很有识力和胆力的政客"①，他写《老残游记》目的之一，就是唤醒沉睡的人，给危难中的国家指明出路。在《致黄葆年》的信中，刘鹗写道："天下之安危，匹夫与有责焉。今日国之大病，在民失其养。各国以盘剥为宗，朝廷以朘削为事，民不堪矣。民困则思乱，迩者，又有康、梁之徒出而鼓荡之，天下殆岌岌乎！"② 他认为，国之大病在民失其养，民失其养则困，民困则思乱。这是时局的关键。所以，他强调要富民强国："仆之宗旨在广引商力

---

① 《刘鹗及老残游记资料》，第 369 页。
② 同上书，第 300 页。

以御兵力，俾我得休息数十年以极力整顿工农商务，庶几自强之势可成，而国本可立。"① 在他看来，富民强国的有效途径是借助外国，故而他要给将沉的大船送去罗盘和纪限仪，"将这有风浪与无风浪时驾驶不同之处，告之船主。"（第一回）罗盘与纪限仪象征着外国的技术，其基本寓意是，救国要学习和利用外国。这正是作为洋务派的刘鹗之基本为政方向。

加拿大的哈罗德·谢迪克认为，刘鹗对中国政治改革的建议是明确的，其主要主张有四，其中第一是"为官不但要廉洁而且要有高度的智力标准"②，正点明了刘鹗对官员识见的重视。

其次，为官要有对外开放并利用外国条件的眼界。

晚清是中国与西方接触碰撞极为频繁的时期，在军事、经济、文化和宗教等许多方面，交融日渐加深。顽固地排外已经不可能也没有意义，作为大清的官员，应该怎样对待外国？刘鹗的基本主张是学习和利用外国，修路、开矿、兴工、劝农，而当务之急是利用外资办路矿实业。他认为这样做，不但能够开风气，能够养民，而且还能以商力御兵力。

1903 年，刘鹗在《矿事启》中指出："欲求改良必先开风气，欲开风气必先通铁路，欲通铁路必先筹养路之费……又思凡外国商力所到之地，即为各国兵力所不到之地，则莫若用洋商之款，以兴路矿，且前可以御各强兵力之侵逐，渐可以开通风气，鼓舞农工。"③ "晋铁开则民得养，而国可富也。"④ 只是当时官员大多没有这种见识，"今日借外款以兴内利，引商力以御兵力，举中国风气未开，天下能明其理者尚无多人。"⑤ 直到1907 年，刘鹗在《风潮沦》中，还一再告诫为官者，"当轴诸贤，宜去其忌讳之心，直陈于上。而速筹挽救之法也。不然者，一二年后即不堪设想矣"，他还对比了借外款兴办路矿与否的利弊："以无款而路矿不办，与借洋款而路矿速办相比较，则借洋款者是也。"⑥ 刘鹗的主张不但不能被执政官员们理解并实行，而且还招来卖国汉奸之名，正如《老残游记》第一回所写，驾驶小船送罗盘的老残三人，被人骂作汉奸，快杀！快杀！小船也

---

① 《刘鹗及老残游记资料》，第 133 页。
② 同上书，第 473 页。
③ 同上书，第 132 页。
④ 罗振玉：《清代学术源流考》，第 90 页。
⑤ 《刘鹗及老残游记资料》，第 130 页。
⑥ 同上书，第 140 页。

被人砸碎。应该说，刘鹗当时的愿望是殷切而美好的，而且他既无卖国之动机，亦无卖国之行为。他从主权在我还是在人的角度分析借资兴办路矿的可行性："矿路与租界犹大有别，租界系永远租与洋人，主权在彼，借款办路矿系我借洋人之款，我请洋人办事，主权在我。"① 虽然主权在我，可国力又不允许，怎么办？"国无素蓄，不如任欧人开之，我严定其制，令三十年而全矿路归我。如是，则彼之利在一时，而我之利在百世矣。"②"卒之数十年期满，路矿仍为我有，计之至善者也。"③ 这是刘鹗当时利用外国资金富民强国的基本思路。

刘鹗利用外资修路开矿的努力，无果而终，但此事却被欧人利用，获取了暴利。罗振玉曾写到，当刘鹗建议晋抚开山西路矿时，虽然刘鹗是欧人的代表，但是对于"凡损我权利者，悉托政府之名以拒之"。当晋抚入奏，朝廷官员弹劾，晋抚被罢，由总署改条约，这时欧人便重重贿赂当道官员，致使当年欧人得不到好处，此时一一得到了。因此罗振玉感慨："呜呼！卖国以自利，世所诟为汉奸者（指刘鹗）且不忍为而当道竟悍然为之，势不至辛亥之变，举三百年祖宗之天下而并售之不止。君既受窃钩之诛，而彼卖祖宗之天下者且安荣如故也。"④ 真正的卖国者不是刘鹗，而是那些当道的官员。

再次，为官要有实际的治政能力。

具备实际的治政能力，是为官的题中之义。但看看晚清的官吏，刘鹗实在痛心。玉贤之流治盗反而逼民为盗；刚弼之流理冤反将好人冤死，其办案的无能已被刘鹗揭示得淋漓尽致。而为官者在其他方面的低能甚至愚蠢，刘鹗也多有揭露与痛斥。如庄宫保在治河方面自认为"实在难办"（第三回），由于他的用人失误，致使几十万百姓流离失所。《邻女语》第六回描写了东光县官对百姓不教而诛，而对洋人则恐惧万分、毫无应对之策，刘鹗评论道："写出一个东光县糊涂昏愦的情景，俨然如画。今之自督抚以下，类同然也。"⑤ "类同然"一语反映了刘鹗对当时官员的普遍谴责。《邻女语》第七回写中国将官在打仗时更是无能到了可笑的地步。德

① 《刘鹗及老残游记资料》，第 133 页。
② 罗振玉：《清代学术源流考》，第 90 页。
③ 《刘鹗及老残游记资料》，第 132 页。
④ 《清代学术源流考》，第 91 页。
⑤ 《刘鹗及老残游记资料》，第 83 页。

兵入侵，中国官员胆小如鼠，只知道逃跑或卖国，几乎没有一个人能用德语与德军对话。刘鹗评论道："居庸关打着旗号吹着喇叭而来者，洋兵之游骑也。数游骑而令中国兵将骇乱如是，岂不可叹！"又说："德国统帅所言：'中国未有一个能说话的！'一句骂尽中国官场。"①另外，对于义和团的迷信，官员们甚至没有基本的鉴别能力，刘鹗在《邻女语》第十回评论道："直隶总督拜跪黄连圣母……其愚真不可及"，"拳匪所附托之神，离奇不经，虽小儿亦知其妄，而旗员中信之不疑，即是平日不读书之故"。②对官员的鉴别能力给予了讽刺与痛斥，同时对士大夫的愚蠢也痛心疾首："义和团借'不畏枪炮'四字，哄动一时。愚民信之，已觉可怪，不料一班士大夫，亦复蠢如鹿豕，国家事乌得不坏！"③无能的官吏来统治中国，国家必然走向衰败与灭亡。

在为官者的实际治政能力中，刘鹗最为关注的是官员的养民能力和鉴别用人能力。

刘鹗认为民困是当时最大的问题，能否具备解决这方面问题的能力应是衡量官员一条重要标准。他自己也"以养天下为己任"④，主张开矿修路，用以养民。"我国今日之事，患在民失其养。一事而得养者十余万人，善政有又过于此者乎？况有矿必有运矿之路，年丰谷可以出，岁饥谷可以入，隐相配剂，利于农民者，更不知凡几。"⑤他主张通过修路开矿来养民，刘鹗1897年赴山西议办路矿时曾经写过《登太原西城》一诗："摩天黄鹄毛难满，遍地哀鸿泪不收。眼底关河秦社稷，胸中文字鲁春秋。"⑥则从侧面反映了刘鹗养民的主张。其时他还致书罗振玉："蒿日时艰，当世事百无可为。近欲以开晋铁谋于晋抚，俾请于朝。晋铁开则民得养而国可富也。"⑦这是刘鹗一再呼吁为官者应该去做的，希望为官者能够具备这方面的能力，从而解决民困问题。

为官者不可能事必躬亲，鉴别与使用人才非常重要，这方面能力怎样，往往影响面很大，如若用人不当，就会比实际执行者带来的灾难更

① 《刘鹗及老残游记资料》，第83页。
② 同上书，第85页。
③ 同上。
④ 同上书，第300页。
⑤ 同上书，第129页。
⑥ 《铁云诗存》，第11—12页。
⑦ 罗振玉：《清代学术源流考》，第90页。

大。《老残游记》写有山东巡抚庄宫保，是以刘鹗的恩人张曜为原型的，但刘鹗并不因为是自己的恩人而回护。小说描写，庄宫保虽然注重求贤，延揽能吏名士，但在鉴别和使用人才上犯了两大错误：一是任用了玉贤和刚弼这两位酷吏；二是采纳了书呆子史钧甫的治河建议，致使几十万百姓流离失所。

对于玉贤，庄宫保昏庸不察，只凭风传就"专折明保"（第三回），并使其终于得到提拔。当老残写信给他讲明实情时，庄宫保承认"不料玉守残酷如此，实是兄弟之罪"，但没有立刻处置玉贤，说是"目下不敢出尔反尔，似非对君父之道"（第十九回），实则为了自保。刚弼也是庄宫保举荐的，虽然他后来对于刚弼的滥刑也进行了制止，但其用人失察是显而易见的。

鉴别用人方面的失误，造成的危害尚小，重大决策上的错误，则会导致大面积的灾难。小说第十四回写了庄宫保不从实际出发，轻信了史钧甫的建议，废除黄河两岸的民埝，退守大坝，结果造成了黄河泛滥，其惨状目不忍视，惨不忍闻："废济阳以下民埝，是光绪己丑年（1889）事。其时作者正奉檄测量东省黄河，目睹尸骸逐流而下，自朝至暮，不知凡几。山东村居屋皆平顶，水来民皆升屋而处。一日，作者船泊小街，自见屋顶上人约八九十口，购馒头五十斤散之。值夜大风雨，耳中时闻坍屋声，天微明，风息雨未止，急开船窗视之，仅十余人矣！不禁痛哭。"[①] 本来是为民治河，结果错误的决策却成了"杀这几十万人的一把大刀。"（第十三回）刘鹗感慨此举"荒谬之至！"[②] 这一重大灾难的造成，固然有书呆子史钧甫的责任，他主汉代贾让《治河策》不与河争地之说，不进行实地考察，"但会读书，不谙世故"，所以，刘鹗借老残之口愤慨道："孟子所以说'尽信书，则不如无书'，岂但河工为然？天下大事坏于奸臣者十之三四，坏于不通世故之君子者倒有十分之六七也！"（第十四回）这"不通世故的君子"是否也同时暗指庄宫保？我们不好忖度，但在刘鹗看来，庄宫保的用人失察是导致灾难的主要原因。庄宫保的原型是张曜，他好客，"幕中多文士，实无一能知河事者。群议方主贾让不与河争地之说，欲尽购滨河民地，以利河身。上海善士施少卿（善昌）和之，将以海内赈灾之

① 《老残游记》，第 180 页。
② 同上书，第 169 页。

款助官力购民地。君至则力争其不可，而主束水刷沙之说。"① "君"指的是刘鹗。小说第四回原评也写道："庄勤果公抚东时，内文案一百三十余人，随工差遣者三百余人，有战国四公子之风。然而鸡鸣狗盗间出其间，国士羞之。"② 这两段资料都揭示并批评了张曜或庄宫保鉴识使用人才方面的无能，"无一能知治河者""鸡鸣狗盗"之徒，怎能不坏事？而轻信他们的建议，又怎能不造成巨大灾难！

从总体上看，刘鹗的为官理念是传统臣道观念与洋务派改良思想的结合体。刘鹗所强调的忧国爱民一直是中国传统臣道观念的核心内容，求实精神、开放与利用外国的观念则是刘鹗洋务派思想的体现，对官员实际治政能力的要求是他在新的时代背景下对传统官能理念的发挥。他在《老残游记》中对于"清官"的反思和描写，比较集中地体现了他对当时官场的揭露与批判，蕴含着他对理想官员的追寻。刘鹗为官理念的不足之处，一是不反对最高统治者，认为清朝这条大船"驾驶的人并未曾错"，而对义和团与革命党的做法持批判态度，认为他们是"贼"。二是在不触动封建官僚制度的前提下，主张改革吏治，呼唤真正的好官。他虽然看到了"清官"的实质，但没有找出产生这类"清官"和官场腐败的真正原因。实际上，正是封建官僚制度本身催生了这众多腐败而又无能的官吏。刘鹗只想通过借用外国资金和技术的方式来解决民困问题，可没有意识到，封建制度本来就是压迫和剥削百姓的，他所要借助的外国资本主义，恰恰是来掠夺中国的。因此，他办实业的种种努力最终只能化作泡影。最后，面对已残的棋局，自己只能慨叹和哭泣。

三　关于小说如何证史的几点思考

梁启超曾说："善为史者，偏能于非事实中觅出事实。"他举《水浒传》中鲁智深以度牒入佛门逃身为元明间犯罪人逃身之事实、《儒林外史》中范进一中举即为社会特别阶级之事实为例，指出："此类事实，往往在他书中不能得，而于小说中得之。"③ 那么，怎么能够"于非事实中觅出事

① 罗振玉：《清代学术源流考》，第89页。
② 《老残游记》，第50页。
③ 《中国历史研究法》，第53页。

实"？小说又如何证史呢？

综括前人关于小说证史的观点和实践，结合本文以《老残游记》证刘鹗为官理念的思考与分析，笔者以为有以下几点值得我们重视。

其一，要深入了解小说作者所处的时代。

时代造就历史人物，人都是时代的产物。林瑞明说，刘鹗所处的时代是"新旧思潮激荡的转型期"①。《老残游记》创作于 1903 年至 1906 年之间，当时顽固派、洋务派、革命派等各种思潮交汇激荡，同时列强正欲瓜分中国，而人民深受封建主义和帝国主义双重灾难。刘鹗的为官理念正是在这样的历史背景下产生的。刘鹗对自己生活的时代有着特别的敏感，对接触的官吏多有体察和思考，官场的种种腐败他是能够时时看到和听到的。胡适曾分析说："刘鹗先生眼见毓贤、徐桐、李秉衡一班人，由清廉得名，后来都用他们的陋见来杀人误国，怪不得他要感慨发愤，著作这部书，大声指斥'清官'的可恨可怕了。"② 这虽是仅就刘鹗对"清官"的认识而言，但可以想见他对众多官吏的体察与思考。刘鹗服膺洋务派的思想，主张借助外国的资金和技术，发展经济，以实现养民富国的理想，显然受了当时洋务思潮的冲击，当然也与他爱民求实的思想密切相关，实则是他为解决民困问题寻求到了他认为可行的道路。应该说，其为官理念的形成，在很大程度上来自于现实的激发。

其二，要具体探索小说作者的家庭背景。

一个人的家庭背景对其思想观念的形成关系甚大，按照发展心理学的理论，一个人的世界观和人生观之塑造，大多是在家庭里面完成的。早期家庭的熏陶与教育，对一个人思想观念的形成具有"种子"的意义。刘鹗出生在一个封建官僚家庭，父亲刘成忠曾任知县、监察御史、知府、道员等官职。刘成忠任河南某县县官时，捻军攻开封，"他一人一骑直去捻营，要见义军领袖。接见后自责官贪吏残，以至于官逼民反，又大讲所谓'朝廷德意'，要他们解散归农，保证无事。"捻军笑他迂腐，但感他爱民好意，不再围攻开封。"这虽是齐东野人之语，不可尽信。也可见他自人道主义出发的对人民的同情心是有的。"③ 父亲对人民的同情心应对刘鹗爱民

① 《刘鹗及老残游记资料》，第 442 页。
② 同上书，第 376 页。
③ 刘蕙孙：《铁云先生年谱长编》，齐鲁书社 1982 年版，第 4 页。

思想的形成有着直接的影响。另外，少年刘鹗"于书无所不读"①，"家传者如治河、天算、乐律、词章、天文、医学、兵学，先君俱诣臻精绝。复纵览百家，学既恣放，言论自不同人。于时事观察犀利，识见亦远到。"②家传实学之书对其后来求实精神的形成亦当有潜在影响，而纵览百家的博学，使得他具有了不同于他人的远见卓识。

其三，要细致梳理小说作者的人生经历。

一个人的人生经历是其思想观念形成的直接动因，刘鹗之所以有较为全面的为官理念，与他一生中大量接触各类官员有关。刘鹗虽不曾担任过高官要职，一生以办实业为主，但他曾投效于河道总督吴大澂，赴河南郑州报效河工；受山东巡抚张曜的檄召，任黄河下游提调；又经山东巡抚福润推荐，到总理各国衙门考验；后上书修铁路开矿山，并应张之洞之邀赴武汉议筑芦汉铁路；还于庚子事变之时进京赈济饥困；后遭弹劾革职流放，死于新疆，在其一生中，刘鹗接触过不少大小各类官员，与他们或有直接的交往，或有间接的观察，更有深刻的思考。所以，在《老残游记》中，刘鹗写到了许多官吏，描绘了庄宫保、玉贤、刚弼、史钧甫、王子谨、申东造、白子寿等官员的形象，有批判、有愤怒、有痛心、有赞同，透示出其对晚清官场的认识，寄寓了自己的为官理想，形象地表达了心目中的为官之道。《老残游记》中写到的许多官吏的形象，多直接取材于现实。研究者普遍认为，《老残游记》中的老残即刘鹗本人的化身；庄宫保是张曜的化身；玉贤是毓贤的化身；刚弼是刚毅的化身；史钧甫是施善昌的化身，所以，就对官吏的描写而言，《老残游记》可以说是一部近乎"实录"的作品。正因为如此，刘鹗本人将之比作史书，只不过戏称为"野史"而已。他在第十三回原评中说："野史者，补正史之缺也。名可托诸子虚，事须征诸实在。"③ 即书中名称可以是虚构的，但事情则为实实在在的。小说中所描写的虽然与现实生活不会完全吻合，有艺术的虚构和夸张成分，但毫无疑问，该书为我们探讨刘鹗的为官理念提供了大量的有效的材料，是一个小说证史的典型文本。

其四，要注重研究小说作者思想观念的直接来源。

---

① 《刘鹗及老残游记资料》，第396页。
② 同上书，第401页。
③ 《老残游记》，第169页。

　　既然用小说资料来研究作者的思想观念，那显然要对作者的思想渊源进行梳理和探索。刘鹗为官理念中的许多成分，都来源于太谷学派的思想。太谷学派是晚清的一个民间学派，创始于安徽的周太谷，后太谷弟子张积中与李龙川分别为北方与南方的传人。刘鹗师从李龙川，与龙川弟子黄葆田、蒋文田有很深的交往。

　　刘鹗自言，"余年初弱冠，束脩事龙川。"① 刘大绅说："先君以事赴扬州，受学龙川……而先君任天下之心，亦一变为悲天悯人。"② "盖先君自从龙川受学以后，即抱饥溺胞与之怀，以养天下为己任。"③ 均指明由于受龙川的教诲，而形成了"悲天悯人""以天下为己任"忧国意识与爱民情怀。实际上，通观其为官理念，可以说刘鹗在许多方面都受了太谷学派的直接或间接的影响，其为官理念的许多方面都与太谷学派的言论有直接的关联。

　　周太谷在《秦变论》中曾论及听讼治盗的问题："古听讼治盗，无刑问。刑问民岂无屈乎？屈之小民小伤，屈之大民大伤。民伤则天怒，天怒则岁凶，岁凶则民饥，民饥则盗起，盗起则国忧。"④ 在《问刑》中又说："圣功之用，安为贵。"⑤ 联系刘鹗对玉贤与刚弼等酷吏的揭露与批判，可以明显看出，刘鹗正是以周太谷的上述思想为办案标准的，其对逼民为盗的痛恨与化盗为民的追寻，与周太谷的观点完全一致。

　　太谷学派主张仁民而爱物，强调每个人都要有社会责任感，要关心别人。周太谷曾说："女安毋忘人危，女逸毋忘人劳，女无饥寒毋忘人之饥寒，女无疾病毋忘人之疾病，女无缧绁毋忘人之缧绁，女无鞭戍之苦毋忘人之鞭戍之苦。其忘乎？其无忘乎！毋其忘，近事其亲，远事其国。"⑥ 因为"予，天民也，君子亦天民也，予敢慢之？君子天民也，小民亦天民也，予敢贱之？"⑦ 刘鹗亲师李龙川继承发挥了周太谷的上述思想，指出："万物皆我胞与，不惟一夫之饥，犹己饥之，一夫之寒，犹己寒之，即一

---

① 《铁云诗存》，第 2 页。
② 《刘鹗及老残游记资料》，第 401 页。
③ 同上书，第 404 页。
④ 周太谷：《周氏遗书》，方宝川主编《太谷学派遗书》第一辑，江苏广陵古籍刻印社 1997 年版，第 1 册，第 284 页。
⑤ 同上书，第 305 页。
⑥ 同上书，第 338 页。
⑦ 同上书，第 334 页。

草一木不得其所，亦以为由己所致。"① 上述太谷学派的思想对刘鹗爱民忧国理念的形成，无疑起到了极为重要的作用，在给黄葆年的信中，刘鹗表达了其坚定的信念："谤满天下不觉稍损，誉言满天下不觉稍益，惟一事不合龙川之法与公所为，辄怏怏终夜不寐，改之而后安于心"，"圣功大纲，不外教养两途，公以教天下为己任，弟以养天下为己任。各竭心力……同为空同之子孙，同培古今之道脉，同身同命，海枯石烂，无有贰心。"② 面对四百兆之民的穷困，他奋起担当，力主修路、开矿、兴工、劝农，自己身赴河工、北上贩济等都体现了太谷学派的思想。太谷学派讲"立功立言立德"，将立功放在了第一位，反映了这一学派的求实特点。周太谷在《富教缓急说》中曾说："五谷失熟，民能生乎？人伦失教，民能久乎？牧民者，忽民人伦乎？忽民稼穑乎？"③ 这些从实际出发养天下的思想，不但被刘鹗继承并践履，而且，成为了其为官理念的主要内容。另外，周太谷在《问政》中还说："观四海之政自进退始。贤者进，不贤者退，则四海定矣。"④ 毫无疑问，官吏用贤的思想也影响了刘鹗对官能的思考。

其五，必须对小说的内容、主题和艺术特色等有透彻的了解。

不了解小说，你就无法知道小说中哪些内容可以用于研究历史；不了解历史，你将无法衡量小说内容的价值，无法将小说史料钩稽出来。史家既然要以小说证史，那么，就必须对小说有透彻的了解。这要求史家对小说的内容、主题、艺术手法等都有深入的认识。我们说，每一部小说都有作者的一个基本立意与主题，不同的小说所反映的社会历史内容也有侧重，世情小说对研究情感史很重要，家族小说对研究家族社会是首选，神魔小说之于社会佛道信仰，《水浒传》之于农民起义，《金瓶梅》《三言二拍》之于商业发展及资本主义萌芽，《红楼梦》之于古代家族生活，《三国演义》之于战争和政治……都有其他小说不可替代的价值。正如我们要用《老残游记》证明刘鹗的为官理念而不是考察刘鹗其他思想观念一样，因为《老残游记》固然也写了近代实业，写了治黄，写了晚清学术思潮，但主要还是写了现实政治，写了官员。所以，这部书是研究作者政治思想

---

① 《刘鹗及老残游记资料》，第310页。
② 同上书，第300页。
③ 周太谷：《周氏遗书》，《太谷学派遗书》第一辑，第1册，第300页。
④ 同上书，第294页。

的好材料。对于《老残游记》是一部描写现实政治的书，尤其是写官吏的书，许多学者早就指出了。胡适在《老残游记序》中说："这部小说是作者发表他对于身世、家国、种教的见解的书。"① 鲁迅在《中国小说史略》中则说："其书即借铁英号老残者之游行，而历记其言论闻见，叙景状物，时有可观，作者信仰，并见于内，而攻击官吏之处亦多。"② 夏志清不但说该书"可被称为中国的第一本政治小说"③，而且进一步指出该书"一片侠气，满腔热血，却是本基于政治现实的小说"④，更有甚者认为："李伯元做的是官场现形记，刘铁云做的是做官教科书。"⑤《老残游记》正是一部隐曲表达出来的《官场现形记》。也正是在这样的认识基础上，笔者才以《老残游记》来分析刘鹗的为官理念，而不是他的其他方面的思想观念。

其六，使用小说史料，必须与其他史料相对勘。

对于小说史料，我们既不能贬低其价值，也不能夸大其价值，应该将之放在与史著平等的基础上，来与其他史料对勘使用。清代史家王鸣盛就提出，小说与实录具有相同的价值："大约实录与小说互有短长，去取之际，贵考核斟酌，不可偏执。……采小说未必皆非，依实录未必皆是。"⑥杨鸿烈则强调了史料对勘的意义："我们若能把中国各朝代的文学所包含的社会背景的资料拿来和二十四部所谓的'正史'参照互证，那么我们对过去中国民族实际的生活状况必更有明确的了解。"⑦ 齐世荣也说："总之，历史学家经过精心分析，可以从小说中发掘有用的史料。但使用从小说中发现的史料时，应参照其他方面提供的史料，才能得出比较正确的结论。"⑧ 我们在探讨刘鹗的为官理念时，主要使用了《老残游记》中的资料，同时，也大量使用了其小说评论、书信、上疏、诗文等资料，还使用了别人对《老残游记》和刘鹗评价的资料。研究历史问题，靠单一的史料

---

① 《刘鹗及老残游记资料》，第 375 页。

② 鲁迅：《中国小说史略》，第 192 页。

③ 《刘鹗及老残游记资料》，第 477 页。

④ 同上书，第 487 页。

⑤ 同上书，第 379 页。

⑥ 王鸣盛：《十七史商榷》卷九三《欧史喜采小说薛史多本实录》，上海书店出版社 2005 年版，第 866—867 页。

⑦ 杨鸿烈：《史学通论》，岳麓书社 2012 年版，第 282 页。

⑧ 齐世荣：《史料五讲》，第 180 页。

是解决不了问题的。

　　沿着上述思考理路，利用小说证史，相信会对历史的研究起到不小的推动作用。小说对历史的印证、映证、佐证、补证、纠正等学术价值应该给予充分肯定。但小说毕竟不是史著，我们对小说史料价值的局限性也要有清醒的认识。其一，小说是情感的产物，所以对历史的描写、认识和评价往往有着非常浓烈的情感色彩，不是理性的表达，逻辑的推衍，作者一般很难做到"爱而知其丑，憎而知其美"。比如刘鹗对恶官的痛斥，对百姓的怜悯等都带有非常强烈的感情色彩，这自然而然地使他的描写夸张、变形甚至虚构。其二，小说史料往往是零散的、不系统的，因为小说作者的写作目的本不是留存历史，所以其中包含的历史信息往往是吉光片羽，一鳞半爪，缺乏历史的一贯性、连续性和整体性，故而时空的穿越和错位现象比比皆是。其三，小说的真实性与虚构、夸张相混合，有时很难辨析清楚。这要求我们在使用小说史料时，通过与其他史料的对勘，去伪存真，去粗取精，努力做到在虚构中见真实，在夸张中见确切。总之对于小说史料，我们不要贬斥、排斥，要以理性的态度对待它们，研究它们，力图准确地使用它们。

吕振羽的史学创新精神

吴怀祺

《吕振羽全集》（以下简称《全集》）是国家"十二五"规划重点出版项目，十多位专家学者历时四年编辑，2014 年由人民出版社出版。全集共计十卷，有专著、史论、政论、回忆录、日记、札记、书信等，近六百万字。这是当代史学史上的一个大工程。

《全集》展示吕振羽为创建中国马克思主义史学所做的重大贡献，吕振羽的著作很早就受到党的重视。1942 年 2 月 20 日，毛泽东为中央书记处起草致电刘少奇及华中局，调抽吕振羽等高级文化人从苏北到延安从事学术研究。[①] 1942 年 7 月 25 日，毛泽东出席中共中央政治局会议……会议还讨论了出版工作。针对稿件缺少的问题，毛泽东说：最近经验，少而精的东西还能看而且有益，多了无法看。有富裕的排印时间，可印《鲁迅全集》、《海上述林》、小说、吕振羽的《中国政治思想史》。[②]

吕振羽治史成就，不只是分量上"著述等身"，更重要的是，著述中凝含的思想和智慧，吕振羽是"为中国革命积极奋斗的一生，也是从事马克思主义史学研究，为现实贡献历史智慧的一生"[③]。

吕振羽的历史智慧，是他的史学创新精神，启示发展当代史学的途径，对于当代民族文化建设，对于观察当代世界的变动，思考历史的走向，具有重要的意义。

---

① 逢先知主编：《毛泽东年谱》中册（1893—1949），中央文献出版社 2005 年版，第 364 页。

② 同上书，第 394 页。

③ 朱政惠：《吕振羽和他的历史学研究·引言》，湖南教育出版社 1992 年版，第 1 页。

世界史的宽阔视野

吕振羽研究中国历史，善于从世界的变动中进行思考，认识到"中国革命是世界革命的一部分"①。《全集》第一卷开篇，就显示出吕振羽的鲜亮的世界史的眼光，这一卷收入他的《中国外交问题》《中日问题批判》以及《最近之世界资本主义经济》著作。他于 1926 年东渡日本，在明治学院学经济，1928 年回国。第一部《中国外交问题》，写作是在 1928 年12 月至次年 1 月。他是以世界史的大视野，开启了探索的历程。1932 年出版的《中日问题批判》一书，通过对日本经济危机特点以及对中国物资与市场依赖等分析，指出中日战争不可避免。同年出版的《最近之世界资本主义经济》一书，是他以马克思、列宁有关资本主义经济危机理论来研究当时的世界经济危机及趋向。他在书中称经济危机中的英国，"这个纸糊的老虎，更动颤不得。愈益构成其恐慌的严重性"②。

这几部书，表达吕振羽"强烈的爱国情怀与反帝思想，并从近代中国史以及世界各关系的广阔视野下"，探索世界民族解放之路③。

1930 年起，吕振羽开始创办和编辑《新东方》杂志，与志同道合者，筹备建立"东方问题研究会"，"探索弱小民族的解放道路，谋求民族独立自强，呼吁东方民族振奋民族精神，勇往直前，共同奋斗"，"我们应该觉悟，忍受目前的一切痛苦来创造一个新东方"④。

治史的世界史视野是吕老治史重大特点。当进入 21 世纪，这种视野又有新的内涵，吕振羽的史学精神更显示出其重要意义。

中国历史与世界历史是相互影响的，特别是到了近代，因此，应当把中国史与世界史联系起来思考，讨论中国史的进程，认识中国史发展的大趋势，讨论历史学建设问题。在全球化过程中，唯物史观关于政治经济文化发展的不平衡规律，对于讨论民族性的特点有重大意义。中国与世界之间的影响，是互动的；中国文化与外国文化是互联互通的。历史研究者要充分认识并揭示这种关联。世界格局发生了变化，民族性与时代性是新世

① 《毛泽东选集》第 2 卷，人民出版社 1991 年版，第 666 页。
② 《吕振羽全集》第 1 卷，人民出版社 2014 年版，第 287 页。
③ 《中国外交问题·编印说明》，《吕振羽全集》第 1 卷，第 2 页。
④ 《吕振羽全集·前言》，第 3 页。

纪中国历史学的鲜明的特色，民族历史学建设对世界史学发展，同样具有重大的意义。史学家要从中国，也要从全球的视野，思考人类的命运，思考民族的未来，观察当代中国社会的变化与走向。

20 世纪 30 年代，关于中国社会史论战、中国社会性质论战、中国农村社会性质论战，实际上让人们思考，中国历史、中国社会的出路，这是关系到实际与未来的大问题，没有世界史的宽阔视野，就不可能解决。通过论战，唯物史观进一步扩大了影响，马克思主义史学思想得到进一步发展。论战促使人们对中国历史，有更深的思考。吕老发表的相关论说，有重大的理论与实际意义。

吕振羽撰写《简明中国通史》，是把中国史作为一个过程把握，根据正确的方法论，和世界史作比较研究。他指出学术的"中国化"，所谓"中国化"，就是要使先进的文化活用于中国。通过中国的具体环境和民族革命的现实要求来活用。[①] 在对待文化传统上，有两种倾向要反对，一种是所谓的文化贩运主义，一种是文化闭关主义，实际就是文化上的排外主义或者说是文化上的保守主义，新史学家要以世界史的眼光对待传统文化，振奋民族精神。

20 世纪 30 年代，一批中国马克思主义史学家，以开放的眼光看待中西史学的问题，吕振羽就是代表。他对传统史学、对传统文化的合理内涵充分肯定，从理论上阐明了正确对待中西史学的必要，重视传统，不是无分析地全盘接受，说：

> 历史上，相互交替的两种本质不同的文化，不是一刀两断的，而是一种辩证的历史过程。新质是旧质的否定，但不是取消而是扬弃，也就是说，新质产生于旧质的母胎中，吸取旧质构成体中的积极因素而又把旧质革除；而新质是在旧质的内在矛盾斗争基础上发生的，并不是任何旧质的东西的生命的延续或化装。[②]

西方学人也注意到中国和世界文化的关系研究的重要性，这表明世界

---

① 《吕振羽全集·前言》第 1 卷，第 10 页。
② 《中国社会史诸问题·创造民族新文化与文化遗产的继承问题》，《吕振羽全集》第 6 卷，第 256 页。

史眼光的意义。如美国汉学家费正清等就是代表。他们的努力，促成"中国学"的形成，他们同样体会到，互联互通的探讨是必要的。"我们尝试着对中国思想的具体内容和历史意义进行理解。"① 这是中外学人共同的意愿。中国与世界各国的文化互联互通，是历史的实际，也是共同的要求。

治史的坚毅与创新的追求

作为现代的五大马克思主义史学家之一的吕振羽，贡献是巨大的。

白寿彝先生在他的史学史与史学概论的著述中，谈到中国马克思主义史学发展史过程，系统肯定吕振羽在社会史、思想史、通史诸多方面的开启的意义。

——在社会史方面。

1934 年，吕振羽写的第一部史学专著《史前期中国社会研究》，翦伯赞在他的《历史哲学教程》中，认为这是在中国先阶级社会史研究上，"尽了一个开端的任务"。（《历史哲学教程》）

1936 年又出版了《殷周时代的中国社会》。这两部书是运用马克思主义研究中国原始社会史的早期著作。②

1942 年的《中国社会史的诸问题》收入的四篇论文，是对二三十年代关于中国社会论战的较系统的总结，吕老认为：这部书反映了中国新史学，"可作为中国马克思主义史学史的参考资料"③。

——思想史方面。

吕振羽同志于 1937 年出版了《中国政治思想史》（上下册）一书，"这是我国第一部运用马克思主义论述中国政治思想和哲学思想的历史著作"。……吕振羽提出"深入地开展对民族文化思想之史的研究，把研究成果提供到实践去，对中国马克思主义来说是必要的课题"④。

吕振羽十分重视史学思想的研究，对发展马克思主义史学具有重要意义。"他认为能代表先进思潮的史学思想及其著作，自然会对历史起好的、积极的作用。历史观点、史学思想可谓是史书的灵魂，对史书潜在价值起

---

① 费正清主编：《中国的思想与制度》，郭晓兵等译，世界知识出版社 2008 年版，第 16 页。
② 白寿彝主编：《史学概论》，宁夏人民出版社 1983 年版，第 338 页。
③ 《吕振羽全集》第 6 卷，第 140 页。
④ 同上书，第 343 页。

有十分关键的作用，是对史著学术价值、社会价值评价的重要因素"①。

——通史方面。

1941 年《简明中国通史》上册、1948 年的下册，"这是我国历史家运用马克思主义理论作指导编撰中国通史的最早的尝试"②。

吕振羽治史的努力，取得一系列开拓性的成果，也壮大了中国马克思主义史学队伍。1939 年秋，吕振羽奉周恩来电召来到重庆。侯外庐高兴地说："振羽的到来，政治上，我们多了一位知己，学术上就像添一支兵马。"③

皖南事变后，吕振羽奉命转移，当他要去华中新四军离别重庆友人时，侯老谈到吕振羽，说："我觉得，振羽身上有一种特别的气质超乎学界朋友之上。那是一种英雄气概。振羽的作风特别求实而不尚空谈。他的作别，令我想起古之壮士，振羽的精神当然不是古之壮士所能比拟，但恰在此中我发现了他不凡的气概。这是深信必胜者宁以血荐而不肯坐待的气概。其中不掺杂什么浪漫成分。"④

吕振羽总是把历史问题的探讨，作为推进历史发展的力量。

20 世纪 30 年代的"中国社会史性质"的论战，更是把对这个问题的争论，推向一个新阶段，在一定意义上说，成了国际史学界关注的焦点。对这个问题的理解不仅具有重要的学术的价值，同时也具有重要的现实意义，争论实际关系到对中国近代社会性质的认识，关系到对中国向何处去的思考。

抗日战争时期，无论在延安地区还是在重庆等地区的史学工作者，把中国历史发展历程的理论思考与现实的走向结合起来，开展了深入的研究。吕振羽的研究，是突出的代表。

新中国成立后，关于中国历史的一系列讨论，是过去争论的延长，不同的是新中国史学工作者是在更加自觉努力学习马克思主义历史理论基础上，提出自己的看法，在认识到人类历史发展有共同行程的基础上，具体思考中国历史的具体过程和特点。马克思主义史学家的论说各有不同，但值得肯定的是，都是努力以马克思主义历史理论为指导，从生产工具上、生产力、生产关系以及上层建筑意识形态各个方面以及它们之间的相互关

---

① 《吕振羽全集》第 1 卷《前言》，第 20 页。
② 白寿彝主编：《史学概论》，第 140 页。
③ 侯外庐：《韧的追求》，三联书店 1985 年版，第 110 页。
④ 同上书，第 111 页。

系上，提出自己的认识。尽管在理论的掌握上，在史料的运用上，在研究的视角上有差异，但在主观上是要以唯物史观的原理去分析问题，这是中国史学工作者努力学习马克思主义历史理论，并使之与中国历史实际相结合，解决中国历史问题。争论的激烈，恰是从各个方面表现出，史学工作者对唯物史观学习的热情。

吕振羽有自己的理论思考，认真考察中国各民族的历史与文化，提出自己的创见。他的史学探索，体现出史学家的时代使命感、责任感。

在学术评论上，吕振羽坦言自己的认识，对自己也是不断反思。在《中国政治思想史》的《导言》中说："我所划出的这个轮廓，只是暂时的，将来在我们的研究的进行中，如发现不妥时，再予以不断的更正。"①

从1963年到1965年，就是在失去自由的情况下，吕老仍然继续历史探讨与史学研究，完成《史学评论——读报随笔》20万字。如他在《随笔·自编集目》中，还提出"从事《简明中国近代现代史》《中国近代现代哲学史》《亚洲简史》等著作"的写作计划。② 在《史学评论》中，他直抒己见，坚持信念，体现出马克思主义史学家治史求真的品格，"表现了著者对党对马克思主义的无比忠诚和作为史学家对我国社会科学发展的高度关注和责任感"③。

"史"与"诗"熔铸的情怀

《吕振羽全集》第十卷，展现出吕振羽学术的又一组光彩篇章：《回忆录》《学吟集诗选》《学吟集诗选补》以及《日记》《书信》。

吕振羽史学的一个耀眼风景是在他的治史中，又融入"诗"的情怀。这由史发而为诗："敢把日游入正史，欲从今古究长河"④。

据《吕振羽全集》的《前言》的统计，吕老的《学吟集初草》收录诗近三千首。《咏史》以诗评史、评议古今历史人物，"历史人物一一评，物观如矢扬群氓"⑤；而史学家入于《诗》中的《华峤范晔两〈后汉书〉

---

① 《中国政治思想史·导言》，《吕振羽全集》第4卷，第37页。
② 《吕振羽全集》第7卷，第631页。
③ 《史学评论·编印说明》，《吕振羽全集》第7卷，第364页。
④ 《吕振羽全集》第10卷，第196页。
⑤ 同上书，第157页。

答问偶成》，别开生面，是提倡实学的警世之作。①

吕老诗中，除蕴含史识、抒发感怀、记述经历外，还有浓浓亲情、乡情。如在 1962 年《听少文同志述台湾思乡诗》中，写道"今夕知何夕，他乡说故乡。看人儿女大，为客岁年长。戎马无休歇，关山已渺茫。一杯柏叶酒，未饮泪千行"②。他称赞亲人老伴江明同志，是"革命老伙伴，文章一字师"。本书收录了诗的手迹。

吕老在完成一系列史学著作的同时，还写出近三千首诗，这是怎样的精神呵！即使是专业诗人，也令人震惊。

诗中有史、诗中有情，史化为诗，是呐喊，是追求，是信念，"诗言志，歌永言"。

杜甫以"诗"化"史"，司马迁的《史记》的"究天人之际，通古今之变，成一家之言"写史，成为史家千古之绝唱，无韵之《离骚》。

吕诗同样是史，是"史"与"诗"熔铸成的情怀、理念。

他的诗的高峰创作时间，为 1963 年 1 月 9 日至 1967 年 1 月 9 日，也正是他蒙受不白之冤之时。而诗中体现的对马克思主义、对历史前途的信仰，对祖国、对人民、对领袖、对友人、对亲人的热烈的爱，未曾磨灭一丝一毫。一首《马克思赞》就有二百七十余行，概括了马克思学说的形成与发展；长诗《祖国颂》讴歌中华五千年的悠长历史；诗集中有对先进思想家、改革家的无限景仰，有对民族文化的赞颂；长诗《孔子逝世二千四百四十周年》，是一部民族文化学术史的赞颂；他称王夫之学术的影响，是"史学船山掀巨浪，欲明理势穷长河"③。1968 年他在狱中惊闻国家主席刘少奇被永远开除出党后，不胜愤懑，默咏出："二十世纪风波寒，三顶帽子绝代冤。忠奸功罪全颠倒，吁天辩诬董狐篇！"④ 总之，吕老"史"中有"情"、有"爱"；"诗"中有"史"、有"理"。

伟矣哉，吕振羽之诗与史！

---

① 《吕振羽全集》第 10 卷，第 300 页。
② 同上书，第 313 页。
③ 同上书，第 197 页。
④ 同上书，第 390 页。

考订析疑,集成出新

——曹金华《后汉书稽疑》成就略论

王嘉川

《后汉书稽疑》是扬州大学曹金华教授新近出版的一部大著,因出版时间不长,尚未引起学术界的更多关注。笔者既有幸先睹为快,又因与自己研究领域直接相关,遂在拜读之余稍作笔记,就其史学成就及史学史意义,试为疏通明辨。

集成出新,研读《后汉书》的案头必备之作

《后汉书》是南朝刘宋时期著名史学家范晔在众多同类史书的基础上删定而成,系记载东汉一朝历史的纪传体史书。当时范晔自为"本纪""列传",而将"志"交由好友先作,待其作成后再由自己删定。不料纪、传九十卷作成后,范晔竟以谋反的罪名而惨遭杀害,其好友为免受牵连,将所成"志"稿全部销毁。梁朝刘昭为《后汉书》作注时,以其无志,乃取晋司马彪《续汉书》八志,分为三十卷补之,但两者各自单行。直到北宋真宗乾兴元年(1022),才由孙奭奏请,将二者合刊为一书,此即今传一百二十卷本《后汉书》。

目前通行本《后汉书》为中华书局1965年出版之点校本,系以原商务印书馆百衲本为底本,参考汲古阁本和武英殿本对校而成。此本大量吸收了宋代以来特别是清代学者对《后汉书》的研究成果,对其中的讹误之处做了校勘,并以《校勘记》的形式附于各卷之末。但是毋庸讳言,因当时各种条件的限制,点校本也存在着一些失误,留有不少遗憾,尤其是对

前人的研究成果，因点校时遵循尽量简洁的校勘原则，未能予以充分汲取，没有达到"面貌全新，校勘精良"的预期效果。而自点校本问世以后，数十年间不断有对其疏误进行纠谬补订的单篇论文公开发表，即可说明这一问题。但是，这些单篇论文零散孤立，远不足以形成对《后汉书》的再一次全面校勘与考订。

有鉴于此，曹金华教授自 20 世纪 80 年代，即开始对《后汉书》的校勘与考订予以关注，自 2002 年起则把全部研究精力投入到考校工作中来，并于 2006 年形成初稿。此后又不断修订完善，先后在 2008、2009 年成功申报全国高校古籍整理重点项目和国家社科基金项目。并在此后五历寒暑，以题"后汉书稽疑"为最终研究成果，由中华书局于 2014 年 9 月出版。全书共分上中下三册，以中华点校本《后汉书》为工作底本，对其正文、注释及《校勘记》皆作全面系统的校勘考订。凡作者认为错误、疏漏及有异之处，均列出条目，括明原书页数、行数，力求通过自校与他校的方式辨明是非，阐明己见，对暂时不能得出结论者，则指出其异，以俟后人考证，共成札记 8500 余条，125 万余字。

在中国史学发展史上，对某部史书的某些篇章进行考订辨疑，最晚在三国西晋时就已出现专书，此即谯周的《古史考》，专门考证《史记》之讹误之作，可惜没有流传下来；稍后又有司马彪专门纠正《古史考》的讹误之书，可惜连书名都未传世。两宋时期，历史考据学形成为专门学问，无论是考据理论还是考据实践，都取得了新的突破。及至清代，对"二十四史"中某部书的某些篇章进行考订辨疑，更是取得了前所未有的极大成就。但对一书逐篇细致地考订辨疑，不放过任何一处疑点疑问，以一人之力，形成八千余条、百万余字的成果，这在"二十四史"的整理史上，仍不能不推《后汉书稽疑》为首创，钱大昕、王鸣盛以及近现代学者们都没有做到这一点，故其意义、价值，不仅是范晔及《后汉书》研究的功臣，是学术界《后汉书》整理之集大成，而且在"二十四史"整理史上，也是一部具有里程碑意义的著作。毫无疑问，此后研读《后汉书》和开展秦汉史的研究，这部书定为案头必备之作，是可断言也。

内容充实，微观与宏观兼具

《后汉书稽疑》全书，校勘考订、辨疑纠谬的内容相当广泛，粗略归

纳,至少有以下十个方面:

第一,文字校勘考异。如《方术传》载"建武七年,代张堪为光禄勋"(《稽疑》,第1127页),作者加按语(以下简称"曹按")说:"'张堪'当作'张湛'。《张堪传》不载为光禄勋。《张湛传》载建武'五年,拜光禄勋。……七年,以病乞身,拜光禄大夫'。《杜林传》载建武'十一年,司直官罢,以林代郭宪为光禄勋'。故建武七年时,郭宪代张湛为光禄勋也。诸本皆误。"这是指出文字讹误之例。但有的因为史料缺乏,难以明辨是非,作者便并列二说,以考异的形式出现。如《李固传》载"遂诛之,时年五十四"(第833页),曹按:"此谓李固年五十四卒,而《水经·江水注》载李固《与弟圆书》曰'固今年五十七,鬓发已白,所谓容身而游,满腹而去,周观天下,独未见益州耳',二者必有一误。"此属文字考异之例。

第二,突破字句与版本限制,注重对史实的考察。如《杨震传》载"以礼改葬于华阴潼亭,远近毕至。先葬十余日,有大鸟高丈余,集震丧前"(第693页),曹按:"'先葬十余日',《后汉纪》卷十七作'以礼改葬之日',皆谓杨震改葬时也。而《太尉杨震碑》载'神鸟送葬',时在杨震'慷慨暴薨'之后,'王室感悟,奸佞伏辜'之前,即杨震首葬时。"然后又据《华峤书》《谢承书》《续汉书》均载于首葬时,而得出了"当以碑文为据"的结论。又如"陛下宜熟察臣言,怜赦臣死"条(第826页),作者在指出此引李固对策,与袁宏《后汉纪》引文大异,二书各以意刊削,同之者才十之三的同时,复谓"复审范书所引诏书、奏疏等,多与他书文字不同,知范氏皆据文义增删,盖非档案原文,凡治史者须知此矣",提醒读者力求注意范晔《后汉书》"以意为主,以文传意"的编纂特点。

第三,对《后汉书》及注所引用文献,皆尽量查对原书原文。如《应劭传》载《尚书》称:"天秩有礼,五服五章哉。天讨有罪,五刑五用哉。"(第635页)曹按:《尚书·皋陶谟》作"天秩有礼,自我五礼五庸哉!同寅协恭和衷哉!天命有德,五服五章哉!天讨有罪,五刑五用哉!"又如《宦者列传》(第1039页)谓《易》曰:"天垂象,圣人则之。"曹按:"《易·系辞》作'天垂象,见吉凶,圣人象之;河出图,洛出书,圣人则之'。"皆属此类。这样的例子不胜枚举,对读者更好地阅读和利用《后汉书》帮助极大。

第四，补充《后汉书》的一些缺漏。《后汉书》的一些记载，往往会有缺漏，不便于阅读和利用，作者利用相关资料补其罅漏。如《光武十王列传》"而为箪食'与肉以'与之"（第 565 页），《校勘记》："据汲本、殿本补。"曹按："此谓《左传》曰，《左传·宣公二年》作'而为之箪食与肉，寘诸橐以与之'，又前引文多有删略。"又如《逸民列传》载"范泰字伯伦。祖汪。父宁，宋高祖受命，拜金紫光禄大夫。"（第 1161 页）曹按："此谓沈约《宋书》曰，而据《宋书》，其文略甚，非原文也。简之，当作'范泰字伯伦，祖汪，父宁。宋高祖受命，拜泰金紫光禄大夫'，'拜金紫'者乃范泰也。"等等。

第五，对《后汉书》刘昭和李贤注，进行考证。如《光武十王列传》载："中山、临淮，无闻夭丧"（第 573 页），李贤注："二王早终，名闻未著也。"曹按："此说大谬。本传云'中山、临淮，无闻夭丧'，盖指中山王焉无闻、临淮公衡夭丧也。传载'临淮公衡，建武十五年立，未及进爵为王而薨'，而中山王焉'立五十二年，永元二年薨'，何谓'二王早终'耶？"又如《郡国四》刘昭注："太尉胡广父患风羸，南阳恒汲饮此水，疾遂瘳"（第 1544 页），曹按："'父'当作'久'，'南阳'当作'南归'。《类聚》卷八一'药'、《御览》卷九九六'菊'皆引作'太尉胡广，久患风羸，恒汲饮此水，后疾遂瘳'。《胡广传》注、《元龟》卷七八四'寿考'皆引作'太尉胡广所患风疾，休沐南归，恒饮此水，后疾遂瘳'。此误二字，义莫属矣。"又如《皇甫嵩朱儁列传》载"亦弭於越"，章怀注："谓平许昭也"（第 942 页）。曹按："此说大谬！本传载光和时交阯刺史朱儁率七郡兵讨平交阯贼梁龙与南海太守孔芝之乱，降者数万人，即弭於越也。而《臧洪传》载熹平时洪父臧旻为扬州刺史，破平会稽妖贼许昭，斩首数千级。二事风马牛不相及也。"等等。这都超出了《后汉书》原书的范围，但又与《后汉书》密切相关，说明作者心思缜密、考虑周全。

第六，对相关史书的失误进行考证。在利用《后汉纪》《三国志》等其他古代文献与《后汉书》对校过程中，作者因势乘便地对这些古书的失误进行了考证。这也超出了《后汉书》的范围，但又与《后汉书》密切相关。如《董卓列传》载"乃讽朝廷策免司空刘弘而自代之"（第 945 页），章怀注："《魏志》曰：'以久不雨策免。'"曹按："此说误矣。《魏志·董卓传》谓'于是以久不雨，策免司空刘弘而卓代之'。而范书《灵帝纪》

载是年七月'司徒丁宫罢'，八月'司空刘弘免，董卓自为司空。九月甲戌，董卓废帝为弘农王。自六月雨，至于是月。'《五行志》谓'中平六年夏，霖雨八十余日'。《后汉纪》卷二五作'六月雨，至于九月乃止。卓讽有司以久雨免司徒丁宫、司空刘弘'。故云'以久不雨'误也。"等等。

第七，对中华书局点校本《后汉书》"目录"进行分析，从体例上指出了三点不足与错误之处。此前学者对《后汉书》的部分篇章有所考证，但从未像本书这样，对中华点校本《后汉书》"目录"进行分析，而且还高屋建瓴地从宏观类例入手。这个原创性的工作，表明作者在工作中善于总结归纳，宏观理性，视野开阔。

第八，对点校本《后汉书》标点误断的校勘。如《延笃传》注"又会柽、首止、戴宁、母洮、葵丘也"（第841页），曹按："'首止、戴宁、母洮'，当标点为'首止（戴）、宁母、洮'。《左传》作'首止'，《公羊传》、《穀梁传》作'首戴'，经及三传并作'宁母、洮'也。"又如《顺帝纪》"黄尚字伯，河南郡邔人也"（第127页），曹按："此当作'黄尚字伯河，南郡邔人也'。本纪正文作'大司农南郡黄尚'，《郡国志》载邔县隶属南郡。又《周举传》载：'尚字伯河，南郡人也。'"等等。

第九，对《后汉书》的"校勘记"进行考证。"校勘记"是前辈学者对《后汉书》的校勘考证，本书作者则是对前辈学者考证之考证。如《李杜列传》"聘黄金二万斤"（第835页），《校勘记》按："汲本、殿本作'一万斤'。"曹按："汲本、殿本误矣。《皇后纪》载：'于是悉依孝惠皇帝纳后故事，聘黄金二万斤。'《御览》卷一三七引《续汉书》云'纳采乘马束帛如孝惠、孝平故事，聘后黄金二万斤'。《汉书·王莽传》载'有司奏"故事，聘皇后黄金二万斤，为钱二万万"'。皆作'二万斤'。"又如《郡国五》"户六万四千一百五十八，口八万一千七百一十四"（第1595页），《校勘记》谓"张森楷《校勘记》谓按如此文，则户不能二口矣，非情理也，疑'八万'上有脱漏"。曹按："其说非是。此谓辽东郡户口之数，而前载辽西郡'户万四千一百五十，口八万一千七百一十四'，两郡口数完全相同，户数字文又相接近，岂偶然乎？其间必有舛误！"等等。

第十，作者在一些考证中，还纠正了近现代学者的一些失误。如《吴汉传》"宕渠杨伟、朐忍（月旁）徐容等"（第290页），曹按："'徐容'

范书仅见本传，《后汉纪》卷七作'徐客'。周天游《校注》云：'《范书·马援传》徐客作"徐容"。'然《马援传》无'徐容'，天游注误也。张烈校本《两汉纪》作'徐客'，《校勘记》谓'《后汉书·吴汉列传》作"宕渠杨伟、胸忍（月旁）徐客"'。其作《吴汉列传》是，而作'徐客'又误矣。当云《后汉书·吴汉传》作'徐容'。"等等。

以上十个方面，前五个方面直接针对传世《后汉书》本书及古注，是为《稽疑》全书最主要的内容，这当然是由其工作性质决定的；而后五个方面，则远远超出了对《后汉书》本书的考证。这两个方面在全书中有机地结合在一起，显示出作者对《后汉书》进行全面校勘与考订工作的把握，是非常全面、系统而又圆通的。作者的目的，就是给后人利用《后汉书》提供没有任何疑问的资料，洵为立意高远。尤其是在当今重义理轻考据的时代，作者能够潜心从事资料考订工作，而且做得如此缜密，其精神就值得钦敬效法，值得晚辈后学沉心学习！

资料丰富，工作严谨而缜密

在《稽疑》全书校勘过程中，曹金华教授态度严谨，绝大部分条目都引证多种史料，其中既包括各种相关文献资料，也包括现代考古发掘所得，既引证古代学者的研究结果，又广泛参考近现代的研究成果，可谓博引诸家，以成一是。而对那些无更多史料证明者，则以考异形式出现，并列异说而不强作解人。对那些稍有史料依据而不能遽然定论者，则以"疑作""恐误""未详孰是"等语气揭示自己的观点。凡此种种，既是作者工作态度严谨求实、缜密细致的表现，也是毋固毋我、为人谦逊的现实写照。

在考证方法上，作者除用本书自校、他书互校的多种文献参互考校外，还重视史书体例如对点校本《后汉书》"目录"的考证；重视利用统计学、训诂学、音韵学等原理的考证。如《律历志》记载六十律的"实数"和"律""准"数字，多不准确，作者即用列表分析的形式进行考订，而利用训诂学、音韵学原理进行考证，更是贯穿全书当中。这说明作者在工作方法上，很自然、很明确地注重了微观与宏观的紧密结合。

此外，作者不仅利用传世文献，而且更利用考古发掘材料，这是此书成就能够超越前人的一个突出之处。如《光武帝纪上》载"刘永立董宪为海西王"（第22页），李贤注："海西，县，属琅邪郡。"而本书作者在依据诸多文献资料证明海西此时属东海郡的同时，复谓："又据1993年连云港东海县尹湾汉墓出土西汉末简牍，海西县也属东海郡，如《东海郡属县乡吏员定簿》、《东海郡吏员考绩簿》都涉及到'海西'吏员。"从而得出"属琅邪郡"之说为误的结论。此外，作者还指出："无论文献或文物资料，都有一定的局限性，我们在利用时，都要认真鉴别，并注意其特点。"如东汉时史书常见以灾异策免三公的记载，而相关碑刻述及此事时，则往往用"以疾病免"字样，就是一个显著特点。又如史载经师硕儒教授门徒、党人名辈卒后会葬，动辄数千、数万人，"疑皆多为夸诞之辞"。如《姜肱传》载"肱博通《五经》，兼明星纬，士之远来就学者三千余人"，而《彭城姜肱碑》作"童冠自远方而集者，盖千余人"；《陈寔传》载寔卒"海内赴者三万余人"，《魏志·陈群传》同，而《陈寔碑》作"远近会葬，千人以上"。"这就使我们不能不怀疑此类事件的真假面貌，影响到对相关人物、事件的评价"（曹金华《考竟源流　发覆求真——写在拙作〈后汉书稽疑〉出版之际》，《南都学坛》2014年第6期）。这说明，作者对史料的运用，一直都持严谨而缜密的态度。

当然，作者在利用考古资料时，也偶尔会出现个别差误。如《光武帝纪》建武三年"闰月乙巳，大司徒邓禹免"条（第21页），作者引用居延汉简《候粟君所责寇恩事》相关文字来考证当年闰月是哪一月，这在书中很好地得到了解决，但该引文并无标点断句。作为当代研究，笔者以为还是予以断句更好。不过这个情况既属偶然，通观全书也为例极少，自是瑕不掩瑜。

传世之作，将历久而弥新

通观全书，这部《稽疑》内容宏富，研究性与资料性并重，而且两个方面的工作都质量上乘，取得了非常可观的成就。板凳坐得十年冷，文章不写一句空，这是前辈大师们时时强调的史学研究的基本功。史学研究要出精品、要出上乘之作，就必须坐得住、坐得稳，耐得住寂寞、耐得住浮躁，不是随便喊喊、到处逛逛、优哉游哉就能出来的。这部《稽疑》就是一个很好的证明，也是一部相当成功的传世之作。

历史研究的最基本任务是追求历史的真实性，也正因此之故，史学界多年来一直呼吁对点校本《二十四史》及《清史稿》进行修订。而自2007年中华书局启动修订工程以来，复为提供更为广泛有效的学术支持，又集中力量做好两个配套项目的出版工作：一是以此前已编辑出版的"二十四史研究资料丛刊"为依托，构建相关研究的基本资料库；一是编辑出版"二十四史校订研究丛刊"，汇编今人校订"二十四史"及《清史稿》的著述，为修订工作提供广阔的学术园地，如自2008年至今已出版梁太济、包伟民的《宋史食货志补正》、龚延明《宋史职官志补正》、何忠礼《宋史选举志补正》、王瑞来《宋史宰辅表考证》、陈美东《历代律历志校正》、丁福林《南齐书校议》、吴玉贵《唐书辑校》，（台湾）詹宗祐《点校本〈唐书〉校勘汇释》、佟佳江《清史稿订误》以及王仲荦的《宋书校勘记长编》（手稿影印本）十部。曹金华教授的《后汉书稽疑》，正是"二十四史校订研究丛刊"中的重要一部。该书的出版，不仅为目前《后汉书》的修订本提供了直接广泛的学术支持，为整个"国史"的修订工程添砖加瓦，而且也为秦汉史乃至整个中国史的进一步研究，打破了史料固化、蹈常袭故、因循坐误的僵局，为获取历久弥新的创新性成果提供了有效的能量和动力。因之，它自身也必将随着时间的延伸，越来越发挥出更大的作用，历久而弥新。

稿　　约

　　《理论与史学》由中国社会科学院历史研究所马克思主义史学理论与史学史研究室创办，以书代刊，一年一辑，现特向海内外史学界同仁约稿，恳请惠赐佳作。

　　稿件要求：

　　1. 系作者原创作品，字数 5 万字以内。

　　2. 本刊采用专家匿名审稿。

　　3. 请于每年 6 月 30 日前寄送稿件，同时提供纸质文本和电子文本。

　　来稿一经采用，将及时通知作者，出版后赠送样书并略致薄酬。来稿一律不退，请作者自留底稿。如 8 月 30 日前仍未接到采用通知，请自行处理。

　　投稿信箱：lilunyushixue@ sina. com

　　　　　　　xuxinyi@ yeah. net